朱天俊文集

朱天俊 著

國家圖書館 出版社

National Library of China Publishing House

图书在版编目(CIP)数据

朱天俊文集/朱天俊著. --北京:国家图书馆出版社,2015.12
ISBN 978 – 7 –5013 –5705 –5

Ⅰ.①朱…　Ⅱ.①朱…　Ⅲ.①朱天俊—文集　②图书馆学—文集
Ⅳ.①G250 –53

中国版本图书馆 CIP 数据核字(2015)第 245342 号

书　　名	朱天俊文集	
著　　者	朱天俊　著	
责任编辑	金丽萍　唐　澈	

出　　版　国家图书馆出版社(100034　北京市西城区文津街 7 号)
　　　　　　(原书目文献出版社　北京图书馆出版社)
发　　行　010 – 66114536　66126153　66151313　66175620
　　　　　　66121706(传真),66126156(门市部)
E-mail　　nlcpress@ nlc. cn(邮购)
Website　www. nlcpress. com ──→投稿中心
经　　销　新华书店
印　　装　北京科信印刷有限公司
版　　次　2015 年 12 月第 1 版　2015 年 12 月第 1 次印刷

开　　本　710 ×1000(毫米)　1/16
印　　张　14. 25
字　　数　240 千字

书　　号　ISBN 978 – 7 –5013 –5705 –5
定　　价　60. 00 元

目　录

我们要推广农村图书室

编辑同志：

解放了的中国农民，随着农村经济的发展，日益迫切地要求学习文化。因此，在可能的条件下，用革命的办法，普遍设立农村图书室，是非常必要的。它是教育农民的一个重要场所。我们从河北涉县原曲村的图书室可以看到，农村图书室不但能广泛地向农民进行时事政治教育，提高他们的文化水平，推动当前的中心工作，并且在改良品种和耕作方法上，也起了很大的作用，对增产提供了有力的保证。河北涉县原曲村图书室的工作经验是值得重视的，希望各地的文教部门参考这一经验，广泛地建立农村图书室，为新中国农村文化事业的发展开辟广阔的道路。

（原载《人民日报》1952 年 6 月 2 日）

对于列宁的《马克思主义参考书目》的初步研究

《马克思主义参考书目》是列宁将其作为《卡尔·马克思》一文的附录发表的。关于《卡尔·马克思》中文有不少译本,但几乎所有这些译本均把《马克思主义参考书目》这一部分略去了。实际上,对于研究马克思及马克思主义的人说来,这一部分的重要性是不下于前面文字的。

1940 年董秋斯根据奥尔金(Moissaye J. Olgin)的英译本译的《卡尔·马克思》,却把该文所附的参考书目译出来了,并题名为《马克思主义参考书目》。董秋斯的译文载于《卡尔·马克思——人、思想家、革命者》①一书中。

本文的目的在于分析本书目的内容、结构,及其典型性,并指出我国图书馆书目工作者研究本书目的现实意义。

全文分为三部分:①《卡尔·马克思》写作的时代背景和简要内容,《马克思主义参考书目》与前面《卡尔·马克思》正文的联系,以及该书目初次发表时被删节的情况;②阐述列宁怎样把自己对目录学的见解运用到书目工作中的情况,着重分析与介绍该书目本身;③从对《马克思主义参考书目》的分析中,指出学习这一书目对于提高我国书目工作水平的巨大意义。

一

《卡尔·马克思》这篇经典性的作品,是 1914 年 7 月至 11 月间,列宁在瑞士的伯尔尼写成寄回到俄国去的[1]。最初(1915 年)发表于俄国格拉纳特百科辞典第 7 版第 28 卷中,作者署名为弗·依里因②。

1914 年是一个不平常的年代,它是战争和革命的年代。一方面,由于第一次世界大战的爆发,各个交战国内掀起了资产阶级民族主义狂潮,第二国际瓦

---

① 《卡尔·马克思——人、思想家、革命者》一书的初版是 1939 年上海读书出版社出版的,以后陆续印了几种版本。本文下面所摘引《马克思主义参考书目》的各段文字均见 1950 年 12 月北京三联书店三版。由于书目的译文是根据英译本转译的,与载于《列宁全集》俄文第 4 版第 27—74 页的原文略有出入。为便于读者查阅书目,故本文引文均见译文。

② 弗·依里因,即俄文 B·Идьин,亦即《马克思主义参考书目》中所提及的伊林。

解为一些帮助本国资产阶级挑拨各交战国工农互相厮杀的社会沙文主义的政党;另一方面,随着 1912 年革命逐渐趋向高潮,到 1914 年俄国国内出现了大规模罢工运动,革命风暴几乎接近了 1905 年的局面,在这种战争与革命交错的复杂形势下,新的国际因素使俄国的革命进程发生变化,并且提出了很多问题,迫切地需要给予马克思主义的解决,从而制订出正确的、适应新的革命形势要求的斗争战略和策略。特别要指出的,当时在俄国及西欧各资本主义国家正流行着第二国际各社会民主党人所高唱的修正主义和机会主义的论调,它们对马克思主义进行歪曲,颠倒是非,企图解除无产阶级思想武装。因此,这样的情况下,在当时国际革命运动中心的俄国,布尔什维克就必须进行真正的马克思主义宣传,来批判修正主义和机会主义,以捍卫马克思主义。利用一切可能的机会来宣传马克思生平及其著作,揭露第二国际修正主义理论的反动本质,辨别真伪马克思主义著作,从而表明研究马克思主义及根据马克思主义理论具体解决革命斗争中所发生的问题,在当时是极其必要的。而列宁所写的《卡尔·马克思》及所附《马克思主义参考书目》就负担了这样的任务。

《卡尔·马克思》是阐述马克思列宁主义的世界观、方法论和基本学说的著作,是马克思列宁主义经典著作中篇幅虽少,但内容极为深广的著作。列宁在该文中,不仅叙述和说明了全世界无产阶级伟大的领袖和导师马克思的生平与思想,而且还紧密地结合着俄国革命的实际,以确当的引证,对作为马克思观点与学说体系的马克思主义做了完整的理论概括与阐述。为了遵循和继承马克思和恩格斯的思想,列宁是从哲学、政治经济学、社会主义以及无产阶级斗争的策略等方面阐述马克思主义学说的:首先在叙述马克思的经济学说之前,先把马克思的一般世界观——辩证唯物主义与历史唯物主义简述了一下;其次从介绍马克思的经济学说的分析中,指出了"资本主义社会必然要转变为社会主义社会这一结论"[2]的科学根据,并在这里阐明了科学社会主义的理论问题;最后,阐述了马克思依据阶级分析方法对无产阶级斗争策略问题所做的原则性的规定。因此,这篇论文就成了对马克思主义实质加以系统化、具体化和集中化的典范。不仅如此,列宁为了更有效地抨击一切机会主义者的著作,宣传马克思及马克思主义的著作,在论文的后面还附了一个《马克思主义参考书目》,而这个参考书目又成了论文的直接继续,它与前面的正文有着极其紧密的联系。

既然著作是人们通过抽象思维而集中具体地表达了他对某一问题所持的见解,那么,引用著作来说明作者,就是非常必要了。在《马克思主义参考书目》中,列宁历史主义地把马克思的著作加以系统化,指出著作的发表年代和意义,并简述了著作之间的联系。我们见到,《卡尔·马克思》正文中哪里需要以马克思的著作来说明马克思的生平、思想及学说,列宁就在那里标明了"见参考书目"的字样。例如,在正文的《阶级斗争》一节中指出"在许多历史著作中(见参考书目),马克思做出了用唯物主义态度研究历史,分析每个阶级以至每个阶级内部各种集团或阶级所处地位的灿烂深刻的模范,透彻地指明为什么和怎样'一切阶级斗争都是政治斗争'"[3]。

然而,《卡尔·马克思》一文既然担负着捍卫马克思主义,反对一切修正主义和机会主义的任务,因此,参考书目中仅仅列举并推荐马克思及马克思主义的著作也就远远不够。列宁紧紧抓住书目这一战斗的武器,列举并揭露了一切非马克思主义及反马克思主义的著作。例如,在正文的《马克思的经济学说》一节中,列宁曾谈到了马克思对于资本积累的分析在政治经济学中的重要贡献。在正文中,不可能对一切歪曲马克思的资本积累的理论一一加以揭露与抨击,于是在参考书目中,列宁就指出,关于马克思主义的资本之积累的理论,有一种新著作,便是卢森堡著的《资本之积聚》(1913年在柏林出版),其对于马克思的理论所做不正确的解释,有下列三种著作加以分析,一是包尔于1913年在《新时代》第31卷第1期发表的《资本之积聚》;一是伊克斯坦在《前进》上发表的论文;一是潘尼考克在1913年《布列门市民报》上发表的论文[4]。

这样,参考书目就成为正文的注解和补充,成了论文不可缺少的有机组成部分。从某种意义上讲,参考书目就成为当时在沙皇禁止马克思主义传播的情况下,公开传阅的马克思主义的自学提纲。它使劳动群众能够从彻底的、革命的马克思主义观点来认识马克思及马克思主义的著作。

然而,由于适应当时沙皇书报检查机关的严厉措施,辞典编辑部把论文的《社会主义》与《无产阶级的阶级斗争策略》两部分整个地删掉了,并对正文进行了许多修改和删节,所附参考书目当然也难幸免。他们删除了以下内容:

(1)书目的部分正文。例如,书目的第二部分序言被删掉。在序言里,列宁谈到在这部分内所列书籍的作者按派别分类的问题。最后一段也被整个删掉,因为列宁指出,若要正确地评价马克思的见解,必须通晓恩格斯的著作。

(2)取消了书目中的某些著作。例如,切尔尼歇夫的《一个马克思主义者的札记》,潘尼考克的《工人运动中的两种倾向》等。

(3)取消了对著作的推荐评述及揭示内容的提要。例如,在初次发表的书目中缺少了对马克思著作的推荐评述。考甫曼对《资本论》第一卷书评的提要也被删掉了。

(4)取消了马克思主义批评家的批评。例如,取消了保卫马克思反对包姆—巴佛克批评的著作。

（5）取消了俄国版本的详细著录。只对该著作译本含糊的记录,很少指出曾发行过多少版本[5]。

他们之所以这样删改,是为了降低这个书目在捍卫马克思主义,反对修正主义和机会主义斗争中的作用。

直至 1925 年,根据列宁的手稿,这个书目连同前面的正文才第一次完整地发表出来。

二

列宁对于目录学的见解,在他对 1913 年出版的俄国 H. A. 鲁巴金编的《在书籍中间》（第 2 版第 2 卷）所做的《对于书籍的评论》一文中可以清楚地看到。在这篇评论中,列宁极其尖锐地指出,《在书籍中间》的严重缺点之一乃是鲁巴金的折中主义。列宁特别揭穿了资产阶级目录学家虚伪的客观态度,并指出不少资产阶级目录学家的所谓"公正"——逃避论战,鼓吹"超党派",其实就是隐蔽地为着资产阶级思想做辩护。列宁把目录学的党性要求提到首位。而《马克思主义参考书目》正是他所提出的目录学理论被光辉地运用到书目工作中,并在书目里具体实现了布尔什维克党性原则无与伦比的范例。因此,令人信服地论证了目录学的原则和书目工作方法不可分离的统一性,奠定了苏维埃目录学的党性原则的理论基础。正因为这种原则,它把苏维埃目录学与资产阶级目录学严格地区别开来。它给予以后苏联目录学的发展以不可估量的影响。

《马克思主义参考书目》本身由两部分组成:第一部分是对马克思的著作按其发表的年代顺序给予评述,而第二部分则是评述俄国及外国出版的马克思及马克思主义著作。第二部分又分为:书目、传记、回忆录、马克思主义哲学与历史唯物主义、马克思经济学说、马克思主义的资本积累理论、马克思主义的旧俄国文献、俄国民粹派论马克思主义及民粹派以外的其他派别论马克思主义等题目。所收的著作直到 1913 年发表的为止。但以后,列宁在自己所收藏的一部格拉纳特百科辞典的栏边空白处做了许多补充。

书目体现出列宁对著作的挑选、分类和评论等方面实现了党性原则,特别值得注意的是,他把对图书的评述与思想斗争史有机地联系起来。列宁曾经指出,"为自学和图书馆而提供一种合理的'俄国图书财富评述'和'参考材料'是非联系到思想史不可的"[6]。从书目所反映的并被评述的各种哲学派别的著作中,使我们清晰地看到,"1914 年以前的一个历史时期中,在资本主义社会内,由于马克思主义的产生和发展而展开的一幅思想斗争的图画"[7]。

在书目里,列宁首先把注意力集中在图书的理论内容及其作者的立场上。书籍在他的笔下,显得生气勃勃。骤然看来,图书著录是枯燥无味的,但从这个书目中却使人感觉到生命的脉搏,反映出思想斗争,以及列宁为马克思主义纯洁所进行的不调和的斗争。

书目每一部分材料的排列都是各不相同的。马克思的著作按发表的年代次序反映在书目里。这样的排列就使每一著作与其写作的历史环境联系起来,并可以从无产阶级革命斗争经验中来研究马克思主义的发展。从列宁对马克思著作的深刻评述中,使我们愈加了解马克思如何把革命理论和革命实践结合起来并忠诚地为全世界无产阶级的利益而光辉斗争的一生。

关于马克思和马克思主义的著作是按著作的门类排列的,这可以帮助读者认识马克思学说的各个方面。在某些题目下,列宁又按著作作者的派别来区分,按其行动分为三类:"马克思主义者,大体上采取马克思观点的;资产阶级作家,大体上敌仇马克思主义的;修正主义者,主张接受马克思主义的一些原则,实际上却代以资产阶级的概念。"[8]

指出反对或歪曲马克思主义的著作时,列宁立即举出一些批判这些著作的著作。例如,关于土地问题,按着修正主义代表人物大卫所著的《社会主义与农业》后,列宁就引证批判这部著作的伊林著的《土地问题》第一卷及《俄国资本主义的发展》等书[9]。列宁对于登载在《俄国财富》上民粹派 H. K. 米哈伊洛夫斯基的著作,在书目中也是如此加以揭露的。

因此,列宁以自己对材料的排列,向读者指出,应该怎样对待这部或那部著作。

列宁的这种党性见解,不仅表现在对材料的列举与排列上,而在简短的提要中表现得更为明显。这些提要在书目的各个部分也是各不相同的。在第一部分中,由于是对马克思著作的评述,提要是推荐性质的。列宁利用提要,再一次强调了马克思这部或那部著作的意义。例如,谈到关于《德法年刊》时,列宁指出,"马克思在该刊所发表的论文中,最可注意的是'黑格尔正义哲学批评'和'论犹太人问题'"[10]。

列宁在书目前面的正文中对《共产党宣言》内容给予经典性的评述。看来好像在正文后的书目里,也许只能做枯燥乏味的图书著录。然而,列宁再一次把读者注意力引向这部划时代的天才著作,指出这部巨著"几乎译成所有欧洲文字和一些别种文字"[11]。这样既没有重复正文中对著作的介绍,而却从出版的报道中显示出《共产党宣言》在全世界范围内所产生的巨大影响。

同样地，还有列宁对《新莱因报》所做的评价，认为"这个报纸直到今天依然要算革命的无产阶级最好的、空前的机关报"[12]。无疑，这就在表明《新莱因报》性质的同时，主动地交给读者一个无产阶级进行阶级斗争最锋利的武器。

书目中，列宁也指出应该如何评价马克思早期的著作。例如，谈到1841年马克思所写成的学位论文时，明确指出："在这一篇论文中，马克思依然完全遵守黑格尔派观念论的主张。"[13]接着，列宁又指出，1842年马克思发表在《莱因报》上的论文，"从这儿我们看出马克思由观念论转变到唯物论的痕迹，以及由革命的民治主义转变到共产主义的痕迹"[14]。最后指出，1844年马克思和鲁格主编的《德法年刊》的出版，此时，"马克思的这一转变是确定的完成了"[15]。在评述马克思的著作时，列宁使它与马克思的思想演变联系起来，这就揭示了青年马克思进步的脉络。这样地介绍著作，对于研究马克思及其著作的人来说是非常必要的。

书目第二部分的提要却带着另一种性质，这里需要的是批评性质的提要。列宁通过简明而富有战斗性的提要，对一切非马克思主义和反马克思主义的著作给予尖锐的党性鉴定。

有时列宁指出著作作者的思想流派和他本来的面目，当然也就表明了著作内容的性质及其为什么阶级利益服务的。例如，指出，马克思和恩格斯的《共产党宣》的作者安德勒是非马克思主义者；《唯物史观的经济学和政治学》的作者斯坦木勒是康德主义者；普洛考波维契著的《马克思之批判》是反对马克思主义者的作品[16]。

有时对一部著作也给予较详细的评述。例如，"关于狄兹根误解马克思主义之不成功的尝试，有一种特殊的辩护，见于安特尔曼的书《褊狭的马克思主义之逻辑的缺点》(一部大而不切实的书)"[17]。

揭露某些书的思想上的缺点时，列宁同时也指明从其中可以得到有用的材料。例如，伊尔德曼著的《唯物史观之哲学的假定》一书下注明，"这是一部反马克思主义的哲学论文集，一部马克思哲学唯物论若干基本原则之很有用的提要，也是一部从流行的康德主义的观点和一般不可知主义的观点来反对马克思哲学唯物论的论文集"[18]。

对于具有资料价值的著作，提要中同样也予以明显地指出。例如，切尔尼歇夫的《一个马克思主义者的札记》，指出这"乃是从马克思的一些作品中摘录出来的一部有用的集子"[19]。

列宁对著作所做的恰如其分的鉴定，书目中处处可见。例如，在谈到希尔佛丁著的《财政资本》时，列宁指出这部著作是"把马克思的经济学的观点应用于经济生活最近的现象,因而得到进一步的发展。(著者在价值学上的主要的不正确的观点,已经考兹基在所著《金币,纸币和商品》一文中加以纠正)"[20]。

由此可见,列宁是从著作内容的各个方面来对待图书的。

在书目中,我们还可以看到,列宁是怎样把对图书内容的深刻理解与书目结合起来。列宁很清楚地了解关于马克思主义最重要的书目。在第二部分一开始,他就列举了五种书目,其中也包括鲁巴金编的《在书籍中间》第二卷。

书目的最后,列宁写道:"若要正确地评价马克思的见解,必须通晓他的同道者和同工者恩格斯的著作。假若不通晓恩格斯的全部著作,便不能了解马克思主义,也不能加以充分的发挥。"[21]这样,就在给读者指明研究马克思及马克思著作方向的同时,又借此宣传和推荐了作为马克思亲密的战友和马克思主义共同创始人恩格斯的著作。

关于本书目在书目工作方法方面也是具有很多优点的。

首先,列宁应用了分析著录的方法,将需要反映在书目内的著作,从全集、文库、报刊中分析出来。例如,桑巴特的《马克思主义参考书目》就是收入在《社会科学和社会政治学文库》中的[22]。又如,批评卢森堡所著的《资本之积聚》对马克思理论不正确解释的著作中,就分析著录了1913年《新时代》杂志上包尔的《资本之积聚》论文[23]。

其次,著录的精确也是这个书目所显示的另一特点。报刊上的论文,都准确指出杂志报纸名称、年份及号数,甚至页码的起讫。对于外国出版的非俄文写成的著作,也尽可能指出俄文的各种译本,说明由于版本不同,书的译名也常不一样,并指出最好的版本。例如,关于《共产党宣言》,书目中写道,"在1905年和1906年,约有8种俄文译本,以各种题名出现:《共产党宣言》,《论共产主义》,《社会阶级与共产主义》,《资本主义与共产主义》,《历史哲学》;本书及马克思其他作品之完全的最正确的译本均为在国外出版的劳动解放社的版本"[24]。这样的做法,对于马克思主义研究者来说,是有直接指导意义的。

这里不能不指出,列宁应用了书籍评述这一书目形式来表达这一主题的图书是再恰当不过了。书籍评述的特点在于可使书与书之间的联系,通过对书目中所反映的书籍的连贯叙述与鉴定,更为显明地表示出来。作为鉴别真伪马克思主义著作的《马克思主义参考书目》,如果利用其他书目形式仅把书籍并列地列举出来,是难以实现这一战斗任务的。列宁采取了书籍评述的形式,不能不算是本书目特别突出的长处。

总之,列宁所编的《马克思主义参考书目》,从内容到形式都是具有典型意义的。它的典型性就在于:书目的编制目的是明确的,它不仅补充了《卡尔·马克思》的正文,而且又起了捍卫马克思主义,抨击机会主义和修正主义的作用;书目内所反映著作的挑选、评述和排列都遵循着目录学的党性原则的要求;而用以表达这一内容的形式采取了与之相适应的书籍评述的书目形式。

三

列宁所编的《马克思主义参考书目》突出地显示了科学与宣传两方面的完全统一。列宁把纯粹为参考类型的百科辞典用的材料变成传播马克思主义的科学著作,成为当时政治教育中向俄国广大群众灌输革命理论的思想武器。列宁虽然把参考书目写得如此简要到极点,但仍不失为一个宣传马克思主义,并与歪曲马克思主义一切企图做斗争的富有高度目录学党性、人民性和科学性的书目典范。

列宁所编的这一参考书目生动地表明了书目工作如何贯彻目录学党性原则的问题。令人信服地论证了无党性、中立的、对阶级利益漠不关心的书目是没有的。在目前我们国家里,一切书目工作应当从党在过渡时期的总路线、总任务,从为提前和超额完成第一个五年计划出发,这是目录学党性原则在今天我们书目工作中最重要的具体内容之一。

然而,仅从目前我国图书馆编印的书目选题内容来说,就存在着一些问题。根据不完全的统计,自 1951 年至 1955 年 10 月各图书馆已出版的书目计有 262 种,而其中绝大多数是人文科学方面的题目。自然科学、工农业技术书目、地方文献书目为数很少,远远不能满足客观的需要。我国正处于社会主义过渡时期,全国社会主义建设蓬勃发展,在工业部门,新的厂矿建立起来了,同时需要采用新的技术来发挥原有厂矿的潜力。在农业部门,随着全国农业合作化高潮的到来,很多农业生产合作社正逐步过渡到大面积生产,从而引起一系列耕作技术的改变。各地区的地方资源勘测调查研究工作也日益开展起来。所有这些情况都要求图书馆扩大书目的选题范围,编制更多更好的工业、农业以及地方文献方面的书目,这已成为各省(市)级公共图书馆、专业图书馆、科学研究机关图书馆、高等学校图书馆迫不及待的工作。只有这样,才能把书目工作同当前的工农业技术革新运动、科学研究工作以及各地区的经济文化建设紧密地联系起来,争取在不太长的时间内,使我国最急需的科学部门达到或接近世界先进水平。

其次,为了使广大劳动人民正确地认识自然现象的客观规律,从而引导他们接受唯物主义世界观,并有效地与利用宗教、迷信在群众中进行破坏活动的帝国主义分子和反革命分子做斗争,认真进行自然科学知识和无神论思想的通俗宣传,就是非常必要的。因此图书馆书目工作者应该利用推荐书目这一工具,与其他为群众所愿意接受的形式(如广播,幻灯等)相配合,共同担负起广大人民群众中普及自然科学知识的这一政治任务。

《马克思主义参考书目》本身反映了这一书目的编制是符合当时俄国布尔什维克党在思想战线上的任务的。如前所述,列宁通过书目向劳动人民推荐并宣传了马克思及马克思主义的著作,指出并揭露了一切修正主义和机会主义著作的反动本质,这就从思想上武装了无产阶级,使他们了解自己的历史使命,找到摆脱贫困的道路,因而也就宣传了无产阶级用自己力量求得自身解放的思想。与党性原则相联系着的目录学的人民性,在这个书目中也体现出来了。

今天,我们的书目工作应该与批判资产阶级唯心主义、宣传辩证唯物主义的工作联系起来。因为在过渡时期,如果没有批判资产阶级唯心主义、宣传辩证唯物主义这个思想战线上的胜利,社会主义建设和社会主义改造的任务就将受到严重阻碍。应该将人民群众是历史主人的宣传,与开展反对个人崇拜这一违反马克思列宁主义精神的斗争,与揭露资产阶级思想家企图抹杀或降低人民群众在文化上和精神上的充分创造价值的虚伪理论联系起来,否则要在书目工作中贯彻目录学的人民性将是不可思议的。因此,各图书馆书目参考部门应该大大加强关于通俗哲学著作的宣传,加强"人民群众和个人在历史上的作用"这一主题书目的编制和出版。

《马克思主义参考书目》也具体表明,目录学的科学性与党性原则是密不可分的。书目中列宁不仅反映了马克思及马克思主义的著作,也反映了各式各样的歪曲或反对马克思主义的著作。由于列宁把单纯的图书著录变成对著作生动的描述,并对所有著作推荐与批评,这样就不仅没有因这些非马克思主义著作反映在书目中而降低书目的思想性和科学性,反之,却更为发挥了这一书目在捍卫马克思主义斗争中的作用。列宁把选书的完备性与避免反映书籍的客观主义完满地统一起来,在书目工作中实现了目录学的科学性原则。

如果我们翻阅一下新中国成立以来我国图书馆编印的书目,那么,不难感到真正合乎推荐书目要求的,却是很少的。大多数推荐书目不是成了某一主题的馆藏著作的图书索引,或者就成了新书通报。山东图书馆编印的《斯大林著作及阐述斯大林的学说》书刊简目中的第五分题"关于中国革命问题"推荐图书简目就是一个典型的例子。编者几乎把馆藏有关这一主题的著作全部列入书目。他们没有考虑到推荐同一著作的最好版本,而是把同一著作的不同版本均重复反映出来;他们没有按照著作之间所固有的逻辑顺序要求来排列各种著作,而是把所有著作毫无根据地任意列举出来。同一书目的第九分题"斯大林全集与选集"推荐图书简目中,编者罗列了新中国成立以来新出版的斯大林全集及一些对一般读者参考较广的专题选集。事实上,斯大林全集中所包含的问题是多方面的,编者企图把内容广泛的全集与选集作为一个推荐图书简目向广大读者推荐,显然目的性是不明确的,效果必然会不好。忽视了或根本没有很好考虑编制的目的性与具体的读者对象的书目,为数却不限于某一图书馆所编印的,或某一个具体书目。在不少图书馆所编制的、为配合向一般读者进行群众性宣传古典文艺作品活动的书目里,读者把主要的精力耗费在版本的搜集与考证的次要事实上,而在编制反映古典文学作品研究者对原著论述分析的著作书目时,又犯了毫无选择、详尽无遗的毛病。我们学习列宁所写的这一参考书目,就可以启示我们积极去克服目前我国图书馆书目工作中的编制书目目的不清、对象不明、形式主义的著录,以及追求详尽无遗而又不做任何鉴定的客观主义对待图书的缺点。总之,从书目的内容到形式,它应该深入广大人民群众中间去,它应切合劳动人民与知识分子的要求,而又使劳动人民与知识分子认识到对它的需要。

列宁所编写的《马克思主义参考书目》,42 年后的今天仍不失为政治教育中宣传马克思主义著作最有价值的参考材料。认真学习这一书目,对于提高我国当前书目工作的水平也是有巨大意义的。

参考文献:

[1] 列宁. 列宁家书集. 徐懋庸,译. 上海:三联书店,1949

[2-3] 列宁. 论马克思、恩格斯及马克思主义. 北京:人民出版社,1954

[4] [8-24]何封等译. 恩格斯等. 卡尔·马克思——人、思想家、革命者. 北京:三联书店,1950

[5] Л·А·列文. 马克思与恩格斯著作目录学(俄文),1948

[6] 列宁. 列宁全集(第20卷). 俄文第4版

[7] В. Н. 捷尼西叶夫. 普通目录学(俄文),1954

原载《图书馆学通讯》1957 年第 1 期

北京大学图书馆学系 1957 年科学讨论会上关于《什么是图书馆学》一文的讨论情况

图书馆学是不是一门科学,图书馆学的对象、内容、范围怎样,这是我国图书馆学界一直没有得到彻底解决的问题,也是今天广大青年图书馆员所最关心的问题之一。《中国科学院图书馆通讯》1957 年第 1 期上刊载了北京大学图书馆学系刘国钧教授所写的《什么是图书馆学》一文,随即引起全国图书馆学界的注意,并有好几个单位讨论了这篇论文。为进一步展开对该问题的深入研究,在北京大学图书馆学系 1957 年 5 月 25 日举行的科学讨论会上,专门讨论了这篇论文。为了便于讨论,会前散发了关懿娴、周文俊、张树华、何善祥四位同志的发言稿全文。参加讨论会的除图书馆学系老师外,还有中国人民大学程德清,清华大学刘世海,中国科学院朱士嘉,高教部科学研究司高尔柏,文化部社会文化事业管理局王鸿钧,北大图书馆梁思庄、耿济安、赵新月等同志。苏联莫洛托夫图书馆学院教师、现在我国文化部工作的图书馆学专家雷塔娅同志也出席了会议,并做了发言。讨论会由图书馆学系系主任王重民教授主持,会议共进行了七小时。会上自始至终洋溢着诚恳、热烈、自由争辩的气氛。

刘国钧教授论文的主要论点是:第一,图书馆学是研究图书馆事业的性质和规律及其各个组成要素的性质和规律的科学,属于社会科学范畴。它的组成部分是:①关于整个图书馆事业的研究——图书馆事业史、图书馆建设原理、各类型图书馆的专门研究等;②关于图书的研究——目录学、版本学、校勘学、图书史、图书生产技术等;③关于读者的研究;④关于领导和干部的研究;⑤关于图书馆建筑和设备的研究;⑥关于工作方法的研究——图书馆方法学(图书管理学)。其中目录学和图书管理学是图书馆学的两根重大支柱。第二,图书馆学有独特的而不为其他科学所研究的对象,运用着科学研究的方法,并且像一切科学一样,有改造现实的任务。因此它是一门独立的科学。现时主要是正处在总结经验的阶段,初步的理论体系已开始建立起来。目前迫切需要的是使这个初步体系得到充实和改进,从而指导实践,而不是因它比较年轻、薄弱就否认它的存在。

会上讨论主要集中在下面三个问题上:图书馆学的性质;图书馆学的对象、内容和范围;图书馆学与目录学的关系。现在将讨论情况简介于后。

一、图书馆学的性质

与会者一致同意刘国钧教授的看法:图书馆学的确是一门科学。何善祥同志认为,根据马克思列宁主义的理论,"科学是经过实践检验和证明的关于自然界,社会和思维的客观知识体系"。而图书馆学就是关于图书馆事业的知识体系,它是长期从图书馆活动的实际材料概括和抽象出来的,精确反映客观的联系及其规律的理论,这些理论又在图书馆的实践活动中经过验证。由此可见,图书馆学的形成过程和其他的科学没有什么不同。关懿娴同志也就刘国钧教授结论的正确性做了补充的论证。她指出图书馆学和其他科学一样,不是一门孤立的科学,但并不影响它是一门独立的科学。她说,即以最纯粹的科学,数学来讲,如果没有天文学、物理学以及其他如统计学等所发生(或发现)的问题,给它提供研究材料,数学这门科学是不可能发展到像今天那样内容丰富的。她特别强调图书馆学必须利用其他科学的成果,它的内容是随着其他科学的发展而发展的。但是关懿娴同志从近代图书分类法所给予图书馆学的位置看来,她认为图书馆学在整个科学系统之中,应是综合性的科学。她指出,把图书馆学归入社会科学的人们,只是从图书馆工作本身的主要任务出发,而不是从图书馆学的内容去考察决定的。图书馆学当然要体现其社会性和阶级性的一面,但同时亦不能忽略它有技术性的一面。她说,今日图书馆学内容之广博已远远超出了社会科学的范围之外,例如,图书馆方法学所包括的各种技术方法及图书馆建筑和图书馆机械化设备等问题哪里是社会科学领域内的内容呢! 朱天骏同志指出,关于图书馆学的性质,历来有好几种说法,一是综合性科学,二是应用科学,三是社会科学。持有第一、二种看法的人,都是夸大了研究图书馆学时所需要应用的那一部分技术科学知识的一面,他们把研究一门科学所需要的辅助科学知识,不恰当地与该门科学所要研究的内容等同起来看待,而把图书馆学研究的对象——图书馆,是自古以来就有的社会现象这一客观存在的事实,即确定图书馆学性质这一问题的主要一面,被他们有意或无意地忽略了。他不同意关懿娴同志的看法,认为刘国钧教授把研究图书馆这一社会现象的科学视为社会科学是合理的。苏联专家雷塔娅同志简单介绍了苏联图书馆学界关于该问题争论的情况。她说,不少人认为图书馆学只是教育科学的一部分,因为它是研究如何通过图书对人民进行教育的。但她个人却主张图书馆学是一门独立的科学,它和教育学研究对象有着显著的区别:教育学是研究年轻一代教育的规律的,而图书馆学研究的主要内容是读者和图书。

论文作者在最后发言时指出,他个人仍倾向于图书馆学属于社会科学的范畴。

二、图书馆学的对象、内容和范围

图书馆学的对象、内容和范围是讨论会上热烈争辩的问题之一。周文骏同志在谈到图书馆学的对象、内容和范围前,首先表述了图书馆事业是随着人类社会的进程而发展的,它是不断变化的。根据科学对象决定科学内容,图书馆事业的发展变化也势必影响着图书馆学内容的变化。他认为,中国图书馆渊源于藏书处,关于藏书处工作的知识体系就是图书馆学的萌芽。近代图书馆事业的兴起,图书馆学的内容才日具规模。新中国成立以来,图书馆事业性质的变化,致使今天的图书馆学的内容远非旧时代所能比拟了。他指出,刘国钧教授认为图书馆学研究的对象是图书馆事业及其组成要素(图书、读者、领导与干部、建筑与设备、工作方法)的提法不完全妥当,因为这只能说明图书馆事业不能缺少什么,却不能说明图书馆事业是什么。他指出,今日我国图书馆事业是国家的一种文化教育事业,是劳动人民共同使用图书的组织,而不是目录事业,也不是校勘事业,更不是图书生产事业,因而以图书馆事业为对象的图书馆学的内容,便不可能把关于目录学、校勘学、图书生产方法的知识都包括在图书馆学内。他分析刘国钧教授所提出的图书馆学内容之所以如此庞杂,也是由于将图书馆学的对象割裂成许多部分,并且把它们孤立于图书馆事业之外来进行研究的结果。张树华同志也不同意刘国钧教授把图书馆学对象限定为五项要素的研究,因为这样将使图书馆学走上形而上学的道路,会使图书馆学的研究忽视本质的、理论性的东西,而去追逐具体的、技术性的问题;将会使图书馆学走上"超政治"的道路,抹杀图书馆学的党性和科学性。她认为图书馆学的内容和范围是:①关于图书馆建设原理的研究;②关于图书问题的研究;③关于读者的研究。关懿娴同志认为刘国钧教授从六方面作为图书馆学的组成部分的概括性不够,局限性大。她应用印度图书分类学家 S. R. Ranganathan 的"冒号分类法"的公式 PMEST,将图书馆学的内容概括为五个方面,即:P = 图书馆的主体(研究图书馆的本身和特殊性);M = 图书馆的组成因素、方法、制度(研究图书馆的各个组成要素以及用以进行和发展图书馆工作的物质基础和工具等);

E＝图书馆的建设原理、工作原则、方法运用、工作上的问题(研究图书馆的一切活动及其原则原理)；S＝图书馆的地域性(研究某特定地区的"图书馆")；T＝图书馆的时代性(研究某一特定时期的"图书馆")。她认为这五个方面的任何一个方面都可同时结合其他四个方面的问题进行研究。周文骏同志则主张图书馆学的内容、范围可以概括为两个方面：一是关于各个历史时期的图书馆事业全部活动的研究，这是图书馆事业史的范畴；一是关于当前图书馆事业全部活动的研究，这是当前图书馆学的最主要的内容。他又指出，研究我国当前图书馆事业全部活动，一是图书馆事业组织；一是图书馆工作。前者包括图书馆事业组织原理、图书馆事业的领导、图书馆事业的体系(图书馆网)、各类型图书馆及其方针任务等项；后者包括对待藏书工作、对待读者工作、方法研究与业务辅导工作、图书馆行政工作等项。此外，王鸿钧同志认为"领导与干部"提法太广泛，应改为"图书馆事业的行政管理和干部培养"。刘世海同志指出，"领导与干部"是一个行政性的问题，不应列为图书馆学的研究范围内，"图书馆建筑"应作为建筑学中的一个专门问题来研究。他还主张用"图书学"来代替"图书馆学"的名称，因为这样更能概括这门科学所包含的内容。朱士嘉同志则认为"图书学"本身将意味着不包括对读者的研究，他主张仍用"图书馆学"的名称。这个问题引起苏联专家雷塔娅同志的兴趣，她介绍了目前在苏联，也有人主张以过去曾用过的"图书学"这个名称来代替"图书馆学"，但至今还没有定论。

论文作者在最后发言中，解释了他之所以主张对图书馆事业所组成的五项要素进行分别研究的原因，是因为图书馆事业是一个复杂的事业，由许多因素组织起来的。为了研究方便，应对图书馆事业加以分析，然后再就每一项要素加以研究。只有这样，认识才能深入。区分为五项要素并不等于孤立地对待每一项要素。这是一个研究方法问题，不是研究内容问题，因此不能据此断定这是将图书馆事业分割开了。至于分为五项是否得当，是可以研究的。现在看来不尽恰当，有些可归并一下。他在会上将五项要素归纳成：图书，读者，图书馆组织、图书馆工作方法四项。他说，用什么名词更能表述这些研究内容也是值得大家研究的问题。

三、图书馆学与目录学的关系

图书馆学与目录学是从属关系还是并列关系，这是图书馆学界历来争论最多、分歧较大的一个问题。刘国钧教授在论文中认为目录学只是图书馆学的一部分,但与会者很多人不同意这种看法,他们认为图书馆学与目录学今天看来已不是从属关系,而是并列的两门独立的科学,问题是二者的关系至为密切。周文骏同志指出,不能以历史上的图书馆学内容发展过程中曾经包括了有关图书目录的知识,就坚持今日的图书馆学仍应包括目录学的主张。他说,由于藏书处的发展和人们对于客观事物的认识愈加精细和正确,关于这两方面的知识已各自形成一个体系,成为独立的科学了。这种分化的现象在科学发展史上并不是例外。图书馆学与目录学本为同出一源,在其发展的道路上曾经是长期的同行者,人们往往分不清这种关系,而混为一谈。邓衍林同志在发言中指出,目录学历史很长,图书馆学历史较短。二者研究的对象虽都是图书,研究的目的和方法也相同,都是研究图书和读者的关系,并企图改进人类的文化生活。但二者研究的方式却是有区别的,其区别是:目录学所研究的书不受时间、空间的限制;而图书馆学研究的书则受到时间、空间的限制。他认为,目录学是研究记载人类文化知识和生产知识的总结资料的知识;图书馆学则是研究记录与整理这些资料的理论和方法。他认为两者的关系是相辅相成,相依为命的。耿济安同志则认为图书馆学包括目录学的研究,并不是说目录学就丧失了独立性,正如力学原在物理学内,后来发展成为一门独立科学,但它仍不失为物理学的一部分。关懿娴同志生动地把图书馆学与目录学二者的关系比之于同胞兄弟,而不是父子关系。朱天俊同志指出,图书馆学与目录学是从属关系,还是并列关系,这不取决于某些学者个人的爱好和愿望,而是由二者在其发展过程中的客观事实,和各自不同的研究对象所确定的。我们要弄清二者关系,不能忽视从历史上加以客观的考察和科学的分析,否则很难得出正确的结论,并今天仍把目录学视为图书馆学的一部分的看法,是值得商榷的。

论文作者在最后的发言中修改了原来的提法。他说,图书馆学与目录学都是不同的科学,它们之间有紧密的联系,甚至相互交叉。它们是同源异流,最好是有一个名词来统括这两门科学,而把它们认为是从属于这门概括科学的两个并列学科。

讨论会上除讨论了上述三个问题外,还讨论了图书馆学的当前的任务,探讨图书馆学中的一些基本的理论问题,以及从理论上总结新中国成立以来各类型图书馆的工作经验。与会者认为目前图书馆学研究的现状是,现象的描绘多于规律的揭示,技术方法的介绍多于理论上的阐述,因而不少人否认图书馆学是一门科学,或认为图书馆学没有什么可研究的。与会者一致肯定刘国钧教授《什么是图书馆学》一文写得很及时,具有极大的现实意义。论文的提出,不仅使人们在自由讨论争辩中对图书馆学的对象、内容和范围得到一种一致公认的看法,同时这篇论文还促进了全国图书馆学科学研究工作的开展。会后,来宾们还希望北大图书馆学系今后多多举行这样有意义的科学讨论会,活跃图书馆学界科学研究的空气。

（原载《北京大学学报》1957 年第 3 期）

目录学对象浅探

目录学的研究领域是什么,它有什么作用,目录学作为一门科学,其体系怎样,目录学作为图书馆学系的一门课程,究竟又应如何建设? 这些在教学和科学研究工作实践中所提出的迫切问题,归根到底,要人们首先明确回答目录学对象是什么。考察目录学历史的发展,分析当前人们对目录学的了解与解释,见解不同,说法不一。这样,一方面致使迅速求得对目录学统一看法变得困难起来;另一方面,多种说法反映了人们从各自不同的角度提出了对目录学的见解,这又可以大大启发人们思想,为认真解决目录学对象问题提供了有利条件。本文试图对目录学对象做初步探讨,提出自己的浅见,与同志们一道,共求目录学沿着正确途径,健康、迅速地发展,以指导我国社会主义目录事业的实践。

一

人类在社会实践活动中需要改造自然、征服宇宙和进行阶级斗争的知识,一切可靠的科学地反映客观事物的知识,都是从直接经验发源的。但是人们却不能事事通过自己的实践取得直接经验,事实上多数知识都是别人或前人积累起来的间接经验。在古代,伴随着文字的出现,产生了图书,从那时起,图书成为记载知识、促进经验传播的工具,读书成了人们获得间接经验的重要方式之一。

随着社会的不断发展,劳动分工细密了,促使人类活动多样化,人们周围世界的知识日益扩大和复杂起来;随着科学从萌芽阶段到逐渐进入各门科学,作为记载知识的图书,其内容也日益纷繁起来。这样,一方面人们在变革现实中需要借助于更多的图书,获得多方面的知识;另一方面,图书的日渐增多,愈益使人们寻找适合各自需要的图书变得困难起来。人们通过长期的社会实践,逐步积累了多种多样的方式方法,来解决这种社会生活中出现的问题,并相应地建立了若干理论体系,产生了若干学科,目录学就是其中的一种。它是以记录图书①为手段,达到利用图书的目的,来具体解决社会图书众多和人们对图书需求之间的矛盾。但是,古今中外图书是那样广泛复杂,人们利用图书又是那样各个不同并有鲜明的目的性。记录图书和利用图书二者之间的关系既是一致的,又是不一致的。其所以说二者是一致的,这是因为记录图书是根据社会需要,人们正是为了利用图书才记录图书的。无利用图书就无须记录图书;无正确记录图书,当然也就无从充分发挥图书的社会作用。其所以说二者是不一致的,这是因为社会需要经常处于变化之中,图书品种层出不穷,并在成年累月地增加着。有时人们记录的图书,并非必然能为人们所需要。有时人们所需要的图书,往往还未加以积累和记录。二者一致的一面,人们容易看到;二者不一致的一面,常常不为人们所注意。记录图书和利用图书之间的这种关系,就构成了目录学的对象,从而使我们确认,目录学是以利用图书为目的来探索记录图书的规律的一门学科,其作用在于促进图书流传,通过图书流传来传播科学文化,宣扬一定思想体系的观点,服务于当前的生产斗争和阶级斗争。

图书,早在印刷术发明以前,就是反映社会意识的重要因素。印刷术的采用,更加提高了图书的社会职能。各种社会思想,新与旧的斗争,科学和技术中的发现,都能够借助于图书获得广泛的和迅速的传播。在阶级社会里,图书就其思想内容和思想倾向性来说,是有阶级性的。因而,按什么观点,记录什么图书,向什么人宣传什么图书,这里都反映着鲜明的阶级性。公元前6年由刘歆等编成的古代书目《七略》,就是我国汉朝政府文化教育工作的一大措施。该书目记录图书的中心思想是:罢黜百家,表章六经,推崇儒术,实行思想统治。清代乾隆年间,由一批御用文人根据皇帝意旨,禁毁了许多图书,在编纂《四库全书》的同时,编成了《四库全书总目录提要》。他们记录图书的原则是,凡对清代统治者有利的,列为上品,"悉登编录,罔致遗珠";凡无碍政事,不关紧要的,作为中等,谓之"亦长短兼胪,见瑕瑜之不掩";而对"言非立训,义或违经"的,"则附载其名,兼匡厥谬"。清代统治者认为"言非立训,义或达经"的图书,其中就有许多正是与他们意愿相反,对当时社会有进步意义的、含有民族思想的著作,这是我国优秀的文化典籍的一部分。清代统治者之所以如此处理,为的是让世人不知其面目,达到彻底阻碍新思想传播的目的。1896年梁启超编制的《西学书目表》,1897年康有为编制的《日本书目志》,都是为了配合他们政治上的改良主义运动而记录图书,以便系统地宣传西方资产阶级的社会政治学说、科学

---

① 本文所说的"记录图书",包含有查明、记载、揭示、评述图书的意义,为了叙述方便起见,故用"记录图书"四字以概括之。

技术和有关日本明治维新运动的图书。由此可见,从来没有一种记录图书是"超阶级"的毫无目的的活动,它是由编者的阶级利益所决定的。这一特点贯穿着记录图书过程的始终,是我们所丝毫不能忽视的。资产阶级目录学家都有着自己的阶级倾向,但是他们避而不谈,甚至说什么中国"历来目录学者之误""传统观念阶级思想之深也"。我们则公开承认这一点,并明确表示,今天我们记录图书的活动取决于我国社会主义革命和社会主义建设的需要,取决于对人民进行社会主义、共产主义教育的任务。

由此可见,记录图书不是什么孤立地脱离社会需要和一定阶级利益的活动,而是把记录图书作为一种与社会实际需要相联系并服务于一定阶级的政治、经济、文化、思想斗争的活动。因此,经常广泛不断地调研社会需要,深入了解读者对图书的具体需求,并据此确定记录图书的原则和方法,就成了解决记录图书和利用图书关系的前提。从这一点出发来研究社会需要和读者要求,才是有意义的,而且这里明确规定了研究社会需要和读者要求的目的和内容。

当研究如何通过记录图书达到利用图书的目的的时候,我们认为,既要记载、评介图书中所包含的各种思想观点、科学知识,也要描述、鉴定所借以反映图书内容的图书形式。但是,多数西方资产阶级目录学家则主张只要记载图书的形式,而不记载图书的内容。例如,19世纪末20世纪初英国目录学家福开森就认为,"目录学家应当研究书的版次、特点、出版地、印刷人、印刷时代、字体图解、版本大小、校勘、装订、收藏者、分类、收入何种丛书,及见于何种目录。他所注意的是书的客观对象,而不是书的内容道理"[1]。

刘国钧先生也曾经认为,"志书籍者,诚不能免于涉及著述之内容,所涉及者以能辨别著作之宗旨为止。若批评其得失,讨论其是非,则治专门学者之事,非目录学所能及也"[2]。

很显然,按照福开森的主张,则必然引导人们只追求图书形式的记载,而放弃图书中所阐述的思想内容的剖析。如果在实际工作中沿袭这种陈腐观点,就必然会走上脱离政治、脱离现实,形式主义地记录图书的歧路。

与这种观点相反,中国目录学传统思想之一,是记录图书要"辨章学术,考镜源流"。所谓"辨章学术,考镜源流",就是强调图书内容的记录。当然,旧时代的"辨章学术",是辨封建的学术思想,"考镜源流"是考封建的学术源流,都是为封建地主阶级文人治学服务的。今天,我们从根本上扬弃旧时代"辨章学术,考镜源流"的指导思想而吸收其合理的方法,加以革新,并用马克思主义批判的革命精神,指出图书作者的思想派别,对其论述的内容加以学术上的剖析,这不能不认为是一种正确记录图书,有效地利用图书的原则和方法。

刘国钧先生的主张也是值得商榷的。诚然,探讨图书中的科学内容,是各学科研究工作者的任务。但是,从目录学的作用看来,记录图书恐怕也不能仅以能"辨别著述之宗旨为止"。不过问图书内容的是非得失,就不能真正揭示图书内容,有效地实现目录学的职能。问题不在于要不要而在于如何"批评其得失,讨论其是非"。我们认为,经常密切注视学术评论动态,善于利用各门科学研究的成果,并加以自己的分析判断,"批评其得失,讨论其是非",也不是"非目录学所能及也"的事。而且,学术评论的评述图书和目录学的评述图书,只是目的性不同,角度不同。学术评论的评述图书,是为了剖析图书中所反映的科学结论,探求科学真理;目录学的评述图书,则是为了揭示图书的内容实质,促进图书的利用。看不到这两种评述图书的差别,把二者混为一谈,是不符合实际的,但过分强调这两种评述图书的差别,认为二者之间隔着一条不可逾越的鸿沟,这也是不正确的。

我认为,记录图书就是在政治标准第一的前提下,做到高度思想性和科学性相统一,图书内容和图书形式相结合,就是从思想史的高度来揭示社会图书财富的政治倾向性,及其所包含的思想观点和知识内容,并对它们的是非得失有着鲜明的态度,运用马克思列宁主义的观点和方法,对它们加以检验鉴定,并描述各种图书的形式特征。与此同时,按其各批相关图书的特点和特定范围读者的要求加以系统化,帮助人们正确理解和批判地掌握社会图书财富,从而促进图书的利用,服务于现实的斗争。

二

回溯我国历代目录学家的思想,有的重在辨章学术,考镜源流,提要钩元,指导治学;有的重在辨别真伪,校雠异同,考订版本,收藏鉴赏;有的重在采其序跋,广为集纳,述而不作,提供参考;有的重在纲纪群籍,厘次部类,簿属甲乙,便于查考。这种目录学思想的不尽相同,反映了人们对目录学对象认识的差异,因而历代目录学内容也就不完全一致了。目录学发展到今天,根据上述研究对象的范围,我认为:目录学的内容应包括目录学基本理论的研究,记录图书的原则、形式及其利用的研究。

关于目录学基本理论的研究,其中包括目录学的对象、任务,调查研究现实社会生活中对图书需求的原则,书目类型、社会职能及其体系,我国社会主义目录事业建设及其组织原理等方面。

关于记录图书的原则、形式及其利用的研究,其中包括认识图书的原则,揭示图书的方法,书目、索引、文摘、辑录、书籍述评等编写的方法,书目评论、书目参考工具的组织与利用等诸方面。

结合各门学科图书的特点,研究各种专科图书的记录、利用的原则和方法,这是各种专科目录学的任务。它们已各自成为各门科学的辅助学科,一方面为各门科学工作者所经常利用,对各门科学的发展有一定的促进作用,另一方面在很大程度上随着各门科学的发展而日益丰富着自己的内容。因此,各专科目录学都是目录学的分支。

目录学史是目录学的另一分支。目录学史的任务就是根据马克思列宁主义文化学说,首先着重总结新中国成立以来我国社会主义目录事业的建设成就及其基本经验。具体研究我国历史上各时代目录学思潮,各主要目录学家的目录学思想,记录图书的经验,特别是对他们所编制的书目著作给以正确的评价,从而达到批判继承目录学遗产,丰富目录学理论。还要考察外国目录学发展状况及趋势,作为发展我国当前目录事业的借鉴。

至于目录学和各相关学科的关系,我认为包括以下方面:

目录学和思想史关系特别密切。列宁指出,评述图书非联系思想史不可。只有从思想史高度来考察图书,我们才能深刻地揭露图书内容的思想倾向,确定其科学价值,从而达到正确的记录和合理的利用。

目录学和图书分类学的关系也颇为紧密。图书分类学是以全面研究图书分类理论、方法及其历史为其职能的。在研究目录学特别是目录学史时,都要求具备这方面的广阔而深入的知识。

目录学和图书史也很有关系。图书史是研究图书在各个时代各个历史时期的社会政治作用,图书的发生发展及其演变的过程。精通图书史,可以更好地从历史上认识图书,有助于图书的记录和利用。

目录学也常常利用史料学的知识,来批判分析史料性质的图书,确定其来源、阶级性和用途,及其可靠程度与实际价值。

目录学在比勘篇籍文字,辨别图书真伪,鉴别版本源流等方面,又常借助于校勘学和版本学的知识。

目录学和图书馆学的关系更为直接。因为在现时,图书馆工作中应用目录学知识最多,并且形成图书馆特有的工种,如通常称之为书目工作和编目工作。因此,今天研究目录学不能脱离对图书馆学的了解。既然书目工作和编目工作是图书馆工作的重要组成部分,当人们考查图书馆学内容时,又必须包括这两项工作的知识。目录学和图书馆学之间出现了若干交叉的现象。有些同志据此提出目录学从属图书馆学的主张[3]，这是值得商榷的。目录学的对象及其特定的研究领域，已如上述，则目录学岂止是图书馆编目工作和书目工作的知识呢。从两门学科各自研究对象和历史发展来看，它们实是各不相同，各自独立，但又相辅相成，相互促进的。

在这里，我们要提到目录学作为图书馆学系的一门基础教程的建设问题。其方向虽不能局限于图书馆工作的有关部分，但着重联系图书馆实际来阐述目录学，对于培养图书馆专业干部是完全必要的。因而这也是课程建设上带有原则性的一个问题。

三

在国内关于目录学对象的争论中，有一派意见认为目录学对象是目录，他们说："目录学是一种研究图书目录编制理论和方法的科学。"[4]或说"目录是目录学对象，而目录所记载的是书籍，因此目录学很自然也要研究图书"[5]。最近又有同志说"目录学是研究用书目索引的方式，向读者通报图书和宣传图书的规律的科学"；认为目录学组成部分是：目录学基本理论、书目史料学、书目编制法、书目考查法等[6]。尽管持有这种见解的同志不同意目录学对象单是目录的看法，但就他表述的目录学内容的实质看，他的见解还是一种"目录是目录学对象"的变通说法。

我们分析这种见解，是有其历史根据的。"早在19世纪下半期和20世纪中，多数西方目录学家都把目录学理解得很狭窄，认为目录学只是图书目录和编制这种目录的方法"[7]。目录学的发展表明，这种见解陈旧了，不能正确反映生动的实际工作的多样性，编制图书目录仅只是记录图书和利用图书的一种形式，不能以一点而概括全面。有些同志确定目录学对象只是目录，因而不得不把报道科学情报资料的文摘、快报、文献评述、科学总结都统作目录看待，名之为"科学情报书目"[8]，作为目录的一种类型来加以研究。毋庸赘言，文摘、快报、文献评述等都是记录科学技术文献，反映科学技术最新成就的常用形式，它们具有促进文献利用的特点，当然应视为目录学研究的范围。但却不能同意由于这些形式是目录的一种类型，因而列入目录学范围的见解。因为仔细分析文摘、快报、文献评述等，从内容到形式，都非"目录"概念所能概括。我们和这种意见的分歧，不单纯是由于对"目录"理解不一致而引起，更重要的是对目录学领域内出现的新现象,我们究应如何对待的问题,是以"目录学研究目录之学"的框子去套实际工作发展中层出不穷的新事物、新问题还是实事求是地正视这些新事物、新问题而给予正确的科学解释。可以断言,在丰富的工作实践中,记录和利用图书的方法和形式是不会局限于现有这些的,根据一定的目的、任务和读者需要,人们是会用多种多样记录图书的方法来创造更多的为人民喜闻乐见的形式。例如,上海图书馆编制的"阅读参考资料",就可视为是一种新颖的记录图书、辅导阅读的形式,如果也称之为"目录",恐怕有些勉强。

其所以不赞成"目录学的对象是目录"这一观点的理由就在于,它有可能给目录学的研究领域套上固定的框子,有了这个固定的框子,就会对新事物因套不上而轻轻放过,或勉强套上而又不能对新事物予以合理的说明。例如,把文摘、快报、文献评述等称之为"科学情报书目",其本意是想对它们做出科学概括,但结果适得其反,反而变成不科学的了。这对目录学研究抑或实际工作都是不利的。

还有一派意见,主张目录学研究对象是图书,下面的观点就是一个典型。他们认为,"目录学的对象简单地说,是书,详言之,则关于书的材料、书的形式、书的内容皆是"[9]。

这种观点,来源于19世纪英国资产阶级目录学家贺恩的思想。贺恩就认为,"目录学者,简言之,书籍评述之事也,详言之,研究关于书籍之一切知识也。列举之有四端:①关于组成书籍之材料;②关于在书中所论述之内容;③关于书籍版本之优劣及其价值;④关于书籍分类之位置等是也"[10]。这种观点,是不符合现代科学发展的实际状况的。

按照这种观点,就等于把目录学范围扩大到茫无边际、无所不包的地步,就否定了目录学特有的对象和内容。事实上,研究组成书籍的材料是图书学的任务之一;研究书籍中所论述之内容,是各门科学的职能;关于书籍版本之优劣及其价值的研究,已构成版本学;关于书籍分类位置的研究,则属于图书分类学的范围。它们均已形成或属于各种科学,并不构成目录学的内容。

当然主张这四方面不构成目录学的内容,并不排斥在记录图书时常常需要借助于这些知识,以达到有效地利用图书的目的。问题不在于记录图书时要不要利用这些知识,而在于不能把记录图书所利用的这些知识归之于目录学的研究内容和范围。

我们不能把研究目录学所需要的知识和目录学研究的对象混为一谈,这对于对各门科学进行深入细致的研究,区分各种复杂相联系的事物的特点,是很重要的。抓不住各自的特殊矛盾,必会使一切都混同起来。

参考文献：

［1］福开森.目录学概论.耿靖民,译.武昌文华图书馆学专科学校印行,1934

［2］刘国钧.图书目录略说.图书馆学季刊,1928,2(2)

［3］黄宗忠等.关于图书馆学的对象和任务.图书馆学通讯,1960(5)

［4］徐家麟.目录学讲稿.油印本,1956

［5］吕绍虞.普通目录学讲义.铅印本,1956

［6］陈光祚.目录学的对象与任务.武汉大学人文科学学报,1959(7)

［7］普通目录学(苏联图书馆学院教科书).俄文版,1957

［8］陈光祚.论科学情报书目.武汉大学人文科学学报,1960(7)

［9］容肇祖.中国目录学大纲.油印本,1934

［10］毛坤.目录学通讯.河北省立女子师范学院图书馆月报,1934,1(1)

（原载《图书馆》1961 年第 2 期）

目录学与读书治学

占有必要的资料,在读书和治学中是极为重要的。这些材料的来源不外乎两个方面:一是进行实地的社会调查或科学实验;一是查阅古今中外的图书文献资料。有时前者又需借助于后者进行有效的活动。目录学在熟悉、掌握、积累、记录图书文献资料方面可以给予我们一定的帮助。

我国目录学产生于公元前1世纪末刘向、刘歆等编纂《别录》《七略》之时。在古代,目录学和广义校雠学的内容很多是相互交叉的,到后来,才逐渐分开,形成各自独立的两门学科。

目录学与各门科学都有着密切的关系。一方面,目录学为各门科学工作者经常利用,对各门科学发展有一定的促进作用;另一方面,各门科学的发展在很大程度上也日益丰富着目录学的内容。作为目录学分支的各专科目录学,事实上已是各门科学的辅助学科。近代自然科学、技术科学门类众多,高度专门化,以及边缘科学的产生等错综复杂的情况,更加增强了目录学在读书治学中的作用。

一

我们在读书和治学中,应用目录学知识熟悉和掌握图书文献资料的来源是通过利用书目、索引、文摘等实现的。

我国书目遗产特别丰富,自汉代产生《别录》《七略》以后,大多数朝代也都编有这种官修目录。现存中影响最大的《四库全书总目摘要》《四库全书简明目录》成了今天了解中国古代文化典籍的基本参考读物之一。

古代官修目录至今得以保存的极少,而今保存得比较完整的,要算史志目录。早在东汉初年,著名史学家班固在编纂汉书时,为了记载汉代藏书之盛,借以从图书方面来反映汉代的学术思想梗概和文化繁荣景象,他根据《七略》编辑了艺文志,开创了正史艺文志的先例。自此以后,艺文志(有些称经籍志,如《隋书经籍志》)成了大多数正史的一部分。那些编写正史时缺艺文志的,从清代开始也相继进行了补编工作。这类史志目录是我国特有的目录学遗产,如果把历代史志目录连贯起来,则基本上成为一部从汉到清的我国古籍总目。我们可以据以了解历代文化学术思想状况,是研究古代历史必不可少的参考资料。

宋代以后,我国私家藏书目录更加发达起来。据叶昌炽的《藏书纪事诗》记载,从宋到清,比较著名的藏书家就有 1175 家之多,其中很多是编有藏书目录的。私家藏书目录从另一角度为后人提供了古籍的情况,补充了官修目录和史志目录的不足。例如,明代晁瑮《晁氏宝文堂书目》、徐𤊹的《徐氏红雨楼书目》、高儒的《百川书志》等私家藏书目录,其中著录的一些小说、戏曲均被今天研究我国古代小说史和戏曲史者视作重要材料。

除古典书目以外,现行编印出版的书目也很多。例如,文化部出版事业管理局版本图书馆编辑出版的《全国新书目》《全国总书目》等国家登记书目,可以帮助我们了解最近数十天或一年内全国主要出版了哪些书籍。各大型图书馆编制的馆藏目录可以帮助我们了解这些图书馆收藏哪些门类、哪些作者所写的著作。全国图书联合目录编辑组等单位编印出版的各种专题联合目录、期刊联合目录、西文新书联合目录通报又可以帮助我们了解某一方面的中文图书或期刊在国内哪些主要图书馆里收藏。要了解某一作家的论著译述和别人论述这一作家及其著作的图书文献资料可查阅个人著述书目。例如,沈鹏年辑的《鲁迅研究资料编目》,丁景唐、文操合编的《瞿秋白著译系年目录》就是研究鲁迅、瞿秋白不可不读的书目。要了解关于论述记载某地区政治、经济、文化、历史等情况的图书文献资料,可查阅地方文献书目。例如,广东省中山图书馆编制的《广东文献参考书目录》就是这种书目。近年来,国内各大型图书馆为科学研究工作服务所编印的大量专科目录或专题目录,则是帮助科学工作者掌握某一方面中外文图书文献资料来源的重要线索。例如,医师或医学研究人员就可从上海图书馆等单位合编的《传染性肝炎文献目录》中了解有关传染性肝炎方面中西医、中外文的图书文献资料。

索引是揭示报刊资料和图书内容的工具。索引又称"引得",大体上可以分为报刊资料索引、专题文献索引、图书内容索引等几种。例如想要了解国内主要报刊近一个月内发表了哪些重要论文资料,可查上海图书馆编辑出版的《全国主要报刊资料索引》,这个索引分为哲学、社会科学和自然、技术科学两部分,这两部分分册出版。反映《新青年》《向导》《共产党》等早期革命期刊上论文资料的《十九种影印革命期刊索引》也属于这类索引。如果要想比较全面地参考某一专题的中外文科学文献,可查专题文献索引,如《铁道工程论文索引》《中国昆虫学文献索引》等。据苏联统计,1956 年全世界自然科学论文就约有 180 万篇,因此,由于科学发展快,科学论文数量大,科学工作者是否善于利用报刊资料索引和专题文献索引,对于他能否及时掌握科学文献是颇有关系的。

图书内容索引是从主题、人名、书名等方面揭示专书的内容。这种索引有的是单行本,有的则是附在专书的后面。例如,中国人民大学图书馆编译的《列宁全集索引》,是做单行本发行的。苏联外国文书籍出版局出版的两卷集《马克思恩格斯文选》中文版,则附有重要人名索引、名目索引。为便于查考我国古籍而编制的旧史传索引,如《二十五史人名索引》《二十四史传目引得》等,也是图书内容索引的一种类型。

文摘是摘要报道专业期刊论文内容的科学情报工具。如果说,报刊资料索引、专题文献索引可以帮助我们从较广阔的范围内掌握科学文献情况,那么,文摘则可以最迅速地帮助我们为直接研究而选择科学文献。科学工作者要知道的,与其说是掌握科学文献,倒不如说是这些科学文献中所说明的科学理论、技术方法,文摘就能较好地在这方面满足我们的要求。文摘通常以刊物形式出版,也有以卡片形式供应读者订阅。文摘总是以全、快、准确,便于查考称著。科技文摘,可以帮助科学工作者用较少时间,具体查明大量文献的内容,掌握科学研究最新成果。科学技术比较发达的国家都编辑出版文摘杂志。我国科学技术情报研究所也进行着文摘编译工作,一方面有选择地翻译苏联科学文摘,一方面做国内机械、电机、生物、医药等学科论文摘要,并编辑出版中国科学文摘外文版。

通过掌握汉字排检法和图书资料分类法可以熟练地利用书目、索引、文摘。汉字排检法目前通行的不外是音序和行序两大体系。音序中近来根据汉语拼音方案(草案)中拼音字母的顺序排列的较多,形序中采用部首法、笔形法、号码法等比较普遍。图书资料分类法通常采用《中国科学院图书馆图书分类法》《中国人民大学图书馆图书分类法》《中小型图书馆图书分类表草案》较多,或以这几种图书分类法的体系、类目为基础加以灵活运用。在科技书目、索引、文摘方面也有参考《国际十进分类法》的科技类目来编排科技文献资料的。中国古籍一般均按经、史、子、集四部分类法编排。我们只要掌握了比较通行的汉字排检法和图书分类法,犹如有了两把钥匙,这样利用书目、索引、文摘就会得心应手了。如果再善于应用反映书目、索引、文摘的工具书,如赵继生编的《科学技术参考书提要》、何多源编的《中文参考书指南》等,据此寻找到自己所需要的具体书目、索引和文摘,就有了更多的线索了。

二

在读书、治学中,应用目录学知识来积累和记录图书文献资料是通过编写书刊的著录、提要、摘要和书籍述评来实现的。

著录是记录图书的一种最基本的方法,也就是描述图书的重要特征,简要记载图书最基本的资料,保留该书一条记录,以便日后参考时有据可查。著录需要记载一书的书名、著译者、版本等事项。关于报刊论文、科学文献资料的著录,除去篇名、著译者外,还需要包括其被刊登的报刊名称、年月、期号、页数,即资料的出处。著录的主要根据是书名页,在没有书名页的情况下,可根据封面、版权页或卷端著录。有时,题词页、序、跋、凡例、目次、附录、书脊、边题、眉题、书口也可提供相当的著录材料。

提要是简要说明图书内容的一种方法,即对一书的内容概要、中心思想、作者情况、创作时间、意图以及该书的内容特点的分析与介绍,它对一书的记录比之著录要详细些。提要在我国有其较长的历史渊源,古代学者很重视它。汉代刘向等为各书撰写的叙录,就是较详细地撮述全书旨意的提要。他们所写的每篇叙录的内容包括,记载书名与篇名,叙述校雠的经过,辨别书的真伪,介绍著者的生平与思想,说明著书的原委及书的性质,评论思想或史事的是非,剖析学术源流,判定一书的价值。这种体例形成一种传统,影响后世颇深。宋代目录学家陈振孙等采取了"解题"的方法来叙述一书大意,评其得失,"解题"也是一种提要。

我们为一书编写提要,要求能把握住著作的中心思想和主要内容,不是客观地叙述,而是或多或少地带一些评述,之后再查阅起来就不仅了解到著作的一般内容,而且还有初读该著作感受的记录,便利于自己的参考。

摘要是扼要摘述论文内容的一种方法,即极其简明扼要地叙述原著的基本内容,引证原著中的基本实际材料,载明作者对这一问题的结论,记下原著在理论或实践上有什么新内容。科学技术论文的摘要,应尽可能简要地指出研究问题的途径、方法,摘记其中必要的公式、数据。摘要里不掺杂个人意见,如实地反映原著论点和内容,但遇有明显错误,简要地指出也是必要的。做学问和进行科学研究工作的人用摘要的方法写成的科学文摘从而为自己积累资料,对于日后查考引证颇为方便。

书籍评述是综合评述数种相关书籍的方法,即从政治思想、学术价值、实用价值等方面对相关的若干种著作所进行的学术评论。研究者在这里常常记下自己的体会、心得,比较同一问题在有关书籍中论点的异同、是非得失。通过日久积累,可以把自己所阅读过的科学著作进一步系统化起来,这常常成为科学研究的第一步。有时也可以从中发现问题,提出需要进行深入研究的专题。

至于以上这四种方法究竟在什么情况下采取哪一种方法为好,这需要视图书文献资料和自己利用它的情况来决定。一般说来,只用于一般参考的,可采用著录。对于文中论点特别有参考价值的,可为之编写提要。对需要经常查考、引证材料较多的,可采取摘要。对某些学术价值较大拟作重点研究的或其中内容属于当前学术争论的,可做书籍评述。在实践过程中,我们可根据自己的需要,灵活运用这几种方法。

(原载《光明日报》1961 年 9 月 2 日)

郑樵目录学思想初探

郑樵(1104—1162 年)①字渔仲,兴化军莆田(今福建莆田县)人,是我国宋代著名的史学家、目录学家。

郑樵的著作很丰富,累计达 84 种。至今能见到的有《通志》《夹漈遗稿》《六经奥论》《尔雅注》《诗辨妄》以及一些零散遗文。

郑樵的学术思想特点,就其精华说,一是"会通"观点,一是批判精神。这不仅贯穿于他的史学著作之中,也成为他治目录学的指导原则。

郑樵的所谓"会",是指对史料的综合;所谓"通",是指史事记载的时代相续。所谓"会通",就是把历史作为一个整体去考察,从千头万绪的历史现象中,描绘出各种事物从古至今的发展过程。所以他反对"后代与前代之事不相因依"的断代史,而主张"修书之本,不可不据仲尼、司马迁会通之法"②。

郑樵的批判精神,主要表现在敢于批判某些传统思想,反对主观和迷信。他大胆指出,"载籍本无说,腐儒惑之而说众","诗书可信,然不必字字可信"③。认为天下没有"天经地义"的经书、注疏。他恨"空言著书","虚言"作"笺注"。他抨击义理、辞章之学,认为"二者殊途而同归,是皆从事于语言之末,而非实学",都是没有意义的。

但是郑樵毕竟是一个封建士大夫,他主张的"会通",是在维护封建大一统思想下的"会通",他敢于批判传统思想也是不彻底的。他反对迷信,但又从不触动皇权神授观念,因此,郑樵的著述,虽保留了若干可贵的学术遗产,但仍然是为维护封建统治服务的。

郑樵编写的《通志》中的《校雠略》《艺文略》《图谱略》,集中而系统地反映了他的目录学思想。在《校雠略》中,他从理论上阐明了图书类例、著录、注释的观点,这些观点又在《艺文略》《图谱略》中得到具体的贯彻。现在,联系郑樵的

---

① 关于郑樵的生卒年,史料记载有出入,说法不一。此处主要根据清道光刻本《郑氏族谱》的记载:"第十二世樵……生甲申年三月三十日,卒壬午年三月初七日,寿五十九。"即郑樵生于北宋崇宁三年三月三十日(公元 1104 年 4 月 26 日),卒于南宋绍兴三十二年三月初七日(公元 1162 年 4 月 22 日)。

② 《上宰相书》,见《夹漈遗稿》。

③ 《诗辨妄》。

学术观点来探讨他的目录学思想,无论对于批判地总结目录学遗产,或者对于当前的书目工作都是有益的。

一、详明图书类例,剖析学术源流

郑樵说过,"若无部伍之法,何以得书之纪"①。他要"部伍之法",所以强调类例,考镜源流。学术观点与图书内容虽然错综复杂,但都有类可分,有例可归。他比较与分析了汉至唐的各类古典书目,在编纂书目的过程中,提出了"欲明书者,在于明类例"的主张②,形成了详明图书类例,剖析学术源流的目录学思想。

郑樵指出,明类例可以帮助人们认识图书,并借以保存图书的确实记载。他说:"学之不专者,为书之不明也。书之不明者,为类例之不分也。有专门之书,则有专门之学。有专门之学,则有世守之能。人守其学,学守其书,书守其类,人有存没,而学不息;世有变故,而书不亡。"③郑樵又指出,明类例可以提供学术发展情况。图书按学术类别编排,不仅在于条理分明,便于查考,更主要的是它有助于辨别书的内容,从而根据各类考察其源流的演变。他说:"类例分,则百家九流,各有条理。"④又说:"类例既分,学术自明……观其书,可以知其学之源流。"⑤他推崇《隋志》所类,无不当理⑥,称赞《崇文总目》的《道书》和《杂史》的分类极有条理,"古人不及,后来无以复加"⑦。

由于郑樵认识到详明图书类例的重要性,因此十分注意图书分类的严谨细密。他以类例图书比喻统率军队,认为"若有条理,虽多而治;若无条理,虽寡而纷。类例不患其多也,患处多之无术耳"⑧。宋代是我国雕版印刷术的黄金时代,当时刻书地点几乎遍于全国,出版物已遍及所有的各个知识部门,这就给图书分类提出了新的要求。郑樵从当时图书的实际情况出发,不因袭旧法,打破了新旧《唐志》《崇文总目》的四分法,《晋中经簿》的五分法,《七略》《隋志》的六分法,《七录》的七分法以及《七志》的九分法,扩充了大类,增加了三级类目,编《通志·艺文略》,"总古今有无之书,为之区别",创立经、礼、乐、小学、史、诸

---

① 《通志·图谱略》明用。
②—⑤ 《通志·校雠略》编次必谨类例论6篇。
⑥ 《通志·校雠略》编次之讹论15篇。
⑦ 《通志·校雠略》崇文明于两类论1篇。
⑧ 《通志·校雠略》编次必谨类例论6篇。

子、天文、五行、算术、医方、类书、文十二类百家四百三十二种的分类体系①。做到了类例分明,井然有序。虽然他仍置经类第一,但却同时把礼、乐、小学各立一类,与经类并列。反映了他拟冲破经部书籍传统范围的倾向。虽然他保存了诸子类,但把天文、五行、艺术、医方及类书独立各成一类,与诸子并列。反映了他企图严格按学术立类的努力。他还把集部改为文类,其下又以文体细分,眉目清晰。虽有可议,实为独创。郑樵之所以能摆脱与突破传统的分类体系,一方面是与他反对封建社会正统的学术观密切相关;另一方面也是"宋代科学知识的相当发达在思想上的反映"②。没有后者为其条件,郑樵纵有详明图书类例、剖析学术源流的思想,这个独创的图书分类体系,无论如何也是提不出来的。《通志·艺文略》的意义不仅在于"总十二类百家四百三十二种,朱紫分矣",而且"散四百三十二种书,可以穷百家之学,敛百家之学,可以明十二类之所归"③。也就是说,它有助于了解学术的源流,让人们可以依类探寻图书,一目了然。

为了正确发挥类例的作用,郑樵对某些类名做了必要的注释。例如,他在《通志·艺文略》中对礼类"周官"注为:"按汉曰周官,江左曰周官礼,唐曰周礼,推本而言,周官则是。"④这种释其类名的做法,对于人们熟悉类目,正确理解类名含义,达到准确分类图书是很有帮助的。

郑樵还提出一些有关图书分类方法的原则。他认为区分类书,尽可能按类书内容性质分入有关专类,如天文类书分入天文类,提出了图书分类应以内容学科为主的思想。以此为出发点,他要求一类之书,当集在一处,不可有所间。同书异名的书不应分为两处。要做到这些,区分图书时应详看原文。见名不见书,或看前不看后,都有可能导致区分图书的错误,从而失去图书分类的意义。他又以历学和算学为例,指出凡遇到类目性质差异而无子目细目时,仍不能"相滥为一"。所有这些分类原则,至今仍为人们所遵循。

如果说,五代以前,人们在编纂书目时已经重视并使用了图书分类的方法,那么,到了宋代,郑樵则从理论上阐明了类例,可以剖析学术源流的思想,这是一种有价值的贡献。他觉察到图书类例要反映学术发展,图书分类法随时代而变是不可避免的,因此摆脱传统学术思想与以往图书分类法的束缚,创立新的

---

① 《通志·校雠略》编次必谨类例论6篇中记载《通志·艺文略》是12类百家422种。经核对,实际是12类百家432种。

② 侯外庐. 中国思想通史(第4卷下). 北京:人民出版社,1960:850

③ 《通志·校雠略》编次必谨类例论6篇。

④ 《通志·艺文略》。

分类体系,在当时也是一种大胆的革新。在宋代理学盛行之际,在传统思想影响很深的学术界,他的这种创新,也是难能可贵的。他对某些类名做必要的注释,提出了图书分类方法的若干原则,认为集体编纂图书总目必须随其各人所长进行分工的主张,是他多年目录学研究和书目工作实践经验的结晶。这些都应该给予历史的肯定。

郑樵重视类例,注重图书的学术分类,是完全正确的。但是他反对《汉志》《崇文总目》夹叙夹评的类序,把类序与类例对立起来,而看不到二者的相互补充,因而赞同新旧《唐志》删除类序的议论,这是非常片面的。他提出的"学术之苟且,由源流之不分;书籍之散亡,由编次之无纪"①的说法,也过分夸大了类例的作用。诚然,类例详明,图书有纪,可考学术源流,这当然有助查阅文献,进行学术研究。但是任何时代学术的发展,是同阶级斗争、生产斗争、科学实验的需要密切联系的。社会实践推动了学术发展,学术观点的正确与谬误归根到底还必须通过社会实践的检验与证实。学术苟且与否,岂能决定于"源流之不分"。"类例不明,图书无纪",这会影响后人作为考查核实散佚图书的依据之一。然而,历史上因种种社会原因和保藏不善而引起大量图书散佚的事实,无论如何是不能说成是由于"编次之无纪"。郑樵这种认识的片面性,有主观因素,也是受了历史条件的限制,我们是不能加以苛责的。不过,指出郑樵这种认识上的问题,恰如其分地估计图书类例的意义与作用,正确对待目录学遗产,也是必要的。

二、通录图书有无,详今略古

郑樵的"会通"思想表现在目录学方面,则形成了"通录图书之有无"的见解。他费"八、九年为讨论之学,为图谱之学,为亡书之学,以讨论之所得者作群书会记、作校雠备论、作书目讹论"②。他说:"观群书会记,则知樵之艺文志,异乎诸史之艺文。"③这里所说的《群书会记》,即是《通志·艺文略》的初稿,它异乎诸史艺文主要之点,在于不是记一代藏书,一朝著作,而是"记百代

① 《通志》总序。
② 《献皇帝书》。见《夹漈遗稿》卷二。
③ 《上宰相书》。

之有无，"①"广古今而无遗"②。既记现存的书，也要记历代散佚亡阙的书。

郑樵记散佚亡阙的书追其缘由有二：其一，古代典籍不出于当时，可出于后代；不出于彼，而出于此；不足于前朝，而足于后世。其二，古人编书，皆记其亡阙，通录图书之有无，方可"上有源流，下有沿袭，学者亦易学，求者亦易求"③。王俭《七志》、阮孝绪《七录》，均记亡书。隋朝又记梁之亡书。因此，"自唐以前，书籍之富者，为亡阙之书有所系，故可以本所系而求"④。《崇文总目》未能同时记有又记无，不仅古书难求，"虽今代宪章亦不备"⑤。郑樵有鉴于此，因而他在《群书会记》中"不惟简别类例，亦所以广古今而无遗"⑥。据王应麟《玉海》所记，郑樵还曾按秘书省所颁阙书目录，集为《求书阙记》七卷、外记十卷。由此可见，郑樵主张记载亡阙之书，是为了日后求书有所根据；学术源流，有所考查。

郑樵主张通录古今有无之图书，他说："今有纪者，欲以记百代之有无。然汉晋之书，最为希阔，故稍略。隋唐之书，于今为近，故差详。崇文、四库及民间所藏，乃近代之书，所当一一载也。"⑦这里，他提出了通录古今图书详今略古的原则。事实上，他在《通志·艺文略》中，就是以参考各种书目为依据，并极为注意增补当时存在和发现的图书，著录了图书10 912部，110 972 卷，基本上做到了记有又记无。郑樵在《通志·校雠略》中还提到求书八法，即类以求、旁类以求、因地以求、因家以求、求之公、求之私、因人以求、因代以求，这也都是为了通录古今图书创造更有利的条件。

郑樵通录古今图书有无的另一重要内容，是主张不仅记书籍，而且还要记图谱。他认为书与图各有其作用，两者不可偏废。郑樵说过："若无核实之法，何以得书之情。"⑧他要"核实"，所以不能局限或轻信妄从文献记载，而要注意实际知识与图谱实物的研究。用他形象化的说法，"见书不见图，闻其声不见其形；见图不见书，见其人不闻其语"⑨。他批评刘向、刘歆作《七略》，收书不收图，班固据此编为《汉书·艺文志》。赞扬王俭撰《七志》，以一志专录图谱。讥讽后之学者离图治学，"虽平日胸中有千章万卷，及置之行事之间，则茫茫然不知所向"⑩。他进一步指出，"天下之事，不务行而务说，不用图谱可也。若欲成天下之事业，未有无图谱而可行于世者"⑪。因此，他在《通志·艺文略》经类的

---

① 《通志·校雠略》编次必谨类例论 6 篇。

② 《通志·校雠略》编次必记亡书论 3 篇。

③—⑥ 《通志·校雠略》编次必记亡书论 3 篇。

⑦ 《通志·校雠略》编次必谨类例论 6 篇。

⑧ 《通志·图谱略》明用。

⑨—⑪ 《通志·图谱略》索象。

易、书、诗、春秋、尔雅各家,礼类的周官、丧服、会礼各家,史类的职官、地理各家以及算术类、医方类等,均收有图;而易、诗、春秋、丧服各家等又备有谱。此外,还专撰《图谱略》,记图谱之有无。声称,"总天下之书,古今之学术,凡十六种有书无图不可用。天文,非图无以见天之象;地理,非图无以见地之形;宫室,非图无以作室;器用,非图无以制器;车旗,非图何以明章程;衣裳,非图何以明制度;坛域,非图不能辨大小高深之形;都邑,非图不能记内外重轻之势;城筑,非图无以明关要;田里,非图无以别经界;会计,非图无以知本末;法制,非图无以定其制;班爵,非图无以正其班,非图不能举班爵之序;古今,非图无以通三统五运之要;各物,非图无以别虫鱼草木之形状;书,非图无以明文字音韵"。他还指出,"凡此十六种可以类举。为学者而不知此,则章句无所用。为治者而不知此,则纪纲文物无所施"①。这些议论是多么精辟,这是与他注重实际的严谨治学精神一脉相承的,至今仍有一定的意义。

总之,郑樵明确论证通记图书有无,详今略古的见解,在当时是难能可贵的,对后世也有影响。他主张通录古今现存与亡佚的图书,在一定程度上,可以起到完整地保存历史文化记录的作用。他强调记书又记图,可以提供人们据此查找一些历史事物形象的线索。由于时代的限制,他的这种目录学思想在当时未能引起学者的足够重视,即使在他个人编纂书目过程中,也未能完满地实现。然而,今天我们从中却可以得到编纂古今图书总目有益的启示。

三、揭示书之特点,泛释无义

为了发挥目录学剖析学术源流的作用,郑樵不仅强调详明图书类例,主张通录图书,记亡,求全,而且还要视其需要,在书目中附以详简得当的注释,但不必每书都加注释,提出"泛释无义"的论断,构成郑樵又一目录学思想。

郑樵认为书有应释和不应释之分。通过著录书名、著者,就足以反映内容的书,或根据所属类别就足以判断内容的书,都不必注释。例如,史家一类、正史、编年的史书,各随朝代,不言自明。至于杂史、霸史类的书,内容比较复杂,应加注释。如果对一部书没有什么可加申说的,或对不同的书,又不能确切地揭示出内容特点,"强为之说,使人意怠"②。他指出《太平御览》别出《太平广

---

① 《通志·图谱略》明用。
② 《通志·校雠略》泛释无义论1篇。

记》,专记异事,而《崇文总目》的注释,不得要领,说什么"博采群书,以类分门"。用类书的一般界说,置于《太平广记》之下,终究看不出《太平广记》与《太平御览》的区别与关系。

郑樵赞成《隋志》"于疑晦者则释之,无疑晦者则以类举"①,比较切实。他批评《崇文总目》"每书之下,必著说焉。据类自见,何用更为之说"②,比较烦琐。他认为"《唐志》有应释者而一概不释,谓之简;《崇文总目》有不应释者而一概释之,谓之繁"③。这里,郑樵提出一书是否注释,不可一概而论,要视具体需要而定;需要注释的,也应根据图书内容的情况,详简得当。

郑樵对注释的这些见解,在他所编的《通志·艺文略》中又得到很生动的运用与发展。他以自己丰富的图书知识,用简要而又准确的注释,点明一书的特点。注释因书而异,从一书作者,书名以至内容,各有重点,不是千篇一律。下面举例说明郑樵所做的书的注释,是多么切实简明。

标出书的作者、注者:《唐六典三十卷》"唐明皇撰,李林甫注"。

注明书的作者、时代及官衔:《天福元历二十卷》"晋司天监马重清撰"。

释书名:《三苍三卷》"郭璞撰。秦相李斯作仓颉篇,汉扬雄作训纂篇,后汉郎中贾鲂作滂喜篇,故曰三苍"。

揭示同书异名:《赵书二十卷》"一曰赵石记;一曰二石集。载石勒事。伪燕太付长史田融撰"。

说明一书改名:《太平御览一千卷》"太平兴国中,诏李昉等十四人编集,八年书成,初名太平总类,后改曰太平御览,盖以年号命名"。

简介书的内容:《三国典略二十卷》"唐丘悦撰。以关中,邺都,江南为三国,记南北朝事"。

指出一书记事始末:《皮氏见闻录》"皮光业撰。记唐乾符至五代时事"。

点明一书写作特点:《备史六卷》"贾伟撰。记晋末之乱,每一事作一诗以系之"。

记述一书传布情由:《汉纪三十卷》"汉献带以班史文繁难省,故令秘书监荀悦约二百四十三年之行事,起高祖,迄王莽,准左传为汉纪三十篇。辞约而事详,本末先后,不失条理,当世伟之。学者循习班马之日久,故此书不行。自唐以前犹不能忘焉,今或几乎泯矣"。

提供一书取材来源:《册府元龟一千卷》"景德中,诏王钦若、杨亿编历代君

---

① —② 《通志·校雠略》泛释无义论1篇。

③ 《通志·校雠略》书有应释论1篇。

臣事迹。取经史、国语、战国策、管子、孟子、韩子、淮南子、晏子、吕氏春秋、韩诗外传。其余小说、杂文不取"。

考订著述真伪:《越绝书十六卷》"子贡撰,或曰子胥。旧有内纪八、外传十七,今才二十篇。又载春申官,疑后人窜定;或言二十篇者非是"。

注明所记佚书依据:《周易谱一卷》"隋志"。

简记佚书内容:《周载八卷》"东晋孟仪撰。略记前代,下至秦。其书已亡缺"。

记佚书,明学术源流:《齐后氏传三十九卷》《齐孙氏传二十八卷》"按后孙之传,其亡已久,必不可得。今存其名,使学者知传注之门户也。今之学者专溺毛氏,由其不知有他之故"。

综上所述,郑樵的"泛释无义",是指对图书所做的注释,这还有别于图书提要。但是"泛释无义"的思想,对于在编制书目时,是否需要与如何撰写注释与提要,从而简明而准确地介绍图书,至今还有一定的借鉴作用,不失为一种目录学思想财富。

四、简短的结论

列宁指出,"判断历史的功绩,不是根据历史活动家有没有提供现代所要求的东西,而是根据他们比他们的前辈提供了新的东西"①。

郑樵在研究与总结汉代以前目录学史经验的基础上,之所以强调记古今图书之有无,详明图书类例并编写详简得当的图书注释,归结到一点,就是为了通过揭示与记录图书,剖析学术源流,这在郑樵著作中有所记述,是他在目录学理论与实践上超越前人的地方,对后世影响很大。可以毫不夸张地说,郑樵这一尚未充分发挥的见解,直接为清代著名的目录学家章学诚在《校雠通义》一书中,从理论上明确而概括地提出目录学的意义在于"辨章学术,考镜源流"的思想,开辟了道路。

明类例,通录图书,为图书做注释,既然是为了剖析学术源流,这必然与郑樵本人的学术观和宋代社会思想紧密相连的。郑樵反对迷信,主张实学,确有反对传统学术思想的进步一面,这对他的目录学成就有着深刻的影响。但另一方面,他是一个封建的史学家、目录学家,他浓厚的忠于封建南宋王朝的正统观

---

① 列宁.列宁全集(第2卷).北京:人民出版社,1959

念,决定他不可避免地不能彻底摆脱当时封建社会传统学术思想的束缚与影响,这从他所拟订的《通志·艺文略》分类体系及类目设置、图书注释的观点中明显地表现出来,是有其阶级与社会根源的。尽管如此,郑樵在目录学发展中的作用是不能抹杀的,他在目录学史上的地位是应当肯定的。

(原载《社会科学战线》1978 年第 3 期)

悼念刘国钧先生[*]

著名的图书馆学家刘国钧教授于 1980 年 6 月 27 日 3 时 50 分与世长辞了。他是我国近代图书馆事业的奠基者之一,为发展我国的图书馆事业、图书馆教育和图书馆学进行了长达 60 年的努力,做出了卓越的贡献。他的逝世,是我国图书馆界的重大损失。作为他的学生,更感到无比沉痛,对先生深切怀念!

刘国钧先生生于 1899 年,江苏南京人。1920 年毕业于南京金陵大学,后留美,在美国威斯康星大学研究院深造,获哲学博士学位。1925 年回国后,历任金陵大学教授兼图书馆中文部主任、馆长、秘书长、文学院院长,北京北海图书馆编纂部主任,《图书馆学季刊》主编。1943 年以后,任西北图书馆筹备主任、馆长,西北师范学院教育系教授,中央大学教授兼哲学系主任,兰州西北图书馆馆长。新中国成立后,任兰州人民图书馆副馆长,西北师范学院中文系教授兼主任。1951 年 8 月到北京大学图书馆学系任教,先后任图书馆学教研室主任、代理系主任、系主任兼学术委员会委员、校务委员会委员,并任国家科学技术委员会图书小组成员,全国第一中心图书馆委员会委员,北京图书馆顾问,《图书馆学通讯》和《图书馆》杂志编委,中国图书馆学会名誉理事暨编译委员会顾问,《中国图书馆图书分类法》编辑委员会顾问等职。

刘国钧先生对图书馆学的研究始于大学时代。早在 1919 年,他就在《世教新湖》杂志上发表了《近代图书馆之性质》一文。以后即不断地从事这方面的研究和著述,直到 1979 年他在病中还为《分类目录主题索引编制法》一书做学术校订工作。他一生中在图书馆学、中国书史等方面的专著、论文、讲义、翻译、校订等著作有近 200 种之多。其中最重要的有《中国图书分类法》(1929)、《中国图书编目条例》(1930)、《图书馆学要旨》(1934)、《图书怎样分类》(1953)、《图书馆目录》(1957)、《中国书史简编》(1958)、《现代西方主要图书分类法评述》(写于 20 世纪 60 年代,1978—1979 发表)等。先生治学严谨,思想敏锐,阐述问题清晰畅达,学术上有很大成就。他的著述得到了图书馆界的普遍重视,对我国图书馆工作产生了重大影响。

先生虽长期从事图书馆学研究和教学,但从不脱离图书馆工作的实际。

---

[*] 此篇与张琪玉合著。

1952 年以后,他在北大教书,还坚持每周去北京图书馆,与北京图书馆的同志们一起讨论、解决实际问题。他多次到外地考察,调研新情况,总结新经验,做到理论联系实际。如他的《图书怎样分类》《图书馆目录》《图书分类浅说》(1958—1959)等著作,都是结合当时我国图书馆所使用的各种图书分类法的特点和所收藏的各类图书的实际情况而写作的,所以能够指导图书馆的分类编目工作实践,深受图书馆工作者的欢迎。

先生在学术研究中,既注意对我国文化遗产的研究和继承,也注意国外新思想新技术的引进和传播。如 1926 年,他在《图书馆学季刊》上发表《四库分类法之研究》一文,对这部在中国目录学史上有着巨大影响的图书分类法进行了评述,随后他又不间断地研究其类目的增删改订,使之能适应古籍分类的需要。1959 至 1962 年间,他结合教学的急需,编写了《图书馆事业史大纲》,全面提出了中国图书馆事业史研究的方向、内容、范围和方法。接着,他又进一步编著了《中国古代图书馆事业史》,以丰富的史料重点阐述了我国封建社会图书馆事业的发生与发展。在此期间,他还指导学生集体编写了《中国图书馆事业史》和《中国近代现代图书馆事业史》,开拓了图书馆学中需要探讨的一个新领域。

先生是中国书史专家,对辉煌的中国书史有精湛的研究。他在这方面有许多专著,如《可爱的中国书》(1952)、《中国书的故事》(1955)、《中国书史简编》(1958)、《中国的印刷》(1960)、《中国古代书籍史话》(1962)等。在这些著作中,他对我国丰富的书史资料进行了全面的分析,做出了科学的系统的阐述。他不仅注意书籍形式和生产技术的发展以及书籍的艺术水平,而且还注意到书籍在社会生活中的重要作用。他的工作不仅推进了中国书史的研究,而且还广泛地向人民群众,特别是青年一代进行了爱国主义教育。他的中国书史著作有些多次再版,并已有英文、日文译本,流传世界。

在介绍国外图书馆学成果和图书馆建设经验方面,先生所做的工作可能是最多的。早在 20 世纪 20、30 年代,他就写作和翻译了许多文章,介绍欧美比较进步的图书馆事业状况和比较先进的图书馆工作方法,这对我国图书馆事业从藏书楼的性质向近代图书馆发展,起了积极的促进作用。新中国成立后,为了吸取苏联图书馆学的成果,他用顽强的精神在很短时期内就自学成了俄文,随后便翻译了许多俄文的图书馆学著作,起了很好的借鉴作用。同时,他也不忽略对欧美图书馆学成果的吸取。晚年,他仍不断探求新知识、新技术,追求新事物,永不停息,直至生命的终结。20 世纪 70 年代中,先生已是 70 多岁的高龄,身患冠心病,已很严重了,加之,还要受到"四人帮"的干扰,但他却不顾这一切,埋头阅读国外资料,奋力翻译了美国国会图书馆编辑出版的一套机读目录编制规则《MARC 款式说明书资料汇译》以及其他有用资料。在 1975—1977 年间，又撰写了《马尔克计划简介——兼论图书馆引进电子计算机问题》和《用电子计算机编制图书目录的几个问题》两篇文章，发表在中国科学院图书馆编辑出版的《图书馆工作》刊物上，为我国研究与引进机读目录新技术做了开创工作。

先生在我国图书馆教育事业的建设中，成绩卓著。早在 20 世纪 30 年代，他就从事图书馆学教学。20 世纪 50 年代初他到北大后，与王重民先生(已故)一道，为北京大学图书馆学系的建设与发展付出了极大的辛劳。他先后讲授过"图书馆学概论""图书分类""图书馆目录""中国书史""中国图书馆事业史""俄文图书编目法""西方图书分类法介绍"等许多门课程。他六七十岁高龄时，不因年迈和系务工作繁忙而脱离教学，总是坚持上教学第一线，认真为学生讲课，热情指导研究生和青年教师，积极到校外讲学，普及图书馆学知识，促进图书馆学研究，为培养图书馆界的业务力量做了很有成效的工作。他虽有几十年的教学经验，但从来备课认真，一丝不苟，因而教学效果好，受到学生的尊敬。从他在 1932 年写的《图书馆员应有之素养》到 1962 年写的《也谈谈图书馆工作者的基本功》，可以说明他对图书馆干部的培养提高给予了一贯的关注。他相信科学，尊重教学规律。20 世纪 60 年代上半期，他经常倾听师生及图书馆界的意见，领导全系教师制订教学计划，筹建专业课程，提高师资队伍，充实教学内容，研究教学方法，为培养国家需要的图书馆专业人才做出了不懈的努力。如今，受他培养的学生已遍布全国，正在图书馆和情报部门以及教学岗位努力工作，为我国图书情报工作的现代化而努力奋斗。人才比物质财富更宝贵。可以说，这是先生留给后世的最重要财富。

作为一名知识分子，刘国钧先生热爱中国共产党，热爱祖国，热爱社会主义，热爱人民文化教育事业；作为一位教师，他对青年充满期望，尽心指教，对党的教育事业表现了高度的责任心；作为一位学者，他不慕虚名，埋头钻研，坚持科学真理，尊重学术民主。刘国钧先生为祖国图书馆事业的繁荣、进步贡献了毕生的精力。他为我们树立了光辉的榜样，我们要永远学习他可贵的精神！

(原载《图书情报知识》1980 年第 2 期)

重视祖国目录学遗产的整理和研究

中华民族是一个有着优秀文化历史遗产的民族。中国目录学著称于世,素以"辨章学术,考镜源流"形成自己独特的传统。学习目录学可"周知一代之学术及一家一书之宗趣"①,对于学术研究颇为有用。本文的目的在于引起各界的注意,以加强领导,培养人才,整理与出版资料,开展科学研究,为发展祖国目录学做出贡献。

一、丰富的书目

中国目录学历史悠久,源远流长。早在西汉后期就出现了刘向创始,刘歆完成的《七略》。《七略》不仅是书目巨著,目录学的开端,更重要的是一部极其珍贵的古代文化史。此后,历代封建王朝由于政治与文化政策的需要,也设立专门机构,搜集、校勘与保管图书,编纂官修书目。比较著名的如隋代柳顾言等撰《大业正御书目录》、唐代元行冲等撰《群书四部录》、宋代王尧臣等修《崇文总目》和明代杨士奇等辑《文渊阁书目》。清代乾隆年间,在纂修《四库全书》的过程中编成的《四库全书总目》与《四库全书简明目录》,影响最大。鲁迅在给许世瑛的书单中指出,《四库全书简明目录》"其实是现有的较好的书籍之批评,但须注意其批评是'钦定'的"②,言简意赅。

官修书目至今完整保存下来的极少。正史艺文志却为后人提供了历代藏书及其流传、亡佚的情况。东汉初年,著名史学家班固,据《七略》,删其要,作《汉书·艺文志》,开创了编辑正史艺文志的先例,它也是我国现存的第一部古典书目。依据官修书目或私家书目,《隋书》《旧唐书》《新唐书》《宋史》《明史》和《清史稿》中,亦编有艺文志或经籍志。1679 年明史馆成立之后,又相继开始了正史艺文志的补撰。史书原无艺文志,后补编的,如清代顾櫰三撰《补后汉书艺文志》等;史书原有艺文志,后做补注的,如清代姚振宗等撰《汉书艺文志拾

---

① 张尔田.刘向校雠学纂微序
② 鲁迅.集外集拾遗

补》、顾实撰《汉书艺文志讲疏》等,而且一种艺文志的补撰或补注,往往有几家。这类史志书目是我国特有的书目遗产,它或记一代藏书,或记一代人著述。连接起来,基本上就成为从古到清的古籍总目,由此可见历代社会学术思想及文化典籍的状况。

宋代以后,随着刻书事业的发展,私人藏书日渐盛行起来。据叶昌炽的《藏书纪事诗》记载,从宋到清比较著名的藏书家就有 1175 人之多,其中有些藏书家编有藏书书目。宋代晁公武撰《郡斋读书志》、陈振孙撰《直斋书录解题》,每书不只记载书名,并述作者及其学术渊源,提要重在考订论辨。明代高儒撰《百川书志》、晁瑮父子撰《晁氏宝文堂书目》,著录元明话本、小说、杂剧、传奇,为后人提供了更多的古籍情况,补充了官修书目与史志书目的不足。

南宋初年,尤袤撰《遂初堂书目》,是较早的一部略记版本的书目。清初钱曾撰《也是园书目》,专记收藏,偏重版本。他又撰《读书敏求记》,提出从古籍版式、行款、字体、刀刻和纸墨的颜色定雕印的年代,从祖本、子本、原版、修版定版本的价值。稍后,黄丕烈鉴定古书版本的题跋有《荛圃藏书题识》及其《续录》,顾千里校刻古籍的序跋有《思适斋集》与《思适斋书跋》。著名的清代四大藏书家瞿绍基、杨以增、陆心源、丁丙的藏书书目《铁琴铜剑楼藏书目录》《楹书隅录》《皕宋楼藏书志》与《善本书室藏书志》,也都是查考古籍善本有价值的版本书目。

专记一地人士著作的书目始于北齐、北周之间。据考,宋孝王撰《关东风俗传·坟籍志》,所录皆是当时邺下(今洛阳)文儒之士的著作。宋代高似孙撰《剡录》,卷五收录剡地(今浙江嵊县)人士著作、家谱 42 部,开地方志著录书目之风气。我国现存地方志约有 8500 种,皆多有艺文志,亦有钞诗文入艺文,列书目为经籍志。至于地方人士著作专目,如清代孙诒让撰《温州经籍志》,还有一类单行本的"诗文征",如清代王豫撰《江苏诗征》、罗汝怀撰《湖南文征》,取材丰富,著录详尽,往往胜于地方志中的艺文志、经籍志。

佛教经录以东晋释道安撰《综理众经目录》为最早。现存最古的经录则是梁释僧祐撰《出三藏记集》,这是僧祐根据定林寺经藏,在《综理众经目录》基础上增辑起来的。其体例是:撰缘记(佛经及译经的起源)、铨名录(历代出经名目,以时代撰人为序)、总经序(各经前序及后记)与述列传(译经人传记)。僧祐以后,佛教经录渐从译经特征转向按佛经内容分类,最有名的是隋开皇年间释法经撰《大隋众经目录》与唐开元年间释智升撰《开元释教录》。

上述各类书目中,以类例,编排图书,标示书的学科类别。以大小序,指明类目含义、阐述学术流派、授受源流。以著录,记书的版本与亡佚残全情况。以叙录体、传录体及辑录体等不同体例的提要,叙作者生平、学术成就,介绍一家一书的宗旨。这些编纂书目的经验至今仍有借鉴的意义。

二、精湛的著作

我国目录学形成于西汉,有关目录学的论辨,在古典书目里,间有所述。宋代以后,又多散见于学者文集和杂著中。目录学专著,最有名的是宋代郑樵撰《通志·校雠略》。书中,他重视图书类例,认为图书内容及其学术观点,虽然错综复杂,但都有类可分,有例可归。图书归类应以内容学科为主,一类的书,当集中在一起。"类例既分,学术自明"。

郑樵主张通录图书,详今略去,"纪百代之有无""广古今而无遗"。既记现存的书,也要记历代散佚亡阙的书,不仅记书籍,而且还要记图谱,为的是后世求书有所根据,学术源流有所考查。以便完整地保存历史文化记录,提供人们据此查找一些历史事物形象的线索。

郑樵还提出"泛释无义"的原则,认为视其需要,在书目附以详简恰当的注释,"于疑晦者则释之,无疑晦者则以类举"。他在《通志·艺文略》中,往往用简要而准确的注释,点明一书的特点,切实简明。

18 世纪后期,清廷采取高压政策,控制学术思想甚严,多数学者不讲学术源流,埋头古书版本校勘,放弃清初顾炎武、黄宗羲经世致用之学。在朴学家的提倡下,目录学一时成为显学。章学诚却标举宗刘、补郑、正俗的著述宗旨,继郑樵《通志·艺文略》,撰著了他的名著《校雠通义》。他在著作中,提出的"辨章学术,考镜源流",凝聚了他的目录学思想精华。

章学诚通古今之变,学以致用,认为图书分类体系应随时代而变。《七略》的六分法流为四部,皆大势所趋。他运用道器关系,解释类目编列类次。指出,理论类目在前,应用类目在后,图书分类严辨源委,分类要区分"虚论其理与实纪其法"的书籍,以使"体用相资"。

章学诚推崇《七略》中辑略,赞赏大小序,认为叙录"最为明道之要",不可缺少。他提出互著别裁之法。他说的互著是"理有互通,书有两用者"必须"兼收并载,互见于有关类下,不以重复为嫌"。他说的别裁是"于全书之内,自为一类者""得裁其篇章补苴部次,别出门类"。

章学诚反对离事言理,立论必须持之有据,极为重视图书资料的价值,主张"缀辑逸文,搜罗略遍"。他认为按韵编制书名索引,"即名而求其编韵,因韵而检其本书,参互错综,即可得其至是",提高校勘古籍之效率。这些论述都是当时一般学者所没有注意到的。

郑樵、章学诚的目录学思想影响深远,后世学者的目录学著述与他们的思想,均有深刻的联系。

三、研究的任务

清朝末年以及 20 世纪 30 年代至 20 世纪 40 年代,中国曾出现过一些目录学著作,多数著作是对目录学遗产的研究。这些著述,或系统讲述古代目录学,或探讨古代目录学著作之精微,或对古代目录学资料做了整理与说明,或对某一时期古典书目做了重点分析与阐述。书目评介多于学科探讨,学科描述多于学术研究。作者们对目录学认识是不一致的,导致一些著作的内容也各有异同,代表了不同学派的学术观点。他们对古代目录学的研究成果,对今天开展目录学遗产的研究,仍然是有帮助的。

新中国成立 30 年来,虽然翻印重版了一些古典书目,重新再版了几部目录学著作,也发表了一些研究目录学遗产的论文,但总的说来,进展缓慢。

今天摆在我们面前的任务是,加强中国目录学著述与资料的整理、编辑与出版,提供研究条件。在大学文科开设目录学课程,普及目录学知识,既加速专业人才的培养,又为促进与发展文科学术研究服务。提倡用马克思列宁主义观点,就以下诸方面,开展目录学遗产的总结与研究。

中国目录学史:研究历代著名目录学家及其所编纂的书目及目录学著述,分析各时期目录学的特征与发展趋向,从而把握中国目录学发生发展的一般规律,批判继承目录学思想遗产。

古籍分类学:研究古籍分类体系演变及过程,熟悉主要几种古籍分类法的体系、类目概念的古义。它是掌握、使用各类古典书目的钥匙。

版本目录学:研究鉴别古籍版本及其在古典书目中的描述与记载,是整理与利用古典文献不可缺少的专业基础知识。它是目录学与版本学交叉的学科。

方志目录学:清理地方志,查明存佚情况,发掘、辑录与研究地方志中艺文志或经籍志。使之成为考查一地人士及与当地有关人物著述的情况,丰富地方文献。它是方志遗产的枢笾,是方志学与目录学的边缘学科。

专科文献目录学:分别研究各门学科文献的积累、整理与利用,使之成为各学科文献知识与编纂方法的总汇。它是各门科学的辅助性学科。

(原载《古籍整理出版情况简报》1980 年第 5 期)

发展图书馆学教育　办好大学图书馆学系

近几年来,图书馆学教育事业有了较大的发展。全国约20所高等院校(或分校)增设了图书馆学系(专业或专科)。北京大学、武汉大学、南京大学、华东师范大学、中山大学等校还招收了图书馆学、目录学、情报学的研究生。武汉大学与北京大学图书馆学系先后恢复了函授教育,在22个省、市、自治区招收了函授生。此外,各地还广泛举办了图书馆学业余学校或业务培训班。中国图书馆学会及各地分会的成立,也促进了图书馆学教育的发展。形势喜人,令人鼓舞。

在我国现有图书馆学教育体制的情况下,当务之急是首先办好高等院校图书馆学系,这是巩固与发展图书馆学教育事业的关键之一。这是因为:①图书馆学系是全日制的,主要是为全国图书馆培养与输送图书馆专业人员;②图书馆学系毕业生是各地开展各种形式图书馆学教育,可能获得的专业课师资的主要来源之一;③图书馆学系毕业生通过工作锻炼,把所学的理论知识与图书馆实际相结合,则将成为研究与发展图书馆学的一支不可忽视的生力军;④办好本科,也就为招收质量较高的研究生,提供了可能,准备了条件。基于这种认识,本文仅就如何办好高等学校图书馆学系发表几点意见。

一、研究培养目标,更要明确培养规格

图书馆学系是培养德、智、体全面发展的图书馆专门人才的。我认为这种专门人才需要具有以下素养:①热爱社会主义祖国,热爱中国共产党,忠诚党的图书馆事业,努力为人民服务;②基本了解马克思列宁主义经典作家的主要文献,初步能以马克思列宁主义、毛泽东思想指导业务与学术研究;③具有较为广博的文科或理科的基础知识与相应的文献知识;④掌握一门外语与古代汉语,具有阅读一般外文书刊与古籍文献的水平,并能较好地采访、分编与检索一种外文文献与古籍资料;⑤具有图书馆学、目录学、情报学的基础知识,全面掌握图书馆科学管理的理论与方法。

尽管不同类型的图书馆,工作有所差异,但总的说来,工作内容基本上还是

一致的。本科毕业生具有了上述素养,则能增强他们对图书馆工作的适应能力,符合图书馆界急需补充专业人员的要求。毕业生到馆后,领导也比较好视其特点安排工作,用其所长,发挥作用。

二、实行文理分科,学科知识与专业知识结合

为了适应社会主义现代化建设对图书馆工作人员的要求,一些图书馆学系实行文理分科,这有利于提高图书馆学系毕业生的质量。实施方面,先学一个专业,毕业后再到图书馆学系学习两年,无疑这是比较理想的。但目前国内大量缺乏各方面人才,一般说是难以实现的。北大图书馆学系曾经将本科生先分别送到物理、技术物理、生物、计算机、无线电、中文、历史、经济等系学习两年,然后再从各系回图书馆学系学习两年的做法,实践证明这不是一个好办法,已经停止。我认为从文理科分别招进的学生,应必修或选修几门文科或理科的课程,学习面不要过窄。文科班学生可随文科有关几个系科所开设的课程,学好中外社会科学的基础知识;理科班学生则应学好自然科学技术的基础知识,并从速争取有关系的教师,能开出结合图书馆工作需要的理科基础课程。

图书馆实际工作是否深入往往取决于工作人员专业知识与学科知识的广度与深度。这就决定了图书馆学专业人员培养的特点,通过多种课程的开设,教学法的运用,引导学生把学科知识与专业知识紧密地结合起来。

三、合理设置专业课程,安排要循序渐进

政治理论课争取在三学年内学完。外文、古代汉语、文理科基础课以低年级开设为主,专业课逐年增加。专业课的安排要注意与外文、古代汉语及文理科基础课的协调。按照学生接受知识的逻辑顺序,将各类课程合理地统一反映到教学计划中去。应避免那种不顾课程之间的衔接与联系,不分先后,甚至先后颠倒地安排课程的做法。

专业课设置不宜过分分散,内容本来就有内在联系,集中为一门课程较好。例如"图书馆目录"课程,其名称来自20世纪50年代的苏联教材。本应包括图书著录、图书分类、图书标题法、图书馆目录体系,刘国钧先生等编著的《图书馆目录》教材(高教出版社1957年出版),就是如此。目前将图书分类与标题法抽

出来,另组课程,安排在"图书馆目录"课程之后开设。学生连图书分类与分类目录,图书标题法与主题目录尚未有感性认识与理性认识,那么在"图书馆目录"课程中学习图书馆目录的种类与职能、图书馆目录体系,势必流于一般化,难有深切的体会。

有些专业课程的设置与安排不尽合理,不符合学习循序渐进的原则。例如"图书馆学基础"课程,内容体系是比较完整的,按此内容单独写一本书较为合适。但与其他专业课联系起来看,目前以这样的内容作为一门课程,安排在第一学年第一学期,就值得研究了。因为该课某些章节另有专课。"图书馆学基础"这部分内容必然易与相关课程重复。此外,图书馆的读者服务、图书馆的科学管理等章节,在未学习其他专业课之前,就在"图书馆学基础"课程中讲授,学生难以真正地掌握。

专业课应改组。例如"图书馆目录"课程,如果课程内容不变,则课程名称改为"图书编目法"较妥。如果仍沿用"图书馆目录"课程名称,则目前的"图书分类与主题"课程,应与之合并。至于"图书馆学基础"中的图书馆藏书、读者服务工作、图书馆科学管理等,可视具体条件,考虑另开课程或专题讲座,安排在适当学期讲授。或将分编知识与图书馆藏书知识结合,按采、分、编为序,组织为一门课程,也未尝不是一个可行的方案。专业课的内容调整与合理设置,不只是上述两三门课程,而是涉及多种课程,这里就不一一赘述了。

必须确定本科生必修与选修的专业课。规定每门专业课的教学目的、内容与要求,根据内容安排适当的学时。还要明确专业课程之间的分工、联系与开设的先后次序。要通过认真的调查研究,听取师生的意见,下决心从速解决目前存在的多门课程中内容严重重复的问题。此点学生反映强烈,教师也深有所感,已经不能再拖延了。

四、教学内容结合实际,教学方法有待改进

目前我国图书馆工作仍以传统工作方法为主,此种状况不是短期内能改变的。即使现代技术在图书馆应用了,不少工作仍然也必须以手工操作为基础,而且要求更为严格、细密、规范化。因此专业课内容还是要费大的气力,开展调查研究,认真总结图书馆工作中的现实经验与存在的实际问题,上升到理论,充实教学内容。图书馆工作实现现代化,从根本上讲,取决于整个国家科学技术的发展。当然,加强这方面研究,并力求在教学中有所反映,这是完全必要的。

　　为了借鉴国外图书馆工作的经验与方法,在引进与介绍时,要注意结合中国图书馆事业的实际需要。对中国图书馆学、目录学遗产的研究,也不能忽视,这从发展学术与充实教学内容,都是不可缺少的。当然用于这方面的研究力量,这方面内容在教学中的反映,只能占较小的比例。

　　基于图书馆工作的特点,工作方法,即通常所说的"图书馆技术",在教学中占有较大的分量,这是必要的,否则学生难以在技术上达到熟练程度。但长期以来忽视了文献知识的讲授,却是值得注意的。工作方法不讲不练不行,但过分注意工作方法而忽略文献知识,教学内容就难以深化。

　　教学方法也有值得改进的地方。有些课要减少讲授时数,增加实习课的内容,提高教学效果。课堂讲授要少而精,并带有启发性,既要阐明讲义中的重点问题,又要以新的经验与新的材料不断补充。实习课不仅仅是工作方法的实际操作,而且其中有些课又必须要求学生通过查阅文献来完成。这样就可能有效地培养学生研究业务的兴趣,锻炼写作能力,不断提高分析问题与解决问题的水平。同时,也就为学生撰写毕业实习报告与毕业论文积累写作经验。学生结合查阅文献做好实习题,如同进行实际操作一样,这常常是课堂听课极为重要的补充。由于学生接触并深入到文献内容,就能真正学透专业课。这是他们获取知识的重要途径之一。

　　毕业实习是学生走上工作岗位前的演习,应予以重视。指导教师以中青结合为宜。按实习的教学要求,较早地选好点,并与接受单位共同订好可行的实习计划。及时传达给学生,以便做好充分的思想与业务的准备。实习结束时,要写作实习报告,实习报告可以是专题形式的。

　　毕业论文题目不宜过大,着重训练学生搜集资料,调查研究,提炼观点等科学研究的方法。写得好的论文,常会提出颇有分量的见解。写作毕业论文的过程,又会丰富文献知识。

　　事实上,不具备广博的学科知识与文献知识,学生在校,专业课难以学习透彻,走上工作岗位,工作上也会遇到极大的困难,以致难以胜任。

　　要通过教学内容的充实,教学方法的改进,提倡并引导学生,善于把语文知识、学科知识、文献知识与业务方法四方面紧密地结合起来,不断提高教学质量与学生学习的效果。

五、继续建设教材,加强师资培养

　　要重视教材建设,每门课都要有教材。不要过分强调统编教材,也不要完全否定统编教材。可以各校系(科)自编,也可几个学校系(科)的教师,观点相同,自愿结合编写。可以集体编,也可个人编。但无论采取哪一种方式,都要符合教材的要求:观点正确,知识准确,结构简明,文字流畅,有助于学生思维能力的培养,并力求内容丰富。要注意吸取图书馆工作人员的意见,请他们参加重点教材的审稿会。教师可以用本系(科)自编的教材,也可用外校系(科)编的教材。加强教材交流,注意研究与编译国外教材,无疑将会促进教学的发展与提高。

要办好图书馆学系,师资不足与教学水平不高是两个迫切需要解决的问题。不仅专业课师资缺乏,专门为图书馆学系开设文理科基础课的教师更为缺乏。

现有图书馆学系教师走出校门,虚心向做图书馆实际工作的同志学习,理论联系实际,开展调研与科学研究,不断提高学术水平与教学能力。图书馆专门人才要进行调剂与交流,要从图书馆抽调一些既有丰富的实际经验,又有教学能力的同志,补充到师资队伍中去。同时注意吸收图书馆同志为兼职教师,并有一定的制度。选派教员出国进修与考察。按课程举办教员研究班,也是可行的办法之一。研究班的任务:研究本门课程内容与教学要求,编写教学大纲,交流教学经验,拟订教学方案。实行老中青相结合,相互学习,共求进步。还可采取定期交换教员讲课的方法,各取所长,相互补充,共同提高。

要抓紧与有关校系协商,请他们派出教师专为图书馆学系开设文理科基础课,并编写有专业特色的教材。图书馆学系也可物色、调进与培养此类教师。

上述几点,仅是教学之余一己之见,敬请读者指正。

(原载《山东图书馆季刊》1981 年第 2 期)

中国目录学本是致用之学

目录学作为一门科学,各学者对其特点的认识未必一致。本文试从目录学的起源、内容与发展三方面,阐述目录学本是致用之学这一基本观点。笔者认为,搞清这一问题,对于发展目录学,建设目录学课程,改进目录学教学,无疑都将是有益的。

一、目录学从何而来?

就我国而言,目录学萌芽于先秦。孔子曾删订六经,编写序目,解释作意,为《诗》《书》作序。余嘉锡说:"目录之学,由来尚矣!《诗》《书》之序,即其萌芽。"[1]此后,古人著书又往往写作自序,《吕氏春秋·序意》《淮南子·要略》《史记·太史公自序》《汉书·叙传》,以自序,或阐明著书目的,说明纲要,揭示每篇旨意,或略数其要,明其所指,序其微妙,论其大体。虽各有特点,但做法和作意是为了推荐自己著作,论述学术思想与源流。

西汉,杨仆捃摭遗逸,纪奏《兵录》。刘向、刘歆等奉命整理与校勘古代文献,编纂了《别录》《七略》。东汉班固据《七略》增删成《汉书·艺文志》,开创了在正史中记载一代藏书之盛的先例。

《七略》《汉书·艺文志》标志着人们在总结前人有关校书之序、著书自序的经验,吸取学术分类,揭示与记录图书方面,有了重要的创新,说明当时目录学知识已有相当水平了。不能认为没有理论著述,就无所谓目录学。理论著述是知识的概括与系统化,它总是出现于后,而知识常常出现于前。范文澜指出:"《七略》综合了西周以来主要是战国的文化遗产。它不只是目录学、校勘学的开端,更重要的还在于它是一部极可珍贵的古代文化史。"[2]我国目录学在它形成之初,就有如此引人注目的学术价值,说明它的传统源远流长,为世人所称著。如果说,汉代以前,目录学尚处于萌芽阶段,那么,到了汉代,目录学被认为已经形成,这是一点不过分,而是有科学根据的。

此后,目录学发展不衰。虽然有时缓慢,甚至有所停顿,但总的趋向还是发展的。历代遗留下丰富的书目,就是明证。在书目的字里行间,常常记叙目录

53

学。宋代雕版印刷术发明后，私家藏书与私撰书目兴起。不仅在学者的文集杂著与读书札记中出现了他们提及书目时对目录学的见解，而且还出现了郑樵的《通志·校雠略》这样专门论述目录学的著作。他重视图书类例，提出书目提要"泛释无义"以及主张通录图书"纪百代之有无""广古今而无遗"的目录学思想，阐述了前人所未发表的见解。到了清乾嘉时代，目录学一时成为显学。人们如同对待校勘学、版本学、考据学一样，重视目录学。目录学与学术联系更为紧密了。就在这时，章学诚以宗刘、补郑、正俗的著述宗旨，继郑樵《通志·校雠略》，撰著了他的名著《校雠通义》。他在著作中，广征博引，联系书目与文献，论述了目录学的理论与方法，他提出的"辨章学术，考镜源流"凝聚了他的目录学思想的精华。郑、章的目录学著作，论述来自实际，又极为注意结合文献讨论问题，毫无空洞抽象之感。

近现代的中国社会，处于动荡剧烈变革之中。随着西方编目理论与苏联目录学的输入，书目工作进入新的阶段。书目的检索功用突出了，为目录学注入新的内容，目录学的学术研究的辅助作用更为鲜明了。从清末至今所出现的目录学著作反映了目录学的新进展与特点。当今，现代科学技术在书目工作中的运用，国外目录学研究中运用控制论、系统论、计量科学，已取得显著效用，中国目录学又面临一场新的变革。

如同其他科学一样，正是学术研究与社会实践需要推动了目录学的发展。目录学从它的产生形成，乃至发展，都与文献紧密相连，与学术研究密不可分。目录学本是致用之学，脱离文献与学术来讨论目录学，极易流入空谈，使目录学研究难以深入下去。

二、目录学包括哪些内容？

当前学术界对目录学的对象与内容看法是不一致的。从目录学是致用之学这一基本观点出发，笔者认为，目录学内容有四方面，即文献的来源与积累、文献的认识与鉴别、文献的揭示与记录、文献的检索与利用。

关于文献的来源与积累，包括对书目、类书、丛书与方志的熟悉与掌握。书目可以提供文献的内容或查找线索，类书可以提供某一方面的文献及其片断难得的佚文，丛书可以提供某一方面的若干种书籍，而方志则可以全面提供某一地区的文献资料。了解这四方面文献的概念、历史发展及其功用，尽可能掌握较多的文献知识，对于从事书目工作来说，无疑是必要的。

关于文献的认识与鉴别,包括认识与鉴别文献的原则与方法,既依据文献本身所提供的资料,也利用书评、书目、学术研究成果去正确了解文献内容概要,分析与鉴别文献的版本源流。

关于文献的揭示与记录,既包括文献的著录、提要、摘要、书籍述评、辑录、书目与索引的编制,也包括文献分类的研究。著录是记录文献最基本的方法,也就是描述文献的重要特征,简要记载文献的基本资料,为该文献保留一条记录,以便日后参考时有据可查。提要是简要说明文献内容的方法,即对一篇文献的作者及其写作意图、文献的内容特点与概要所做的分析与介绍。摘要是扼要摘述文献内容的方法,即极其简明扼要地叙述原著的基本内容、引证原著中的基本材料,载明作者对这一问题的结论,记下原著在理论或实践上有什么新的东西,有时还要指出作者研究问题的途径、方法,摘记其中必要的数据。书籍述评是综合评述数种相关文献的方法,即从政治思想、学术价值等方面对相关的若干种著作所进行的学术评论,日久积累,它可以把自己读过的著作系统化起来,有时从中发现问题,常常成为研究的先导。辑录是根据某种需要,按专题选辑文献的一种方法,其中辑佚曾被今人应用来搜集古代极为珍贵的资料,为学术研究提供条件。书目、索引则是揭示多种文献的方法,既可告诉人们,关于某一问题,前人做过哪些研究,已经进展到何种程度,又可提供查找文献的必要线索与方法。至于文献分类,它是利用检索工具查阅文献的一把钥匙,又是编制检索工具经常采用的方法之一。

关于文献的检索与利用,包括文献检索工具的评介与利用,以及电子计算机在书目咨询与文献检索工作中的应用。

上述四个方面彼此是联系的,中心是解决文献的记录与利用。对于目录学内容的这种认识,不是臆造出来的,而是从古今编纂书目实践中概括出来的。同时也参考了50多年来近20种目录学著述中的研究成果,特别吸收了长期从事文史研究的学者对中国目录学的见解[3],他们把目录学视为从事学术研究的辅助学科。研究目录学很实际,十分强调熟悉文献,做出很多贡献。

关于目录学研究与教学,历来存在两种情况,文史界讲目录学,着重讲"用",讲授古典书目的源流与利用。图书馆界讲目录学,着重讲"编",强调书目、索引的编制。讲"用",就是利用书目查文献,讲"编",就是通过编书目、索引,记录文献,开展读者服务。文献的记录与利用应是统一的,正确处理好这二者之间的关系,才是目录学的全部内容。

以往,曾习惯于把目录学内容概括为理论、历史、方法,但最终却不能说明目录学是什么。有不少学科都有理论、历史、方法,以此概括目录学内容,似不妥当。

三、目录学向何处去?

中国目录学历史悠久,学术基础深厚。但作为具有中国特点与严密科学体系的目录学,至今仍然是要认真探索与研究的课题,需要集思广益,共同努力,尽早求其解决。

首先,要认识目录学是致用之学。认为目录学是致用之学,并不是说它没有或不需要进行理论研究。恰恰相反,要坚持理论来源于实践的观点,善于从文献整理、文献检索与书目编纂的业务实践中总结出真知灼见,以便得出符合实际的结论,使目录学知识系统化、科学化,更加有用。但如不恰当地把目录学看作一门理论学科,循此方向研究目录学,必然会误入歧途。

目录学也不是没有或不需要进行书目工作方法研究,但不能局限于方法,要深入文献,才有效用与深度,目录学才能成为人们熟悉与利用文献的必备知识与有用之学。

其次,要建立具有中国特点的目录学。"辨章学术,考镜源流"作为一种中国传统目录学的思想与方法,古今均不应轻易否定。问题是用什么思想去"辨章学术,考镜源流"。在古代,它推动了目录学的发展,在现代,它仍然有借鉴的意义。不能把不同书目的不同要求与编制方法,与此混为一谈。那种强调西方国家的编目法,强调书目的检索功能,把目录学解释为"簿记之学",以此否定"辨章学术、考镜源流"的看法是不对的。

固然要着重研究与总结当今书目工作经验,但传统目录学之精华也不能舍弃。不要把古今对立起来。现代目录学要研究,传统目录学也要研究,只是有主次之分。完全脱离传统目录学而去建立现代目录学是不可能的,现代目录学是传统目录学的发展,这里既要继承,又要创新。

也不要把中外对立起来。中国目录学要研究,外国目录学也要研究。尤其通过比较目录学的研究,了解外国目录学形成的特点、异同及其原因。注重研究国外目录学新成就,丰富中国目录学的内容。那种认为只有中国目录学史才有研究,忽视国外目录学中新成就的研究,将会大大削弱目录学的社会效用,因而是不正确的。那种认为研究中国传统目录学就无出路的看法,也是片面的。

当然也不必强求中外目录学内容一致,因为与文化科学有着深刻联系的目录学,总是在一定的文化传统,学术土壤上生长出来的。照搬外国目录学是不利于中国目录学发展的。

鉴于中国目录学服务领域广阔,研究目录学的人也比较广泛。我们研究目录学不要局限于图书馆服务,要扩展到整个人文科学,甚至各门科学。

当前对于中国传统目录学与国外目录学研究都是很不够的,甚至连资料的搜集、译述与整理等的基础也都是很薄弱的。至于介绍国外目录学的新学科,也刚刚开始,公开发表的论文也比较少。这些有待于规划与研究。

再次,为使中国目录学具有严密的科学体系,我们提倡在马列主义、毛泽东思想的指导下,按照不同研究范围与任务,分为以下诸学科进行研究:

专科目录学:结合学科特点,分别研究各门学科文献的积累、整理与利用,使之成为各学科文献知识与编纂方法的总汇。它是各门科学的辅助性学科。

方志目录学:清理地方志,查明存佚,发掘、辑录与研究地方志中艺文志或经籍志,使之成为考查一地人士及与当地有关人物著述的情况,丰富地方文献。它是方志学与目录学的边缘学科。

版本目录学:研究鉴别古籍版本及其在古典书目中的描述与记载,是整理与利用古典文献不可缺少的专业基础知识。它是目录学与版本学交叉的学科。

文献分类学:总结历史上文献分类的经验,熟悉古今文献分类体系的演变及过程,研究现代文献分类理论与实践,指导当前文献分类工作。

中国目录学史:研究历代著名目录学家及其所编纂的书目及目录学著述,分析各时期目录学的特征与发展趋向,从而把握中国目录学发生发展的一般规律,批判地继承中国目录学遗产。

比较目录学:通过中外目录学横向与纵向的比较,具体考察外国目录学的产生与发展,以国外目录学的新成就,丰富中国目录学。从比较研究中,使国外进一步了解中国目录学的特点与丰富的目录学遗产,促进国际交流。

参考文献:

[1] 余嘉锡.目录学发微.北京:中华书局,1963

[2] 范文澜.中国通史简编.(修订本第二编).北京:人民出版社,1961

[3] 谢国桢.明清时代的目录学.历史教学,1980(3)

(原载《图书情报工作》1983 年第 6 期)

《中国目录学史论丛》前言

　　王重民先生离开我们已经整整八年了。八年前,他含冤逝世。当时正值我带学生外出实习。四月归来后,突然得此噩耗,十分悲痛。

　　去年,受师母刘脩业先生委托,现将先生有关中国目录学史遗著编辑成书。这无论对先生或学术界,都是义不容辞而应该做的事。

　　经过选编,收入本书的,主要是 1962 年先生为中文系古典文献专业学生讲授中国目录学史课程所写的讲义。书稿只写到宋末元初,为其完整,使读者能全面看到先生对于中国古代目录学史的见解与研究成果,我搜集了先生历年来所发表的目录学史论文,选择了六篇,补充列于后面。这些论文是:《〈永乐大典〉的编纂及其价值》《〈千顷堂书目〉考》《〈明史艺文志〉与补史艺文志的兴起》《论〈四库全书总目〉》《章学诚的目录学》以及《清代两大辑佚书家评传》。又根据书稿内容,并征得刘脩业先生的同意,定名为《中国目录学史论丛》。书中所收著作,有已发表的,也有未发表过的,经过校订,某些地方做了删略,一些字句做了必要的改动。在先生诞生八十周年之际,谨将它献给先生,以为纪念。

　　王重民先生,1903 年生于河北省高阳县西良淀村。原名鉴,字有三,自号为冷庐主人。现名乃 1924 年因直隶省军阀曹锟下令通缉时改用的。

　　1921 年进保定直隶(今河北省)第六中学读书。1923 年在北京参加社会主义青年团。1924 年考入北京高等师范学校(即今北京师范大学)后,受业于高步瀛、杨树达、陈垣诸先生,专心致志于文史。平时喜读古籍,研究国学,并注意整理中国古典文献。1928 年毕业于北京师范大学国文系。早在他毕业前就曾在北海图书馆(即今北京图书馆)工作过,毕业后至河北大学任教只一年,仍回北海图书馆工作,直至 1934 年。1933 年 9 月至 1934 年 6 月还兼任过辅仁大学讲师。这一期间,他整理了李越缦著述,研究清代学者辑佚成就,主持或参加书目、索引的编辑工作。

　　1934 年,派往国外,先生历游法、英、德、意、美各国著名图书馆。着重搜集与研究敦煌遗书、太平天国文献、明清之际来华天主教士的译述以及中国古籍善本,或抄录、复制,或著文介绍,撰写提要,编辑善本书目。

　　第二次世界大战结束后,1947 年归国。先生回到北平,仍在北平图书馆工作,兼任北京大学中文系教授,并主持该系图书馆学组教学与行政工作。

1949 年后,先生深感国家经济与文化建设事业百废待兴,图书馆事业急需发展。为了培养图书馆专门人才,在他的建议下,北大先设图书馆学专科,后改本科,由他担任主任,并兼北京图书馆代理馆长职务。1952 年全国高校院系调整,他来到西郊北大新址,辞去北京图书馆代理馆长,集中精力,主持图书馆学系工作。

1956 年,全国召开了制订《1956—1967 年哲学社会科学十二年发展远景规划》会议。先生参加了这一盛会。在他的主持下,也相应制订了图书馆学发展规划,促进了全国图书馆学的研究。

先生是一位热诚的教育家,坚持教学数十年,直至逝世前夕。他平易近人,对学生、青年教师,循循善诱,启迪他们以治学门径。为了办好系,他依靠党的领导,多方呼吁,从争取经费、购置图书、聘请教员以及制订教学计划,充实教学内容,无一不亲自动手,团结全系同志,做好工作。他对北大图书馆学系的建设与发展,做出了不可磨灭的贡献。

先生又是一位著名的学者,他学术研究领域宽广,在历史、古典文学、敦煌学、方志学、太平天国文献、欧学东渐史、中国科技史、古籍及其版本等方面,都有重要的专门著述。尤其对于目录学研究,造诣极深,在国内外享有盛誉。

先生著述繁富,有专著、论文 160 余部(篇)(见《中国目录学史论丛》附录:《王重民著述目录》)。属于目录学方面的,已发表或出版的著述,主要有:《老子考》《李越缦先生著述考》《清代两大辑佚书家评传》《柏林访书记》《罗马访书记》《论〈七略〉在我国目录学史上的成就和影响》《〈七志〉与〈七略〉》《关于〈隋书经籍志〉的初步探讨》《〈郡斋读书志〉与〈直斋书录解题〉》《王应麟的〈玉海·艺文〉》《〈永乐大典〉的编纂及其价值》《〈千顷堂书目〉考》《〈明史·艺文志〉与补史艺文志的兴起》《论〈四库全书总目〉》《跋影印本〈四库全书总目〉》《章学诚的目录学》《中国的地方志》《敦煌古籍叙录》《中国目录学史料(1—6)》以上数十种中国古籍善本书的题跋与书刊论文索引。即将出版的有《中国善本书提要》《〈校雠通义〉通解》以及凝聚了他对于目录学史研究成果结晶的本书《中国目录学史论丛》。此外,还有几种为图书馆学系学生讲课用的讲义。

先生强调,从事目录学史研究,不可忽视书目工作实践。正是由于他编写了大量的古籍序跋、题记、提要与书目、索引,因而使他研究目录学史有着坚实的基础。

先生主张,从事目录学史研究要通晓历史、学术史、思想史,注意开展目录学以外学科的研究。正是由于他的研究是多方面的,而且取得成就,所以他的目录学史著作有着学术的深度。

先生指出,从事目录学史研究,必须掌握第一手资料,从专题研究入手。他对古籍虽然了如指掌,但他在撰写中国目录学史之前,还是先编史料。在掌握丰富的文献和实际材料以后,他又总是进行深入的专题研究,写出文章。本书《中国目录学史》部分,就是在这样的基础上写出来的,因而内容比较扎实,更具有科学性。

先生有关中国目录学论著不同于前人或同时代诸家著述之处,就在于他十分注重联系社会政治、经济、文化背景,联系古籍的实际与社会学术思想去论述各个时期目录学的发展,把目录学放在整个社会中去考察,就能比较清晰地说明目录史诸现象的原因与影响。他早期比较注意利用历史考据方法去研究学问,有他独到之处。新中国成立后他努力学习马列主义、毛泽东思想,较多地在研究中探索规律性内容,力求科学地反映目录学发展进程,研究更接近历史事实。书中对古代目录学理论与方法,以专文或专节加以阐述与发挥,正反映了他的研究工作进入新的阶段,取得新的进展。

他根据甲骨文的发现和研究,提出我国目录学萌芽于殷商时代,形成于汉代。他根据社会历史背景与文化、教育、图书、目录的发展,提出中国目录学史分期的六个阶段:从远古到西汉末年为古代上古时期、东汉至隋为古代中古前期、唐宋元为古代中古后期、明清至鸦片战争为古代近古时期、鸦片战争至五四运动为近代时期、五四运动以后为现代时期。

他十分重视古代目录学理论著述的研究,善于从书目总序的字里行间,发掘与阐述古代目录学家的精辟论断,给人以启发。

他研究历代目录学家,总是联系他们一生活动与学术成就进行评述,做到恰如其分。

他系统评介历代古典书目名著,既对书目的体例、源流发展,书目学术内容与编辑方法,做了仔细的分析;又从书目各自的价值与影响,也历史地做了实事求是的评介。

他综观历代公私家书目,从理论上总结了各个时期图书著录、分类、类序、提要诸方面的特点与经验。提出中国目录学的传统就在于强调类例,注重提要,而"辨章学术,考镜源流"的思想贯穿其中。

他不但精于古代目录学史,从 20 世纪 50 年代中期,就开始搜集资料,也曾注意开展近代目录学史的研究。在《普通目录学》讲义中,初步勾画出轮廓,提出了问题,并做了有益的探索与论述。

先生一生道路坎坷,但在学术研究上勤奋感人,使我们受到鼓舞与鞭策。他治学严谨,对目录学有很深的研究与系统而精辟的见解。但是他始终谦克自抑,从不事夸扬。现在《中国目录学史论丛》,连同其他著作,在先生逝世以后陆续出版,这是值得高兴的事。在编校本书的过程中写下了这些话,既是向读者介绍先生及其目录学史研究成就,也是用以表达对已故老师深切的追思。

在编校本书时,崔文印同志给予很多帮助,启功先生为本书题写了书签,顾廷龙先生为本书撰写了跋,谨此一并致谢。限于个人水平,错误难免,请读者指正。

朱天俊

1983 年 4 月于北大蔚秀园

开设"社科文献检索与利用"课程的设想

教育部于 1984 年 2 月曾发出《印发〈关于在高等学校开设文献检索与利用课的意见〉的通知》,其中明确指出:"鉴于教学中必须使用各类文献资料,最好以图书馆作基地来组织教学。"普遍引起各高校图书馆的重视。本文仅就高校图书馆为何开设社科文献检索与利用这门课程,谈谈个人的粗浅意见。

一、课程的性质与任务

社科文献检索与利用课程对文科各系学生来说,是一门知识性的课程,又是一种基本训练的课程。这里所指的知识,主要是社科文献检索的知识。这里所说的基本训练,就是让学生具有掌握知识情报的意识,懂得获取与利用社科文献的途径与方法。

本课程的任务在于解决文科学生初步了解社会科学文献,利用图书馆所藏工具书,培养与提高检索文献的能力,以便更好地从事本专业的学习与研究。对高校文科学生来说,这门课程不是可有可无,而是必须学好这门课程。高校图书馆与专业教师应通力合作开设这门课程。

二、需要明确的几个问题

教学中需要明确的几个问题,也就是正确处理好以下几方面的关系:

(1)文献与工具书的关系:在检索与利用文献时,既需要掌握工具书,又需要了解文献。因此课程中不讲文献,则不切合实际。但应以讲授工具书为主,同时适当地介绍一定的社科文献。文献知识是相当宽广的,本课程不可能解决这方面的问题,这是文献学、目录学、史科学的任务。

(2)工具书与参考书的关系:在检索与利用文献时,不仅要使用工具书,还要注意使用参考书、资料书。本课程中只讲工具书,不讲一些必要的参考书、资料书,则不符合检索与利用文献的要求。但不能过多地讲参考书、资料书。否则将难以突出工具书在检索与利用文献中的作用,使得本课程的内容与范围难于驾驭。

(3)检索知识与学科知识的关系:在检索与利用文献时,必然会涉及各学科知识。不讲一定的相关学科知识,有时难以透彻理解工具书及其中的内容。但学科知识不宜讲得太多,还是应以讲授文献检索知识为主。事实上,利用工具书检索文献所涉及的知识是相当广泛的,不能也不必要求单靠这门课程去解决。

(4)工具书与文献检索途径、方法的关系:首先要讲透工具书,同时把讲工具书与讲文献检索途径、方法结合起来。没有介绍一定数量的工具书作为基础,就去说明文献检索途径与方法,这样会落空,学生也难以掌握。当然只注意讲工具书,而忽视讲文献检索途径与方法,也不合适,因为这会使学生在了解工具书时,不能与检索文献联系起来,对工具书的掌握也就不能系统化起来。注意二者的结合,就能使学生抓住要领,举一反三。

(5)讲授与实习的关系:讲授要少而精,实习要适当安排。没有实习,学生就难以较深刻理解课堂讲授内容。培养与提高检索文献的能力,往往通过实习才能实现。实习的过程,也是进一步明确每部工具书编例、功用与特点的过程。不认真进行实习,亲自去查阅工具书,是很难掌握文献检索技能的。

(6)自学与实习的关系:为了补充与丰富课堂讲授内容,安排一定的自学时间还是必要的。自学主要是看参考书,书中常常评介工具书,介绍查阅文献的方法。自学要与实习结合起来,因为只有通过实习,才能辨别与吸收参考书中的精华。一般的做法是:学生听讲后、每次实习前,要布置看参考书的学习任务,然后进行实习。时间允许,也可先涉猎一遍参考书的有关章节,然后听课、实习,最后让学生综合归纳,吸取于自己有用的文献检索知识。

(7)查古文献与查新资料的关系:目前课程中一般讲授的查找古文献与古代问题较多,这是由于查古文献较难,这方面的工具书又较多而比较系统。随着现代科学既高度分化又高度综合的发展趋势,边缘科学、综合性科学、自然科学与社会科学汇流型科学的不断产生,及时反映这种情况与新的信息的工具书数量也增长较快,近年来新文献工具书的查找就有较大的发展。因此,从发展的角度看,课程中有关查找古今文献的比例、查新文献的部分要充实加强,查古文献的部分要力求简要。这样才能适应当前形势与教学、科研的需要。

(8)文科需要与各专业需要的关系:结合文科各专业需要,分别讲授文献检索与利用知识,是最为理想的。但从当前高校图书馆的教学力量看,首先开出文科共同需要的文献检索与利用课程或讲座,结合各专业需要分别开课,只能作为努力的目标。目前有些馆已配备了这方面的师资,但只有一二人,有些馆至今尚未来得及调配或培训这方面的教学人员。在这种情况下,很难结合各专业的特点分别开课。事实上,就检索与利用文献这一点讲,文科各专业有些要求是相同的,例如查字词、人名、地名、历表、年表、古今图书、报刊资料、马列主义经典著作等。当然也可争取各系教员配合,共同开出符合各专业特殊需要的文献检索与利用课。

三、课程内容与结构

这里提出两种教学方案,供参考。

第一方案

第一讲　绪论

一、学习文献检索知识的意义

二、社会科学文献综述

三、工具书及其类型介绍

四、中文工具书的主要排检法(部首、汉语拼音、四角号码)

第二讲　怎样查字词

一、常用字

二、普通语词

三、百科词汇

四、古汉语字词

五、古文字(亦可略)

六、方言、俗语、谚语

七、成语典故

第三讲　怎样查人名、人物传记

一、生平简介(人名、字号、笔名、同姓名、官名)

二、传记资料(年谱、年表、传记资料)

第四讲　怎样查地名、地方文献

一、地名(历史地名、现代地名、外国地名)

二、地方文献

第五讲　怎样查典章制度、图录

一、典章制度(历代典章制度、一代典章制度)

二、图录(历史图录、文物图录、人物图录)

第六讲　怎样查法规条约、统计资料

一、法规

二、条约

三、统计资料

第七讲　怎样查不同历法的历年、历日

一、年代对照

二、历日换算

三、中外史事

第八讲　怎样查古今图书

一、古籍及其内容(古籍、版本、文集篇目、诗词文句)

二、近现代出版的图书

第九讲　怎样查报刊资料

一、报刊论文资料

二、报刊收藏单位

第十讲　怎样查马列主义经典著作

一、单篇著作

二、专题论述

三、引文出处

四、词目简释

五、原著研究

结束语　社科文献检索中使用电脑的趋势。

第二方案

第一讲　绪论

一、学习文献检索知识的意义

二、社会科学文献综述

三、中文工具书的主要排检法

第二讲　字典、词典

第三讲　年鉴、手册

第四讲　类书、百科全书

第五讲　政书

第六讲　书目、索引

第七讲　年表、历表

第八讲　地图、图谱、图录

（从第二讲至第八讲，每讲可注意联系文献检索利用，分节讲述该类型工具书的性质、源流、体例、特点与功用，特别要讲述重要工具书在社科文献检索中的运用。）

结束语　社科文献检索中各类型工具书的综合利用以及社科文献检索中使用电脑的趋势

第一方案讲题明确，符合学生习惯于从问题检索文献的需要，线索清楚。从查找问题出发也可适当讲述一些必要的参考书、资料书。但由于时间有限，按此种教学方案，无法对工具书类型给予较为系统的叙述。

第二方案可以比较完整系统地讲清多种类型工具书，由此而知它们各自在文献检索中的功用。但不符合学生通过查找问题学习文献检索知识的习惯。尽管在讲述工具书时注意联系文献检索，然而终不及第一方案直截了当。

我个人比较倾向采用第一方案。

四、开课的准备

（1）筹建实习室：争取馆领导与图书采编、典藏部门的了解支持与帮助，从馆藏中提出工具书，并不断购买或征集工具书及相关资料，建立可供社科文献检索用的实习室。工具书要有一定的复本量，以备实习损坏后有书补充。有条件的，可与馆内工具书阅览室分开，暂时条件不成熟的，可与之结合。

（2）备课：备课要做四件事，编写讲稿、编印实习题、选定参考书、初拟考试题。

编写讲稿，主要是自己认真查阅每讲所涉及的主要工具书，搞清它们的编制体例、检索文献时所能起的作用以及同性质工具书的各自特点。阅读一些参考文献，不断补充与扩大相关学科与文献的知识。当然也需要参考介绍文献检索与评介工具书一类的著作，近几年来，这方面的著作已出版有十余种。

编印实习题，可参考本馆或别馆咨询档案，从中选择合用的实习题，也可根据教学与熟悉工具书的要求，自拟一些实习题。实习题要多编少印，一部分实习题可用作讲课的实例。印发的实习题要由浅入深，数量不宜太多。

选定的参考书不必过多，指定一两部内容比较简明的即可。

初拟考试题,为的是从考核的要求,来初步检验备课内容深浅是否合适。

(3)开课:从讲座入手。办讲座要有针对性,低年级与高年级、一般年级与毕业班讲课内容重点均要有所不同。为各专业学生举办的讲座也可有所不同,可在已准备好的讲稿中将重点与详略稍做调整。初办讲座不可能也不必另编一部讲稿。听讲人数不宜太多,以便于安排与组织实习。报名听讲座的人多,可分批分期进行。在举办讲座的过程中,注意积累资料与经验,同时为正式开设一门课程做准备。

讲课前要对听课对象进行调查,了解他们已学课程、对文献检索的要求与希望,要实事求是向他们介绍讲座或课程的教学目的与内容。

讲课内容可逐步充实,要有重点,力求简明,内容可包括工具书及其联系、文献知识与相关学科知识,但主要是讲工具书知识,其他是为了掌握使用工具书所做的补充。讲工具书时,要注意说明查找文献的途径与方法。要补充新工具书,不断以新的代替旧的,较好的代替差一些的。讲课内容重在务实,不要务"虚",在实中体现正确观点的指导。要正确处理讲课与实习、看参考书的关系,三者不可有所偏废。

(4)注意总结:在教学过程中,要注意及时总结,肯定成绩,找出不足之处。要防止轻易否定自己经过研究所采用的讲座或课程的体系与内容。要不断改进,不改不能提高,但不能朝三暮四,总是处于盲目的变动中,这样就无法总结经验与教训。当然也要防止故步自封,不求改进。

人们认识总是有阶段性与局限性的。要善于吸取别人与学生之长,补自己之短,这样才能提高教学质量,改进教学方法。

高等学校图书馆负有教学任务,向学生讲授社科文献检索与利用知识,这是教育部提出的新的任务。担任这方面工作的同志,只要努力,采取切实的步骤,课总是能讲好的。文献检索知识对文科学生来说,这是很需要的。事实表明,有些高校图书馆开设了社科文献检索与利用讲座,得到学生热烈的欢迎。学生得到基本训练,在一定程度上,从一个方面,给他们指出了治学门径。学生的支持与鼓励是最大的安慰,什么东西也不能代替。应该满怀信心,去迎接这一新的任务。

(原载《大学图书馆通讯》1984 年第 6 期)

怎样掌握与使用工具书

利用工具书,有助于解决查找字词、文句、成语、典故、人名、地名、诗词、论文、图书、事物、法规、条约、纪年与典章制度等方面的问题。学习与研究文史的同志,经常要查阅工具书。掌握与使用工具书需要做到以下几点:

一、了解工具书的类型与特点

工具书是比较完备的汇集某一方面的资料,按照特定的方法编排起来,以供解难释疑时做查考之用的图书。为了简明易查,中文工具书通常按照汉字音序、形序、类别、主题、年代与地区等方法编排。工具书既吸收了历史文化遗产的精华,又反映了当代科学技术的成就。

各种工具书由于内容与具体作用不同,形成了不同类型。一般可分为字典、词典、类书、百科全书、政书、年鉴、手册、书目、索引、地图、图谱、名录、历表、年表等。

字典、词典可分为语文的、与专业的两类。语文字典标示汉字形体、注出读音与解释字义。语文词典解说词汇的概念、意义与用法,也对字的形、音、义稍做说明。我们常用的汉字约三四千字,但汉字往往一字多体、一字多音、一字多义,字的读音不同,又可分别组成若干意义不同的词汇。为了正确了解字的形、音、义及词汇的意义,就需要查语文字典、词典。常用的有《现代汉语词典》《古汉语常用字字典》《辞源》(修订本)、《辞海》(1979年版)、《康熙字典》《说文解字》等。专业词典可以解决专业领域内的特殊问题,如人名词典(《近代来华外国人名词典》)、地名词典(《世界地名词典》)、学科词典(《中国历史大辞典·史学史卷》)、时事词典(《国际时事词典》)、名胜词典(《中国名胜词典》)等。

类书是采辑古籍片断资料、整篇或整部著作,按类别或韵目编排,以供寻检、征引或校勘、辑佚古典文献的工具书。早在三国,魏人王象等就编有《皇览》,这是最早的类书。中国最大的类书是明代解缙等编的《永乐大典》,全书22 937卷,存于今的近800卷。中国现存最大的类书是清代陈梦雷等原编、后由蒋廷锡等重新编校的《古今图书集成》,全书10 040卷。类书是中国封建时代的产物,从部类安排到类目内容,都充满封建伦理、道德观念以及神怪、迷信的色彩。然而,它保存了历史上难得的古文献,至今仍有参考价值。从类书中可以查找事物的起源,查考典故的出处,查检诗词文句,检索参考史料,校勘考证古籍以及辑录散失或残缺古书的佚文。

百科全书,顾名思义是知识的总汇,是"一切知识门类广泛的概述性著作"。18 世纪中叶,法国资产阶级启蒙思想家狄德罗等,于 1751—1772 年在巴黎主编出版了《百科全书,或科学、艺术和工艺详解词典》(即通常所称的《法国大百科全书》),是近代最有影响的一部奠基之作。现代百科全书有综合性的和专科性的。是否有一部优秀的百科全书,常常是衡量一个国家科学文化发展的尺度之一。目前全世界已有五六十个国家编辑出版了综合性百科全书。我国也正在编辑具有鲜明中国风格的《中国大百科全书》,按学科分卷陆续出版,已出版的有天文、外国文学、戏曲、曲艺等卷。百科全书可以保存散佚古籍的精华,满足人们检索资料的急需。由于书中反映知识的系统性和完整性,也可作为一种辅助自学的工具。

类书与百科全书虽都包罗各科知识,但类书是汇集前人著作,总是沿袭着传统观念,而百科全书采用条目形式写成专文,对各类知识做全面系统叙述与介绍,二者是不完全相同的。

政书原是历史著作的一个门类——典章制度专史。它记载典章制度的沿革以及政治、经济、文化发展的情况。由于它具有资料汇编性质,所以一般也作为工具书的一种类型。我国封建社会的典章制度,是历代封建王朝在政治、经济、军事、文化等方面所制定的法律、法令与章程、规章。阅读古籍时,不弄清有关典章制度,就无法完全理解古代著作的内容。"十通"中有记载历代典章制度的资料。所谓"十通",即唐代杜佑的《通典》、宋代郑樵的《通志》、元代马端临的《文献通考》、清代乾隆年间官修的《续通典》《续通志》《续文献通考》《清朝通典》《清朝通志》《清朝文献通考》以及刘锦藻的《清朝续文献通考》,记载一代典章制度发展变化的是"会要"(《西汉会要》)、记载一代行政机构职责及章程法令的是"会典"(《明会典》)。

年鉴是系统汇集一年内重要时事文献、学科进展与各项统计资料,供人们查阅的工具书。有综合性的(《中国百科年鉴》)、专科性的(《中国文学研究年鉴》)和统计性的(《中国统计年鉴》)。年鉴的特点是以年为限,以记事为主,是知识更新的记录,除统计年鉴外,又具有阅读的价值。由于年鉴内容完备、项目齐全、记载翔实、查阅方便,所以它是了解新情况,研究新问题,撰写历史的资料密集型的工具书。

手册是汇集经常需要参考的文献、资料或专业知识的工具书。手册有综合性的(《人民手册(1979)》),多数是专业性的(《拉丁美洲手册》)。

书目是一批相关文献的揭示与记录。有些书目可以提供文献内容、版本与作者简介,有些书目只能提供查找文献的线索。属于古典书目的有官修书目(《四库全书总目》)、史志书目(《汉书·艺文志》)、私撰书目(《郡斋读书志》)、版本书目(《遂初堂书目》)等。属于现代书目的有国家书目(《全国总书目》)、地方文献书目(《西北地方文献书目》)、联合目录(《台湾、琉球资料联合目录》)、个人著述书目(《郭沫若著译书目》)、专题文献书目(《晚清戏曲小说目》)等。

索引,又名引得(《杜诗引得》),也有称之为通检(《尚书通检》),是将书中内容或报刊资料按一定方法排列,以供检索的工具书。索引可分篇目索引(《元人文集篇目分类索引》《全国报刊索引》)、主题索引(《马克思恩格斯全集主题索引》)、古籍词语索引(《十三经索引》)、人名索引(《二十四史纪传人名索引》)。

索引与书目的区别,在于它能进一步细致地揭示图书报刊的各项内容,便于检索到散见于书刊中的资料。

历表是专供查考与换算不同历法年月日的。年表是专供查考不同历法年代的,有单纯纪年的,如《中国历史纪年表》;也有既纪年又记事的,如《中国历史大事年表(古代)》。历表、年表可以查不同历法历年对照、历日换算,也可按年查到中外史事。

地图是地表事物和现象标绘于图纸上的缩影,有普通地图(《中华人民共和国地图集》)、历史地图(《中国历史地图集》)与专业地图(《中国交通图册》)。

图谱或图录,是用图像表现事物、文物或人物形象的工具书。有历史图谱(《中国历史参考图谱》)、文物图录(《太平天国革命文物图录》)、人物肖像画(《历代古人像赞》)。

名录是国内近年来新出现的一种类型的工具书。它是简明介绍专业机构的清册。随着社会主义现代化事业的发展,名录将会逐渐增多。现有的如中国图书进出口公司1982年编辑出版的《外国报刊出版机构名录》《中国图书馆名录》等。

不同类型的工具书各有其特点,查考资料时,要从问题出发,善于综合利用。

二、认识工具书的性质与功用

综合性和社会科学方面的工具书总会有一定的政治倾向,我们从工具书中查出来的资料,要注意分析、鉴别。就知识性说,工具书内容也必然受着编者生活时代及学术水平的限制。我们要善于从工具书中,吸取精华,抛弃谬误。就资料性说,任何一部工具书都难以完美无缺。必要时,从工具书中查出的资料要与相关文献进行核对,去伪存真。就功能说,工具书并不是"万能"的,不是什么资料都可以从工具书中查到,要注意利用资料书与参考书,予以补充。

工具书的功用,概括说,有下列几个方面:

(1)查阅参考资料。从《当代国际人物词典》中,可以知道韩素音于1917年9月12日生于北京,本名周光瑚,曾用名周月宾,系英国职业作家。她的父亲是中国人,母亲是比利时人,丈夫陆文星是印度人。她曾做过打字员、助产士、医生以及现代亚洲文学史讲师,并在英国伦敦大学学医时,获得过医学博士。写过不少有影响的文学作品。

(2)了解图书内容。《四库全书总目》为我们了解10 254种古籍编撰经过、文字异同、版本源流、内容得失以及著者事迹提供了有价值的参考资料。而版本图书馆所编《古籍目录》,可以帮助我们了解新中国成立以来至1976年年底所出版的古籍,从中可查到古籍的今译、新注和选本等整理、出版情况。

(3)提供文献线索。从杨殿珣所编《中国历代年谱总录》及其《续录》中,可以获得两千人左右的3235种年谱的查找线索。从《二十四史纪传人名索引》中,可以检索到从《史记》至《明史》二十四部纪传体史书列传所记载的每一历史人物传记资料。

(4)掌握学术信息。从《中国历史年鉴(1983)》中,可以了解史学研究近况,史学界动态,中外历史著作、资料出版介绍,考古文物新发现及史学书目、论文索引。从当前每月出版的《全国报刊索引(哲社版)》中,可查到全国1548种报刊中刊载的文献资料。

(5)获取各科知识。我们打开《中国大百科全书·外国文学卷》,世界各国文学的历史、流派、团体、著名作家及其作品,都展现眼前,需要查阅哪一国的文学,都可随手一检即得。

三、掌握工具书的途径与方法

查阅工具书,首先要看工具书的前言、凡例,准确掌握一书编辑目的、内容特点,以便选用。查普通话词汇,就要使用《现代汉语词典》,因为该词典在字形、词形、注音、释义都是为推广普通话,促进汉语规范化服务的。查一词的最早出处以及词义的源流演变,就要翻检《辞源》(修订本),因为该书释义注重溯源,列举使用该词最早的书证。查各科词汇,《辞海》(1979 年版)最为适用,因为该书内容重在兼收百科,它涉及 120 个学科,并充分反映了近几十年来国内外各学科的发展、变化与进展。

其次,掌握工具书,还要具体搞清每一部工具书的主要和辅助编排法,以便从不同的检索途径与方法,迅速查到所需资料。《(生活)全国总书目》编印于1935 年,反映了辛亥革命以后 20 多年间全国出版的两万种较好的图书,附有多种辅助索引。使用该书目查检一书时,就可用分类、主题、洲别国别、外国著者四种检索方法去查。利用《辞海》(1979 年版)查一字,既可从部首表查,也可从《部首笔画笔形索引》《部首笔形索引》查,还可从笔画、汉语拼音、四角号码(见上海辞书出版社编辑出版的《辞海四角号码查字表》)去查。

由于工具书编排方法的多样化,因此必须学会几种主要的常用编排法。例如部首法,要熟悉《说文解字》的 540 个部首、《康熙字典》《辞源》(修订本)的214 个部首,《辞海》(1979 年版)的 250 个部首,《新华字典》《古汉语常用字字典》的 189 个部首,《现代汉语词典》的 188 个部首。此外,还有汉语拼音、四角号码(其中有旧的四角号码检字法与新的四角号码查字法之分)以及分类法(如四部分类法与《中国图书馆图书分类法》等)。

再次,通过分析比较,掌握同一性质工具书的关系与各自特点,互为补充。万国鼎编的《中国历史纪年表》中,重新整理与拟定西周共和以前难考年次,颇有参考价值。荣孟源编的《中国历史纪年》,编者对农民起义的年代和年号,进行了认真的考订,并将这些年号附在每朝之后,颇便查考。方诗铭编的《中国历史纪年表》,最为突出的一点就是,从公元元年开始,每年都加注公历 12 月 31日相当于中国历史纪年的年、月、日。例如,公元 1142 年 12 月 31 日,从表中就可看出是宋绍兴十二年(壬戌)十二月十三日,这样无论从公历或中历的某日去查考两种纪年的历年对照,就更为精确了。

最后,要注意把掌握工具书与如何利用工具书查找问题的途径结合起来,多查多练。还要留心工具书的出版动态,不断了解新出版的工具书。时间允许的话,可选读一两本介绍工具书的著作。

这里列举几部近几年出版的著作:《文史哲工具书简介》(南京大学图书馆、中文系、历史系编写组编,1980 年 9 月天津人民出版社出版)、《文史工具书的源流和使用》(王明根、吴浩坤、柏明著,1980 年 10 月上海人民出版社出版)、《中文工具书使用法》(武汉大学图书馆学系《中文工具书使用法》编写组编,1982 年 3 月商务印书馆出版)、《中国文史工具资料书举要》(吴小如、吴同宾编著,1982 年 3 月中华书局出版)、《文史工具书手册》(朱天俊、陈宏天著,1982 年 9 月中国青年出版社出版)以及《书海求知》(潘树广编著,1984 年 1 月知识出版社出版)。

上述著作各有特点,介绍了大量工具书,讲述了检索文献的方法,这对于掌握与使用工具书是有帮助的。

(原载《文史知识》1985 年第 1 期)

图书馆学函授教育三十年*

北京大学图书馆学系目前设有图书馆学与情报学两个专业,在校本科生250余名,攻读硕士学位的研究生31名,两年制的研究生20名,而函授生达到1400余名。

北大图书馆学系创办图书馆学专业函授教育始于1956年,是新中国成立后最早以函授培养图书馆专门人才的系科,1956至1965年曾在北京、上海、南京、武汉等21个城市招生。由于当时政治活动频繁,函授学员的工作又经常处于调动之中,每届淘汰率较大,先后只有专科函授毕业生899人。

1980年恢复招生,1980年至1984年,在全国19个城市共招1805名三年制的专科函授生,毕业的有1130名,目前尚在学习的有666名。1985年又在北京、天津、合肥、南京、杭州、南昌、福州、厦门、广州等地招考了五年两段制(前三年为专科阶段,后两年为本科阶段)函授生747名。这几年,随着社会主义现代化建设的发展,图书馆事业对专业人员迫切需求,北大图书馆学系函授教育发展也比较迅速,学员比较稳定,淘汰率很小,大多数都能如期毕业。这一方面由于国家重视成人教育,制定出激励人们学习的方针政策;另一方面,社会安定又为他们提供了良好的学习环境。围绕保证教学质量这个中心,从新生入学、课程设置、教学方法、教学管理各个方面,都采取了一些相应的措施。三十年间虽然由于各种原因,走过一些弯路,但是为国家培养了一批急需的人才,赢得了实际工作部门的信赖。各地函授毕业生已成为图书馆事业的业务骨干,有的还成长为领导或管理干部,如东北三省文化厅图书馆处的负责人、黑龙江省图书馆的几位馆长和副馆长、北京大学图书馆和天津图书馆各有一位副馆长,都是我系函授毕业生。他们通过函授完成的系统化专业教育,在实现图书馆管理科学化方面的作用不可低估。一批批函授生的毕业,在一定程度上缓和了当前图书馆专业人才供需之间的矛盾。

通过三十来年图书馆学函授教育的实践,得出如下几点认识与体会。

---

* 此篇与李国新合著。

一、坚持入学标准，重视文化考核

长期以来，北大图书馆学系坚持了入学考试是办好函授教育第一步，并逐步增加入学考试课程门数，提高入学的标准。1965 年以前，采取的是考生单位推荐与学校文化考核相结合的办法。1980 年恢复招生以后，采用的是学校统一命题考试，择优录取，考试科目起先只是政治、语文两门。1983 年，考虑到图书馆工作的需要，分文、理两组招考，文科组增加历史、地理，理科组增加数学、物理、化学。1985 年，根据规定，参加了部属高等院校跨省区招生的全国统一考试，文科组又增考数学。1986 年，参加各类成人高校全国统一招生考试，除报考文理组各五门课程外，加试公共英语（考分按 50% 计入总分）。高等院校函授教育，要求学生必须有一定的文化基础，坚持现有六门考试课程对于保证入学学员质量是完全必要的。但函授教育有别于全日制本科教育，所以也应该具有明显的成人教育特点，向考生说明命题的范围，不超出国家教育委员会每年颁布的《全国各类成人高等学校招生考试复习大纲》的内容，并希望各地函授辅导站早做准备，采取多种方式，例如举办函授入学考试复习辅导班，帮助考生认真复习功课，准备应试，以提高考生的入学成绩。这样才能使函授教育更好地适应社会需要，把成人教育计划与实际部门的培养计划很好地结合起来。

二、结合实际需要，合理设置课程

图书馆学专业的函授教育，应该要求学生学习什么课程，不学什么课程，每门课程在教学计划中应该占什么位置，各类课程比例怎样，都要有明确的规定，这是人才培养的关键。经过长期的实践逐步明确以下三点：

（1）函授课程设置，必须贯彻理论联系实际的原则。在图书馆工作中，人们迫切需要掌握的是科学地整理、管理和利用信息及其文献的基本知识和基本技能，这一方面的课程一直是课程设置的重点。最近几年，随着对外开放和国际文化技术交流的发展，图书馆入藏的外文图书与情报资料，尤其是科技方面的书刊越来越多。为了适应实际需要，1980 年以后，便开设了外语课、西文图书编目、科技文献检索、情报分析与研究等课程。部分图书馆已开始研究使用电子计算机问题，图书馆工作实现自动化的问题日渐紧迫，因此，增设了计算机原理、图书馆自动化系统课程。注意到当今学科互相渗透、互相交叉的现象,增设了自然科学概要、科技发展史课程。考虑到不少毕业的函授生在馆内逐步负担起行政管理工作,又增设了图书馆管理课程。在增设新课程的同时,也删减了一些课程中陈旧的内容。

函授教育开设的课程,必须注重联系实际,让学员觉得所学的知识在实际工作中真的有用,这不仅可以激发学员的学习积极性、主动性,而且对于提高整个图书情报工作的水平,也是十分重要的。学员学了就能用上,解决了工作的问题,这就是提高教学质量最直接的表现。

(2)各类课程比例安排要适当。从图书馆学专业函授教育看,应开的课程基本上有三类:一是文化基础课,二是语言课(主要指英语与古汉语),三是专业课。这三方面课程的设置不能全盘照搬本科的模式。1956年,北大图书馆学系办过四年制的函授专科,文化基础课的比重比较大,专业课开设的门数不多,语言课未予开设。虽然在充实学员文史知识方面有一定的效果,但在处理外文书刊,分编与查考古籍、科技文献上有较多困难。20世纪60年代上半期,也办过两年制的函授专科,但是考虑到学制四年,时间太长。教学计划中只有专业课,文化基础课完全取消,结果学员缺乏一定的学科基础知识与语言工具,某些专业课的学习难以深入。看来,大专函授教育仅让学员学几门专业课是不行的,学习的面太窄,工作起来的适应性就差。缺乏一定的文化科学基础知识,既影响专业课学习,也不利于学以致用。相反,学员学习各类课程太多,既会增加学员的负担,还会冲击专业课的学习。经过长期实践,在函授教育的课程设置上,逐步明确了这样的指导思想:函授教育的课程设置,应该针对实际工作部门的急需,函授专科或函授本科均应以开设专业课为主,同时辅以必要的、与专业课学习有密切关系的文化基础课与语言课。目前,北大图书馆学系要求学员在五年内必须学习英语和古汉语。为了培养学员善于总结工作的能力,专科阶段布置与指导学员写作一篇专题报告;为了培养学员初步具有科研能力,本科阶段布置与指导学员写作论文一篇。专业课与文化基础课、语言课的比例,大体上是三比一,这与全日制本科是很不相同的。

(3)函授课程的内容要"少而精"。函授教育的特点是以业余、自学为主,这是和全日制教育的一个显著区别。函授学员边工作,边学习。在这种情况下,要求函授学员面面俱到,样样学通,是不可能的。函授学员多数工作在图书馆第一线,了解实际工作需要,熟悉各项工作环节,这与全日制本科生又不相同,更有必要在课程内容方面贯彻"少而精"的原则。多年来,北大图书馆学系在教学上做了一些努力。

通过编写的《学习方法指导》，明确指出每门课程的要点重点，面授辅导围绕这些内容展开，并以这些重点拟订实习题。多管齐下，突出重点，对保证教学质量起到了一定的作用。

三、突出函授特点，改进教学方法

函授教育的教学方法是，学员自学函授教材与教师集中面授相结合。1965年前，北大图书馆学系的函授教学基本上是以自学为主，本系教员在开学初或学期中做一次面授辅导，学员在学习中遇到问题，用信件向任课教员提出，由教师函答。学员的作业亦由本系教员批改。当时各地的函授站只负责安排与协调各门课程的面授时间和一些行政事务工作。经过实践，发现教师面授时间少了一些，大量在平时学习中的问题，由于一学期只能见到教员一次，很难得到全面、及时的回答。这对于开阔学生视野、提高教学质量是不利的。

从1980年，北大图书馆学系加强了对学员平时学习面授辅导。各地函授站在当地聘请兼职教员，负责学员平时和阶段性的面授辅导，指导课堂实习及批改作业。每门专业课程学习行将结束时，由本系派出教员到各地，与当地任课教员配合，对学员再做一次既有针对性又有总结性的面授辅导。平时辅导的时间，一般控制在每门课每月4—6小时，有些课程（如英语、古汉语等）再适当增加。图书馆学系教员的集中面授辅导时间为9—12小时。这样，一门课程每学期可以有27—39小时的面授辅导时间。各地有辅导教员，学员学习中的问题就可以及时解决。

各地函授辅导站聘请兼职教员，对学员进行面授辅导的方法，实际是函授教育由单纯学校办，走向充分调动地方积极性、依靠社会力量办学的道路。这一办法的实施，校系只要把好应聘兼职教员的审核这一关就行了。学员平时听课有保障，这对提高教学质量，乃至促进函授教育事业的发展都是十分有益的。

现在，在学生自学和教师面授这个问题上，函授教育必须把学员的自学和教员的面授结合起来，只发教材，"函"而不"授"，不能称为函授。

函授教育必须体现"函授"的特点，贯彻"学员自学为主，教员面授为辅"的原则，面授时间不能过多，因为教员的面授辅导只能在学员自学的基础上进行，所以学员自学，必须在整个教学过程中占主导地位。如果面授时间过多，就会侵占学员自学时间，学员在没有充分自学的情况下接受面授辅导，面授辅导的效果难以保证，同时也容易出现学生单纯依赖面授辅导，放松自学的现象；而侵占学生的工作时间过多,给学生单位的正常工作带来困难,就会加剧工作与学习的矛盾。

教员进行面授辅导时,注意把平时的面授和课程结束前的面授结合起来。课程结束前的面授,主要是帮助学员进行一次全面系统的学习,进一步明确重点,把握要领;平时的面授,主要是解决学生在平时学习中遇到的一些疑难问题。二者均不能缺少,而重点应放在平时的面授。

在确定了自学、面授的基本原则以后,如何保证学员自学、教员面授的质量,这是保证教学质量的关键。对此采取了以下一些措施:

首先抓紧教材和各种教学参考资料的编写,这是学员自学的依据,是保证自学质量的基础。系函授教材,主要依托于全日制本科用的教材,并结合函授特点,每门课程编写一份学习方法指导书,介绍课程内容,提示学习重点和辅导学习方法,并围绕重点内容附以必要的思考题、作业题、实习题。目前,已开设专业课程的教材、教学参考资料与学习方法指导书已经齐全,将要开出课程的教学用书也将编写完成。有了教材、教学参考资料、学习方法指导书,学员在自学时就可以心中有数,明确教材中哪些内容应该重点掌握,哪些内容只做一般了解。各地函授辅导站聘请的教员也可以通过学习方法指导书,把握课程的要求,便于平时面授辅导。

其次,重视学员实习作业的安排、辅导与批改。长期以来,北大图书馆学系开设的每门专业课程,都有一定数量的实习题、作业题与思考题。要求函授辅导站要认真组织实习,学员要按时完成实习作业,各地兼职教员要仔细批改实习作业。必要时,系里任课教员也可抽查实习作业,以具体了解学员的学习情况。抓紧实习作业这一环节,可以督促带动学员的自学,较好地巩固已学的知识,提高学员分析问题与解决实际业务问题的能力。

为了确保函授教学的质量,规定学员每周学习时间不少于28—30小时,其中有8—12小时可脱产学习(包括平时面授辅导时间)。每学期,有10天脱产集中学习,用于复习、准备考试。所有上述要求与规定,函授辅导站每学期均订出教学进度计划,并辅以一定措施,检查、督促,予以落实。

关于教员面授辅导的质量问题,在系内注意选派教学经验丰富的教员担负函授面授任务。在各地,依靠函授辅导站聘请那些有大学以上文化程度和丰富实践经验,并具有一定教学能力的同志兼任教员。注意加强各地兼职教员与本系任课教员的联系,使面授、辅导、答疑等工作能协调一致,互为补充,而不是相互重复。

为了配合函授教育,1983年起创办了《函授通讯》,不定期内部印行。《函授通讯》主要是围绕函授教育的实际情况,对课程重点内容进行专题辅导,对一些带有普遍性的疑难问题进行综合解答,讲解实习作业,选登一些学员的优秀作业与学习心得体会,同时也交流经验,通报情况,反映意见。《函授通讯》已成为教员面授辅导的必要补充,它对配合教学、提高函授教育质量起了很好的作用。

四、完善管理体制,办好函授教育

函授教育是一种远距离教育,由于函授学员遍布全国一些大城市,一地的函授学员居住也较分散,集中起来进行面授只是自学的一种补充。因此必须有严密的管理体制,才能建立良好的函授教学秩序,确保函授教育质量。因此,北大图书馆学系实行了校、系、站三级管理的体制。在学校,由校长和主管教务长领导下的成人教育部是管理函授教育的校级机构。成人教育部主要负责提出函授教育的发展规划与年度招生计划,拟订函授教育管理暂行规定与管理细则,负责招生与录取工作以及毕业审查工作。在系里,由系主任和主管系副主任领导下的函授办公室具体负责函授教学的行政工作,如教学计划的制订、课程的设置、教学用书的筹购、教员的选派与审批、教学情况的检查、函授生的学籍管理。函授辅导站是校系在办学地区,委托当地业务主管部门所设立的一级管理组织,它主要受校系领导,同时又受业务主管部门所属单位领导。函授辅导站贯彻执行校、系有关函授工作的规定,经常进行学员的思想政治工作,负责日常函授教学管理,聘请辅导教员,协调与安排各课程辅导时间,反映函授教育的意见、建议与问题,组织《函授通讯》稿件。

在校、系、站三级管理体制中,函授辅导站的作用尤其不可忽视。它处于第一线,和学生接触最多、最直接。函授辅导站的管理工作,是函授教育管理的关键,它对于函授教育质量有直接的影响。不能把函授辅导站变成一个单纯上传下达、行政事务性质的机构,要充分发挥它协同校、系办学的作用。通过它把各地力量动员起来,共同搞好函授教育工作,这对开拓教育事业,促进教育事业发展,都是十分重要的。

函授教育管理的另一个重要问题,就是要建立和健全各项规章制度。几年来,我们执行了北京大学函授教育管理细则。在新生入学与注册、自学与面授、实习与辅导、成绩考核、学员请假、休学、复学、退学等方面,均有章可循,建立了较好的教学秩序,保证了教学质量,促进了函授教育的发展。

　　通过回顾北大图书馆学系函授教育三十年所走过的路程,认识到教学质量是函授教育的生命,函授教育的各个环节,都必须围绕着保证与提高教学质量这一中心问题来进行。坚持了包括自学、面授辅导、实习、作业、考试等一系列环节在内的完整的函授教学过程,并逐步健全了必要的管理机构、管理制度与管理措施,使函授教育得以顺利进行。认识到,函授教育在当今的教育事业中,已经不仅是全日制教育的一种补充,而且是整个教育体系中的一个不可缺少的组成部分。把函授教育依托于全日制教育,这样就使函授教育有坚强的后盾,函授教育质量才有了切实的保证。同时函授教育对全日制教育也有某种促进。教员在函授教育过程中,常常可以及时获得不少信息,了解到实际部门的问题,这对于提高全日制本科教学的质量,对于教员的科学研究工作,都是有益的。

　　三十年来,北大图书馆学系的函授教育取得了一些成绩。但与社会主义现代化建设和图书馆事业发展的需要相比,差距仍然很大。今天,包括函授教育在内的整个成人教育已经发展到一个新的阶段,北大图书馆学系决心学习与吸取国内外的经验,克服工作中的困难,不断解决工作中所出现的问题,以开拓、改革的精神,进一步把函授教育办好。

(原载《图书情报研究》1986 年第 1 期)

大学图书馆学系必须办好本科教育

当前各校图书馆学系正采取多渠道、多层次、多种形式办学,其中我以为大学图书馆学系首先办好本科最为重要。因为本科办好了,招收研究生、研究班就有了基础;为举办函授、电大、夜大等成人教育提供了条件;图书馆学职业中学怎么办,要求中专生达到怎样的程度,就有了底。

大学图书馆学系办好本科的标志是专业设置合理;培养目标明确;各专业要有科学的教学计划;课程的调整,内容的更新,符合图书馆实际工作的需要,又能推动图书馆工作发展;各门课程有教学大纲与合用的教材,能反映国内外的学术水平;具备一定的设施,有比较完备的实习室、打字室与计算机机房;要有一支教学与研究能力较好而又忠诚党的教育事业的师资队伍。各校图书馆学系本科的情况不一,但不同程度都存在着一些问题,亟待解决。

一、合理设置专业

大学图书馆学系是否要分专业,这不是人们的主观愿望,而是图书馆事业发展和图书馆工作深入对图书馆教育提出的要求。因此,专业的设置,只能立足于我国图书馆事业与图书馆工作的需要。就个人所见,应设置三个专业:图书馆学专业、情报学专业与文献参考专业。三个专业各有其培养目标,分别为德智体全面发展的、适应社会主义现代化建设需要的图书馆业务人员、管理人员与图书馆学教学人员;情报技术、情报管理与情报学教学人员;社科文献参考、古籍整理与目录学教学人员。

三个专业学生的去向:图书馆学专业毕业生可分配从事图书馆管理与实际业务工作以及担任图书馆学方面的教学工作;情报学专业的毕业生可分配到图书馆(或情报所),从事科技文献检索、科技文献参考、情报管理、图书馆文献加工和服务的计算机处理以及担任情报学方面的教学工作;文献参考专业的毕业生可分配到图书馆(或社会科学文献情报中心),从事社科文献检索,社科文献参考,社科情报、地方文献、古籍分编以及担任目录学方面的教学工作。

三个专业有各自不同的培养目标,毕业生又各有不同的去向,这样就可能解决目前有时发生的毕业生分配不当、供需之间的矛盾。使得用人单位根据需要向大学要人；学校则可根据毕业生在校所学专业，分配到最恰当的工作岗位，发挥应有的作用。做到供需一致，各得其所。使图书馆教育更有效地服务于图书馆事业。

专门学院新建系，可根据学院的特点，培养相应的图书馆专门人才，视其需要与条件，决定是否分专业，分哪些专业，不能强求一致。

二、切实改革教学

切实进行教学改革，是当务之急。改革从何着手？包括哪些方面？也包括调整与改组课程、修订与编写适用的教材以及改进教学方法三方面。

1. 调整与改组课程

现有课程应按照"教育要面向现代化、面向世界、面向未来"的要求，又要适应"四化"建设的需要，立足于改革，进行必要的调整，以有利于提高教学质量与人才的培养。根据培养目标所设置的各专业课程，尽管专业不同，开设课程不尽相同，但均要处理好现代化与传统、理论与实践、现代与古代、国内与国外、专业与文化、语言与专业诸方面课程之间的关系。

增设现代化课程，同时加强传统课程的改革，合理改革现有课程，紧缩学时，以便扩大开设计算机与图书馆自动化系统方面的课程。

加强专业实践课程，但不可偏废专业理论课程的建设，既要防止专业课仅仅停留于方法学，又要避免专业理论课的空洞、薄弱。

以开设反映现实工作需要的课程为主，但专业历史课程也要注意加强研究，提高质量，不要割断历史，不要妄自菲薄，切不可贸然取消或合并，当然也不宜开设此类课程过多。

要认真引进与吸收国外之长，介绍国外新成就、新发展，但要结合中国情况，不能不加任何分析，照搬照抄。在开设此类课程的同时，应提倡在各专业课程中反映国外图书馆的新技术与新发展。

在开设专业课的同时，要特别看重文化科学课程的建设。学生文化科学知识面窄会导致所学专业课程难以充分发挥作用，这是图书馆学系课程设置必须注意的问题。学生没有比较广博的学科知识，专业课程的知识与技能岂能被较好地运用到图书馆实际工作中去。

外语、古汉语对培养合格的图书馆工作人员具有特别重要的作用。在安排课程时,应给予足够的重视,否则将会影响毕业生的质量。学好语言课程,学习某些专业课才有可能落实。

目前开设的课程需要调整。专业课程以占全部课程三分之一为宜,有些要新设,有些要合并。有些因专业不同,详略深浅要求应有差异。有些是必修课,有些是选修课。三个专业所开课程,学生可以互选,可以根据所在学校的条件,扩大选修课的范围与比例。北大图书馆学系已经开始实行双学士学位制,本科生可读两个专业,除学完本系教学计划规定的课程之外,还可选读另一个系的一个专业,学完该专业必修课程与限制性选修课程学分数的60%,即可同时取得该系的相应学士的学位。这样就为学生扩大知识面,增强工作的适应性,培养复合型人才,创造了条件。

2. 编写适用教材

教材建设近几年来通过各系协作或自编,已经取得显著的成绩。但总的说来,教材仍不能适应学生的需要。从现有情况看,各系发展不平衡,有些课程不同程度均存在内容陈旧、重复、深浅不一、不够充实的现象,缺乏教材编写总体规划,不能配套。

为了把教材编好,首先要规定各个专业开设的专业课程门数。只有在编好各门课程教学大纲的前提下,才有可能编出反映课程之间联系,内容可能有交叉但又不重复的适用教材。因此,目前急需认真修订已有课程的教材,重新编写调整后所设课程的教材,从速编写新课教材。

从教材内容说,应坚持马克思列宁主义的指导,理论联系实际的原则,既反映国内外学术成就,又反映优秀的文化历史遗产;从教材体例说,要结构简明,纲目清晰,有观点有材料,文字流畅,便于阅读;从教材编写的组织说,可一系或数系同一门课程的教员自愿结合编写,也可个人编著,提倡一门课程编出几种教材,做到各有特色,反映个性,这样有利于比较、鉴别,便于交流,互相取长补短,共同提高,扩大学生阅读专业用书的范围。

3. 改进教学方法

教学方法的改进,已经到了非改不可的时候了。教员不仅要善于传授知识,而且还要积极引导学生了解怎样获取知识。传授知识不能是注入式的,而应是启发式的,要特别注意培养学生自学能力与运用知识的能力。

有些专业知识,单靠课堂往往讲不清,费时费力,组织学生实地观察,一看就明白。有些课程仅讲不够,还要组织课堂讨论、布置作业,加深学生对课程内容的理解,培养他们论证与写作文章的能力。

重视课堂实习与毕业实习这一行之有效的教学环节,提高课堂实习的效率。每门课的课堂实习量可稍大,提高熟练程度。各门课之间的实习,注意连续性与综合性。通过实习,使之有联系的课程统一理解与掌握。要注意综合实习,提高分析问题的能力。毕业实习要从实践出发,引导学生不要忽视做具体工作,提高学生的责任感,处处以一个图书馆工作者的身份,认真解决馆内或读者提出的问题。从难从严要求。通过专题实习报告与毕业论文,锻炼学生描述与综合实践经验的总结能力。

总之,教学方法的多样化,目的在于教会学生不仅要掌握知识,而且要有驾驭、控制资料,运用知识解决图书馆实际问题的能力,使知识得到更充分的发挥。

三、迅速培养师资

为了保证办好大学图书馆学系,加速培养一支知识结构与年龄层次合理的师资队伍,是极为重要的。目前各校图书馆学系(专业)师资严重缺乏。几十个新建系(专业)上马,急需补充一批称职的教师,担任专业课的教学工作。成立较早的系,也深感教师的知识结构与人员构成远远适应不了当前教改的需要。此点已引起注意,采取的办法包括:在教学实践中,老中青结合,以传、帮、带的方式,培养青年教师,迅速走上教学第一线;扩大招收研究生(包括在职研究生),同时选拔研究生到国外深造;派遣教师出国进修、考察;抽调一批有教学能力的图书馆工作人员,补充到各系教师队伍中去。

但仅此是不够的,还必须采取以下措施以应急需:

(1)对现有教师,提出重新学习,加速知识更新的过程,尽快适应教学改革的要求。

(2)举办助教进修班、师资培训班,以一年时间脱产学习,使青年教师通过轮训,能较快地走上讲台,担负教学工作。

(3)吸收同一课的各校教师,参加教学研讨会,通过交流,明确该课的教学目的、内容、范围与教改方向与重点,同时也可研究与改进该门课程的教学方法。

采取有效措施,加速造就大批合格的专业人才与师资,是值得图书馆界普遍注意与关心的问题。

　　总之,就我国目前情况看,重视与办好本科,仍然是办好大学图书馆学系的重点与关键,具有极其重要的现实意义。

(原载《图书情报研究》1986 年第 1 期)

名录简论[*]

近几年,随着经济和科学文化事业的发展,人们为了传递信息,沟通横向联系和协作,促进国际的交往,国内编辑出版了一批称之为"名录"的工具书。由于以往编辑出版的这类工具书数量较少,尚未引起人们的广泛注意。为了充分发挥名录的作用,促进编辑出版工作,现就有关的几个问题简述如下。

一、名录的定义

"名录",也有人称之为"便览""指南""概览",英文为 Directory。《新英汉词典》[1]解释为:"姓名地址录;工商行名录。"《文献与情报工作词典》[2]解释为:"某种按分类或字顺编排的个人或机构一览表,列出有关一个单位的某些情报,通常至少是地址。"《美国图书馆协会图书馆术语汇编》一书解释为:"按一个系统编排的有关个人和组织机构概况的一览表,或按字顺,或按分类排列,提供有关某个人的地址、工作单位等情况,同时提供有关组织机构的地址、宗旨、职能、重要官员及其他类似的资料。"

上述解释,都突出了对机构的介绍,这是正确的,但如据此把人名录、地名录也作为名录,失之过泛。工具书类型划分的意义就在于分清各自性质、特点,便于检索。我们认为,名录实是简明介绍专业机构的清册。例如《中国工商企业名录》,就是通过一部清册,对中国工商企业这一方面的机构,提供简明的信息。而纯粹属于人名、地名一览表,例如《中医人名录》《中国地名录》,从实质上讲,更近似于人名词典、地名词典。至于在介绍机构下面提供了有关人员的简况及住址,例如《新兴企业简介》,它应该属于名录。至于《中国报刊名录》,就是报刊目录一类的工具书,虽有名录之名,但不能认为是名录。而《联合国情报系统指南》,虽无"名录"字样,但实际上是名录的一种。

二、名录的发展

20 世纪以来,随着我国工业、商业以及其他行业的出现和发展,我国曾先后

---

* 此篇与倪晓建合著。

编辑出版了一些名录(详见附表),其中影响较大的,如《上海工商业汇编》《上海制造厂概览》《全国图书馆及民众教育馆调查表》《全国文化机关一览》《上海各界各业名录》以及《全国机关公团名录》等。新中国成立后,由于种种原因,我国编辑的名录只有少数几种,如《华北区城乡物资交流展览会展览馆介绍》(1951)、《日本学术文化团体名录》(1956)、《全国省、市、自治区以上公共图书馆概况一览》(1959)等。

1981年以来,经济文化事业的飞速发展,企业与企业、人与人、国内与国外都需要建立广泛的联系和交往。在这种形势下,名录迅速发展,在短短的几年内,我国名录的编辑出版工作已初具规模,取得了前所未有的成就。到目前为止,可知见的名录有50多种。这些名录将在我国社会主义现代化建设方面发挥出它特有的作用,这是不可低估的。

除了名录专书以外,在其他一些类型的工具书中也登载了不少名录。如《中国出版年鉴》(1980)载有出版事业名录,包括全国出版局名录、全国出版社名录、印刷单位名录、图书发行单位名录、其他单位名录五个部分。1981年本又增设了图书邮购业务简介部分。《中国经济年鉴》(1983)载有全国重要经济研究机构名录,中国经济学术团体名录,1981年高等财经院校及其他院校财经、管理系、专业名录,中外合资经营企业,合资经营项目名录,1984年本又载有中国国际经济技术合作公司名录等。《中国农业年鉴》(1980)载有农业科学研究机构、农口学会、全国高等农业院校、中等农业学校的名录。《中国版画年鉴》(1982)载有全国版画群众组织一览表。《中国电影年鉴》(1981)载有电影机构介绍。《中国煤炭工业年鉴》(1982)载有主要煤炭企事业简介,包括主要矿务局、主要煤炭基本建设单位、煤田地区勘探公司、重点煤矿机械制造厂、大型选煤厂及煤炭工业部物资管理处等单位的名录。《中国教育年鉴》(1949—1981)载有重点高等学校简介、重点中学专业学校等名录。《中国历史学年鉴》(1979)载有史学研究机构、高等院校历史系简介、博物馆、图书馆、档案馆简介。《中国体育年鉴》(1979)载有我国参加的世界体育组织简介。《外贸知识手册》(1980)载有国际经济组织。《广州经济年鉴》(1983)载有广州工商企业名录。《中国经济特区年鉴》载有广东、福建经济特区主要企业名录。《全国新书目》(1985年第7期)载有全国出版社名录。《首都家庭生活手册》(工人出版社,1985年)载有北京保险公司一览表,北京主要书店一览表,北京主要宾馆、饭店一览表,北京大、中型医院一览表,北京家务服务公司等多种机构的一览表。

为了充分发挥名录的作用,便于大家了解使用,现把近几年编辑出版的名录,按工商企业、科研机构、文化教育,综合四方面列表简介。

名录出版一览表

	名称	编辑者	出版者	出版年	机构范围	项目
工商企业	中国工商企业名录	中国工商企业名录编辑部	新华出版社	1981	纺织、轻工、能源、冶金、化工、建筑、邮电、电子、电机、制药、外贸、国际信托、商业等10 000多家有代表性的企业	企业名称、地址、电话、电话挂号、厂长或经理姓名、职工人数、产品或经营范围等
	中国工商企业名录（1982—1983）	同上	同上	1983	同上	同上
	中国工商企业名录（1983—1984）	同上	同上	1984	同上	同上
	中国工商企业名录（医药专册）	中国工商企业名录医药专册编辑部	同上	1985	医药工商企业2000多家	同上
	轻工企业通讯录		轻工业出版社	1982		
	轻工企业通讯录	上海市轻工业局	同上	1982		
	辽宁企业名录	市场周报编辑部	辽宁人民出版社	1983	机械、轻工、冶金、纺织、能源、化工、建材、电子、交通、邮电、商业物资等中央和地方近2000家企业	企业名称、地址、电话、电报挂号、联系人、产品的规格、型号以及经营范围

续表

	名称	编辑者	出版者	出版年	机构范围	项目
工商企业	世界机电公司手册（中英文对照）	世界机电公司手册编辑部	中国科学普及出版社	1983	中国制造厂（公司）548家,世界上33个国家和地区的公司583家	公司（制造厂）名称,地址,电话,职工人数,设备数量,产品,服务项目
	世界大企业三千家	世纪经济导报编辑部	上海科学技术文献出版社	1983	美国工矿企业1000家,日本工矿企业1500家,美国以外工矿企业500家,联邦德国企业百余家,世界商业银行100家	外文企业名称,中文名译名,国别成企业所在地,行业,营业额,资产,盈利,职工人数
	中国河北工商企业名录	河北人民出版社,河北市场报总编	河北人民出版社	1984	纺织,轻工,能源,冶金,建材建筑,化工,制药,电机,仪器仪表,交通运输,商业,外贸等3000多个机构	
	对华贸易商社名录	中国对外贸易出版社,香港中国广告有限公司	香港雅式业务促进中心编辑出版	1985	对华贸易有关的港澳商社,在港澳的外国公司约2000家	公司名称,地址,电话,电挂,电传,负责人,业务范围,国别,驻地办事处等
	广东省外资、中外合资及侨资企业名录（中英文对照）	广东省工商行政管理局	中国工商出版社	1984	全省各市、地区及外国企业,华侨和港澳企业在粤常驻机构	名称,地址,电话,生产经营范围,形式,总（副）经理姓名（注明国籍）

续表

	名称	编辑者	出版者	出版年	机构范围	项目
工商企业	中国机电企业名录	中国机械报社	机械工业出版社	1984	农业机械、石化通用机械、机床工具、重型矿山机械、汽车工业、船舶工业、电器工业、包装、食品、研究设计、技术咨询等	厂名、地址、电话、电报挂号、厂长姓名、主要产品或经营范围
	中国优质产品（1984）	中国广告联合总公司、中国质量管理协会合编	中国工商出版社	1985	获得全国质量奖的产品单位 500 多个	厂名、地址、厂长姓名、电话、单位简介
	南京工商企业名录	南京工商企业名录编辑部	新华出版社	1985		
	新兴企业简介（武汉地区）	中共武汉市委研究室、武汉信息与咨询科学研究会等四个单位	编辑、印刷并发行	1985	近 200 个企业，重点介绍了近 50 个企业	董事长、总经理、副总经理、地点、电话、电报、业务范围等

续表

	名称	编著者	出版者	出版年	机构范围	项目
科研机构	国际科学组织简介	中国科学技术研究所情报研究所	科学技术文献出版社	1975	国际组织224个。其中非政府组织187个,政府间组织27个,联合国有关组织10个	组织名称,通讯地址,简史,宗旨,组织,语言,财务,会议,联系,出版物,会员
	吉林省社会科学研究机构简介	吉林省哲学社会科学规划领导小组办公室	编者印	1983	研究机构23个,所辖研究所(室)77个	名称,通讯处(电话,地址)沿革,主要负责人,机构和人员
	中国科研技术咨询服务手册	中国科研技术咨询服务手册编辑部	光明日报出版社	1984	中央、省、市、地所属的自然科学技术研究所,高等院校和大型厂矿企业所属的研究所、室近4000个单位	名称,地址,电话,负责人,专业设置与研究方向,主要研究成果,咨询服务项目等
	中国科研单位名录应用第一册科学部分第一册	全国新产品信息服务中心、经济日报	全国新产品杂志社	1985	轻工、纺织、食品、冶金、建筑、石油化工、医药卫生、电子、交通运输、农林牧渔等670个科研单位	名称,研究方向,所(院)长,科技人员数量,地点,电话,单位简介,服务内容等
	全国主要科研单位(自然科学)通讯录	湖北省暨武汉市计算机学会信息服务部	编者印	1985	全国4000多个单位(含设计院)	单位名称,详细地址或通信信箱,电话,电报挂号

续表

	名称	编辑者	出版者	出版年	机构范围	项目
科研机构	国际社会科学机构	中国社会科学院情报研究所编印		1982	国际社会科学机构427个	中文译名和英文名称、地址、沿革、组织活动、负责人、出版物
	全国各地教育科学研究机构简介	中央教育科学研究所教育情报研究室		1984	全国教育科学研究机构101个	名称、通讯处、沿革、体制、主要负责人、刊物、近期研究课题、经费、用房等
	中国海洋科技机构简介（英文对照）					
文化教育	联合报系统指南（1980年版）	刘昭东等译	科学技术文献出版社	1981	联合国系统的35个组织机构和300多个情报系统	组织机构：机构名称、地址（电话、电报、电传）、职能、机构、其他办事处 情报系：名称缩写、系统名称、地址（电话、电报、电传）、系统类型、主题范围、系统状态、工作类型、地理范围、工作语言、情报来源、控制使用该系统的条件、服务内容、中心点、印刷品 数据库：名称缩写、名称、供应者地址、主题范围、情报来源、文档详情、语言、出版物、主要用户、磁带目录单元、标引工具、主要用户、用户辅助条件、磁带来源和价格、联机存取

	名称	编辑者	出版者	出版年	机构范围	项目
文化教育	中国图书馆名录（汉英文对照）	王凤光、谢婉著，吴仁勇编	中国学术出版社	1982	馆藏中外文书刊约图书馆658家，仅列中英文名称，地址。地址的图书馆与馆2887家。仅收录三种类型的图书馆及高校公共、科学研究	馆名、地址、电话、馆藏〔书（中、外文）、刊（中、外文）〕、收藏范围与特点、座位、服务、交换、供交换的出版物，馆长姓名、工作人员、出版物
	全国公共图书馆概况	文化部图书馆事业管理局科教处，北京图书馆图书馆学研究部等编	编者印	1982	国家图书馆、省、市、自治区图书馆，全国市级以上公共图书馆，全国区、省图书馆	馆名、馆址、邮政编码、馆含面积、工作人员、藏书数量、座位、读者人次、出版物、参考咨询等
	北京市图书情报机构指南	北京科技情报学会	编者印	1983	公共图书馆、高校、专业、部委图书馆及部属和市属科技情报机构143个	名称、地址、电话、成立时间、简况（人员、所属单位等）、馆藏、出版物、对外服务项目
	外文报刊出版机构名录	中国图书进出口总公司	编者印	1982	报刊质量好，出版两种报刊以上的机构	出版机构名称、地址、电话、电报或电传号、负责人、中文译名、机构简介、刊号、国际标准期刊号、创刊年代、编辑机构、期刊次、定价、内容简介等
	中国出版机构指南	马立水编	《山西图书馆学刊》出版	1983	全国300多个出版社	名称、社址、电话、电报挂号、近几年出版的主要书刊等

续表

	名称	编辑者	出版者	出版年	机构范围	项目
文化教育	出版印刷业名录	印刷工业出版社编	印刷工业出版社	1984	出版、印刷单位3466家	单位名称、地址、业务范围、电话、电报挂号
	中国高等学校图书馆简介	教育部全国高等学校图书馆工作委员会秘书处编	东北师范大学出版社	1984	全国普通高等学校图书馆700多所	馆名、馆址、电话、建馆时间、史、馆长姓名、职工人数、藏书量与特点等
	中国出版发行机构和报刊名录	高国盛等编	现代出版社	1985	出版社、发行机构、报刊共6198个条目	出版社:名称、地址、电话、电挂、建社时间和沿革、出书范围和种数、发行方式等；报刊:名称、刊号、刊期、创刊时间和沿革、编者、出版者、发行者、发行方式、份数、内容等
	中国高等学校简介	中国高等学校简介编辑部	教学科学出版社	1982	全国675所高等学校。材料截止于1980年10月	校名、校址、沿革、现设系、专业一览表、校庆日、名誉校长、现任校长、党委书记
	全国重点高等学校介绍	全国重点高等学校介绍编辑小组	科学普及出版社	1982	96所重点院校	校名、学校性质、特点、历史沿革、教学设备、师资状况、校园环境等

续表

名称		编辑者	出版者	出版年	机构范围	项目
文化教育	全国高等院校介绍（理工院校）	全国高等院校介绍编辑小组	科学普及出版社	1983	24 所大学,160 所学院,22 所专科学校	校名、校址、历史沿革、专业设置、主要特点、教职工人数、学生人数、图书馆藏书、校舍面积、占地面积、已取得的成果、附属机构
	全国高等院校介绍（农林院校）	同上	同上	1983	10 所大学,44 所学院,12 所专科学校	
	全国高等院校介绍（综合院校）	同上	同上	1982	33 所大学,10 个民族学院	
	全国高等院校介绍（语文、财政、政法、体育、艺术院校）	同上	同上	1983	92 所学校	
	全国高等院校介绍（医药院校）	同上	同上	1983	6 所医科大学,59 所医药学院,22 所中医学院,25 所专科学校	
	全国高等院校介绍（师范院校）	同上	同上	1983	13 所大学,54 所学院,119 所专科学校	

续表

	名称	编辑者	出版者	出版年	机构范围	项目
文化教育	全国高等院校便览	河南省教育厅高等教育处	河南教育出版社	1984	介绍了各类院校719所	校名、校址、建校时间、现有系专业、教师人数、副教授、讲师教授、图书馆藏书、出版物
	法国高等教育概况	晨光编译，伸达审校	武汉大学出版社	1982	72所综合大学，4所大学中心，1所成人教育机构，172所工程师高等学校	中外文名称、通讯地址、联系人姓名及电话号码，教学研究单位设置，与中国教育界交流关系
综合	中国企事业名录大全（1—4卷）	廖季立、李智盛、李福玉主编	经济科学出版社	1986年待出	全国企事业单位约20万个	名称、地址、电话、电报、产品或业务

三、名录的特点

就名录的编辑与内容来说,它有以下几个方面的特点:

第一,在编辑体例方面,名录一般采用表格栏目的形式,具有简明的特征。它以机构名称为标目,根据需要,列出有关本机构的信息资料。资料排列整齐清晰,一目了然,便于查考。

第二,在内容介绍方面,名录只是各种机构的清册或一览表。它一般包括:机构名称、地址、电话、电报挂号、负责人、沿革、组织机构、经费、工作人员、业务(产品)范围、特点、出版物等项目。视其需要,项目可多可少。但这些内容都是了解一个机构所需要的。它只提供情况,而不做过多的解释与叙述。

第三,在提供资料方面,名录所提供的各种有关数字、产品、人员等都应是最新的资料。及时性极为重要,过时的资料就失去名录联络协作的作用。正是这个原因,名录需要连续增订出版,及时反映机构的调整、发展及其有关变化的情况。例如《中国工商企业名录》,1981 年出版了一册,随后,又出版了 1982—1983,1983—1984 年两册。有些名录虽然提供了一些历史性资料,如建厂(校)时间、历史沿革等,但是,其目的是为了让人们对所介绍的机构有全面的了解。

第四,在编辑方法方面,名录是协作、联合的产物,非一人一单位短时间内所能完成。它一般由各专业的领导部门出面组织,通过发通知,登广告等形式,各基层机构按照要求提供有关资料,最后统一汇总而成。如即将出版的《中国企事业名录大全》,由中央财经领导小组办公室、国家经济体制改革委员会调研组、国务院办公厅调研室发起,国务院近 50 个部委参加编辑。如果没有这上下各方面的合作,名录的编辑工作就很难及时完成,提供的资料,也难以准确。从目前我国已出版的一些名录来看,不仅各单位积极配合,而且领导也非常重视这项工作。如薄一波同志为《中国工商企业名录》写了前言。武衡同志为《中国图书馆名录》写了前言,并为《北京地区图书情报机构指南》题了词。教育部原领导高沂、黄辛白、张健等亲自参加《中国高等学校简介》的编审委员会的工作。

四、名录的作用

关于名录的作用,是多方面的。总的说来,具有沟通联系、促进交流、发展联合、密切协作等功用。具体地说,有以下几个方面:

(1)为机构之间的联系提供了方便。每种名录都注明了机构名称、地址、电话等基本项目,一种名录少则收录几百个专业机构,多则几十万个机构,一册在手,不出门便能和天下的有关单位进行联系,起到"联络图"的作用。

(2)为机构间的协作和交流提供了有利条件。利用名录可以了解到有关机构的历史沿革、业务范围、技术力量等情况。了解是合作交流的基础,有了较全面的了解,就为生产上的合作和技术上的交流提供了条件。和其他类型工具书相比,名录在这方面有明显的经济效益。

(3)为了解产品生产情况提供了信息。全国范围内有多少个企业生产某种产品,生产能力如何,能否满足社会的需要?诸如此类的问题,通过查阅名录就可以计算出来。有了这种信息,就有助于决定各企业的经营方向,每年的生产指标。

如上所述,我国的名录编辑出版工作已取得了很大成就,但是,也还存在一些问题有待改进。名录覆盖面有待扩大,使之各种与"四化"建设、国计民生有益的机构均有名录可查。编辑体例力求简明,逐步实现规格化。增加辅助索引,扩大检索途径。定期增订续编,既能及时反映现实情况,同时,从同一名录不同年本还可看出事业的发展,留下极其珍贵的具有统计的历史性资料。

名录能作为一种工具书类型提出,既是时代的产物,又是检索资料的需要。注意使用与编译国外此类工具书,吸取别人之长,补自己之短,不断充实丰富我国名录的品种与内容。力求各行各业、全国与地区的机构都能有名录可查找,使名录体系日趋完善。使名录在社会主义现代化的各项建设中更好地发挥应有的作用,能广泛被人们所查考。

参考文献:

[1] 新英汉词典编写组. 新英汉词典编写组. 上海:上海人民出版社,1976
[2] 周智佑等. 文献与情报工作词典. 北京:科学技术文献出版社,1982

附:新中国成立前出版的部分名录

	名称	编辑者	出版者	出版年	机构范围	项目
综合性名录	全国机关公团名录	杨家骆		1937	政府、社会、教育、文化、经济、生产、机关、团体等约30 000个	名称、地址、主持人、沿革、组织等
	上海各界各业名录	上海青年出版社编	编者印	1947	机关、团体、工商业、自由职业等20 000多个	名称、经理(主管人)、地址、电话等
专科性名录	全国图书馆调查表	中华图书馆协会编	编者印	1929	全国各类图书馆1428所	名称、地址等
	各国文化合作协会概览	国际联盟秘书处	上海中华书局		各国在华设立的文化协会37个	协会名称、通讯地址、成立年月、会长、秘书、会员、机构、重要工作等
	国立编译馆一览	国立编译馆一览编辑部	编者印	1934		
	上海各图书馆概览	陈祖怡编	世界书局	1934	上海市公(私)立图书馆81所	馆名、馆址、电话、电报、沿革、建筑、座位、藏书、馆长、经费、人员、出版物等
	全国文化机关一览	庄文亚	世界书局	1934	大学、民众教育、研究机关、协会、图书馆等400多个单位	名称、地址、沿革、组织、概况、职员、经费、出版品等
	全国图书馆调查录	许晚成	上海龙文书店	1935	2000多所图书馆。其中公立图书馆2005所,私立图书馆515所	馆名、馆址、公(私)立、开办年月、藏书数量、采用何种分类法,馆长及职员姓名

续表

	名称	编辑者	出版者	出版年	机构范围	项目
专科性名录	全国图书馆及民众教育馆调查表	中华图书馆协会	编者印	1935	2818 所。本表曾登载于《中华图书馆协会会报》第 1 卷 3 期、第 4 卷 2 期、第 5 卷 5 期、第 7 卷 3 期。本表是第 5 次订正表	馆名、地址
	中国博物馆一览	中国博物馆协会编辑	编者印	1936	上篇：普通博物馆；中篇：专门博物馆；下篇：植物园动物园及水族馆。共 62 个	名称、地址、成立年月、沿革、建筑、性质、组织、经费来源、所藏物品性质及数量、出版物、职员姓名
	北平图书馆协会会员录				机关会员 28 个，个人会员 250 个	馆名、成立年月、职员人数、现任馆长、馆址、电话等
	上海工商业汇编	上海市商会		1937	工商业 10 000 多家。并附有机关团体名录、自由职业人才名录等	名称、地址、电话、电报、营业范围、经理等
	现代中国实业志（上、下）	杨大全	商务印书馆		全国工厂企业数千个	厂名、厂址、成立年月、资本、工人、每年产值等
	上海工商行名录	杨宪臣	上海市工商调查所	1942		
	上海市行号路图路（上、下册）		福利营业股份有限公司	1947	以图为主，附以文字。标明各单位所在地理位置	行号名称、业务、经理姓名、地址、电话、所在地图的页码

续表

专科性名录	名称	编辑者	出版者	出版年	机构范围	项目
	上海制造厂商概览	上海联合征信所编		1947	棉纺织、化工、机械、饮食、建筑、印刷等工厂3278家	名称、地址、电话、成立日期、组织方式、资本、监察人、经理、厂长、出品种类、商标、职工人数等

（原载《图书情报工作》1986 年第 2 期）

查找经典著作的途径与方法

　　学习马克思、恩格斯、列宁、斯大林、毛泽东著作时,常常碰到两个问题:一是如何迅速查到他们所写的某篇著作或某一专题论述的出处;二是如何准确弄懂原著作中所提到的人物、事件、成语、典故及专门词语。注意搜集与善于利用有关工具书,是解决这些问题的途径之一。

一、单篇著作的检索

　　单篇著作检索,是查找马列主义经典著作的出发点。只知著作写作、发表时间,或不知著作写作、发表时间但知其篇名的,均可通过查找马列主义经典著作的篇名目录或篇名索引来解决。常用工具书如下:

　　(1)《马克思恩格斯全集目录》(1—39 卷),人民出版社 1976 年编辑出版。全书分为《马克思恩格斯全集目录》与《马克思恩格斯全集篇目索引》两部分。读者按著作发表时间或篇名首字汉语拼音音序,均可查到所要阅读的著作。在查到著作的同时,还可查到他们为著作所写的序言、导言、前言、按语。查马克思、恩格斯的书信,则根据通信对象分为三种情况:马克思、恩格斯之间的通信,可按写信的时间去查;马克思、恩格斯给其他人的书信,可按收信人姓氏首字的汉语拼音音序去查;马克思、恩格斯写给机关团体的书信,则按信件篇名的汉语拼音音序查找。第 40 卷以后各卷的文献,目前尚无工具书可供利用,可直接翻阅原书目次。

　　(2)《列宁全集目录》(1—39 卷),人民出版社 1965 年编辑出版,1980 年重印。目录按全集卷次排列。使用时,注意先查书后所附按笔画笔顺排列的《篇目索引》,由此可查到列宁的每篇著作、书信刊载于《列宁全集》的卷次与页次。

　　(3)《斯大林全集目录》(1—13 卷),人民出版社 1960 年编辑出版。本书可供读者从写作或发表的时间这一途径来找到所要查阅的著作。如果知道著作的篇名则可利用《斯大林全集篇名索引》(1—13 卷)武汉大学图书馆学系等编,《广西日报》资料组 1976 年印。由于中文版《斯大林全集》只据俄文本翻译了13 卷,搜集了 1901 年至 1934 年 1 月的著作。1934 年 2 月至 1953 年 3 月斯大林逝世前在苏联报刊上公开发表的部分文章与言论,则可查人民出版社 1965 年编辑出版的《斯大林文选》。

(4)《报刊所载毛泽东同志言论、著作、文电编目》,人民出版社 1959、1962 年编辑出版,两册。本书收录毛泽东从 1949 年 10 月至 1961 年年底所发表的言论、著作和电文,材料来源主要是《新闻稿》《今日新闻》《外交公报》《人民日报》与《新华月报》。

(5)《毛泽东著作、言论、文电目录》,中国人民解放军政治学院训练部图书资料馆 1961 年编印。本书提供了毛泽东 1917 年至 1960 年 8 月这一期间所发表的著作、言论、文电、题字和言论辑录的出处。据此还可查考同一著作在不同时期发表时所用的不同篇名。

查找马列主义经典作家的单篇著作,按著作篇名进行检索时,篇名应是准确的,否则就查不到。例如,要查马克思所写的《费尔巴哈提纲》一文,必须按新译名《关于费尔巴哈的提纲》,从首字"关"(guan)去查,才能查出此文发表在《马克思恩格斯全集》第 3 卷第 3—8 页。

按著作写作或发表时间进行检索时,要掌握全集或选集编排的情况与特点。例如,要查列宁关于纪念国际歌歌词的作者欧仁·鲍狄埃逝世 25 周年的文章。欧仁·鲍狄埃是 1887 年 11 月 6 日逝世的,因此,列宁写此文应是 1913 年。列宁 1913 年的著作一般排在中文本《列宁全集》第 20 卷,但 20 卷中没有收录这篇文献。要弄清楚这个问题,必须知道中文本的《列宁全集》基本上是根据俄文第 4 版编辑的。凡俄文第 3 版收录而俄文第 4 版未收的著作,或俄文第 4 版出版后才公开发表的著作,中文本《列宁全集》均编在第 36 卷中。

全集或选集均未收,或是新发现、新发表的著作,可注意查阅《全国总书目》《全国新书目》《全国报刊索引》以及《马克思恩格斯列宁斯大林研究资料汇编》一类的出版物。

二、专题论述的查找

查找马列主义经典作家的专题论述,主要使用主题索引,目前可用的有:

(1)《马克思恩格斯全集主题索引》,中国人民大学图书馆编辑,中国人民大学出版社 1958 年出版。本书根据中、俄文版的马克思、恩格斯著作集中所附的有关索引专书编译而成。收大题 1872 个,小题 10 876 个,还包括若干参见题。由于当时《马克思恩格斯全集》中文本刚开始出版几卷,还未出齐,所以主题下反映的出处是中译单行本及一些俄文本的页次。这些译文现已不易见到，译文较早，也不甚准确。应注意从篇名入手，使用《马克思恩格斯全集目录》，查出在《马克思恩格斯全集》中的卷次页次。

（2）《马克思恩格斯全集专题分类索引》，上海师范大学图书馆1978年编印。本书系根据《马克思恩格斯全集》中文版编辑的，按著作的章节内容归纳为18大题，大题下再分小题，一目了然。

（3）《列宁全集索引》（1—35卷）上册，中共中央马克思恩格斯列宁斯大林著作编译局译，人民出版社1963年出版。本书根据《列宁全集第4版索引》俄文版上册翻译过来的，由若干大、小主题汇编而成，但每一主题注明的是《列宁全集》中文版卷次页，书后附《关键词首字索引》，查找方便。

（4）《列宁全集专题分类索引》，上海师范大学图书馆1977年编印。本书根据《列宁全集》中文版编辑，亦按著作的章节内容归纳为18大题，大题下再分小题，简明易查。

（5）《斯大林著作专题分类索引》，上海师范大学图书馆1975年编印。本书根据《斯大林全集》1—13卷及《斯大林文选》编辑。按著作章节内容归纳为10大题，大题下亦分小题。这是目前国内唯一可用来查斯大林专题论述的主题索引。

（6）《毛泽东选集专题论述索引》，（1—4卷和5卷）编者不详，抚顺市图书馆1977年翻印。本书系在《毛泽东选集索引》基础上增订而成，分1—4卷与5卷两部分，为当前查找毛泽东专题论述出处提供了可能。

使用主题索引时，要正确判断所查资料是从哪一主题着手检索，同时要注意索引所依据的底本。例如要查列宁关于社会主义竞赛有哪些具体论述，可使用《列宁全集索引》（第1—35卷）上册，其中对社会主义竞赛的标识如下所示：

26:378—389

27:143—144,188—191,237—241,291—292

28:429—430

31:265—266,339

35:465—466

由此可知，从《列宁全集》中文版26、27、28、31、35各卷中，了解到在《怎样组织竞赛》等9篇文献里，列宁论述了社会主义竞赛。

查主题索引只能提供专题论述的出处，不能一翻即得专题论述的具体文字。要直接查找到专题论述，可注意查专题文摘汇编。

关于马列主义经典著作专题文摘汇编的出版情况，可借助于《马克思恩格斯著作中译文综录》。该书收有《马克思恩格斯著作汇编本目录》,其中包括一部分马克思、恩格斯、列宁、斯大林著作的专题文摘汇编本在内。

三、引文出处的查核

核对马列主义经典著作的引文,查找语录索引最为方便。但此类出版物很少,摘编又不甚准确,"文革"期间编印的尤其如此。在这种情况下,只有借助于专题文摘汇编。

如前所说,专题文摘汇编是大量的,比较好找。

使用专题文摘汇编查对引文时,要注意依据的版本译文是否陈旧,字句的标点符号是否准确。尽可能以此为线索,从全集或选集中再进行查核。

使用主题索引也是查对引文的一种方法。例如,列宁说:"机会主义不是偶然的现象,不是个别人物的罪孽、疏忽和叛变,而是整个历史时代的社会产物。"查一下《列宁全集索引》(第1—35卷)上册,从"机会主义"主题下的小题"实质和社会根源"下所标志的"21:218—227"中,即可知道此话出自《列宁全集》21卷218—227页,即《第二国际的破产》一文中,由此查对引文就准确了。

有时,根据需要查对引文的意思,利用篇名目录或篇名索引,从全集或选集的篇目中找到原文,进行核对。例如,斯大林说:"社会主义竞赛的原则是先进者给予落后者以同志的帮助,从而达到普遍的提高。"分析引文主题思想,从《斯大林全集目录》1—13卷中,查到12卷里有一篇《群众的竞赛和劳动热情的高涨》,仔细查阅,发现了这段引文,进行查对。

查对引文,在参考工具不甚完备的情况下,还是比较困难的。主要在于依靠平时学习马列主义经典著作时知识与文献的积累,上述几种方法只能作为辅助方法。

四、词目简释的利用

学习马列主义经典著作时常常遇到的困难之一是对著作中所提到的成语典故、人物、书名、专有名词及历史事件不甚了解,解决的办法之一是查阅参考工具书,这方面可利用的有:

(1)《马克思恩格斯全集注释选编》,中央党校编写小组编,人民出版社

1980 年出版。汇编《马克思恩格斯全集》1—39 卷中的注释及新加注释
4000 条。

（2）《马克思恩格斯全集人名索引》，中共中央马克思恩格斯列宁斯大林著
作编译局编译，人民出版社 1979 年出版。这是《马克思恩格斯全集》1—39 卷
后的人名索引的汇编本，共收人名约 9000 条，并做极其简明的介绍。

（3）《马克思恩格斯著作中的文学典故》，孟宪强编著，吉林人民出版社
1981 年出版。

（4）《马克思恩格斯选集中的希腊罗马神话典故》，戈宝权编写，三联书店
1978 年出版。本书就中文四卷本《马克思恩格斯选集》中引用过的希腊罗马神
话的典故 70 多个条目，逐一做了简介。

（5）《资本论典故注释》（初稿），中国人民大学经济学说史教研室编，中国
人民大学出版社 1963 年出版。

（6）《列宁全集注释选编》，中央党校编写组 1975 年编印。以《列宁全集》
1—39 卷所附注释为主，对其中部分注释还做了必要的修改，同时采用了《列宁
选集》的部分注释，增加了少许编者新加的注释。

（7）《列宁著作典故》，周秀凤、张启荣编著，人民出版社 1984 年出版。本书
搜集《列宁全集》《列宁选集》《列宁文稿》中的典故，包括文学形象和引语、名
言、谚语、俗语等共 500 余条，并经编者经过考据而详加解释说明。

（8）《列宁选集成语典故》，陈孝英、胥真理、李福安等编著，陕西人民出版
社 1980 年出版。

（9）《列宁选集历史词目解释》（征求意见本），旅大市《列宁选集》历史词目
解释编写组编写，商务印书馆 1980 年版。

（10）《列宁全集俄文第五版人名索引》，河北大学外语系俄语翻译组译，人
民出版社 1979 年出版。本书根据俄文第 5 版《列宁全集》55 卷中所附人名索引
汇编而成。

（11）《毛泽东选集成语典故注释》，北京大学中文系汉语专业编，北京人民
出版社 1977 年出版。

（12）《毛泽东选集历史事件和历史人物简介》，中国社会科学院历史研究
所《毛泽东选集》历史事件和历史人物简介编写组编，北京人民出版社 1978 年
出版。

（13）《毛主席的五篇哲学著作中的历史事件和人物简介》，人民出版社
1972 年编辑出版。本书就毛主席五篇哲学名著：《实践论》《矛盾论》《关于正确
处理人民内部矛盾的问题》《在中国共产党全国宣传工作会议上的讲话》与《人

的正确思想是从哪里来的》中所提到的历史事件和历史人物 38 条做了介绍。

五、研究资料的搜集

1. 查原著版本

查马列著作较早的中译本,可查《中国出版史料补编》(张静庐辑注,中华书局 1957 年出版)一书中所载张静庐编的《马克思恩格斯著作中译本年表》(修订稿)、《列宁著作中译本年表》(修订稿)与《斯大林著作中译本年表》(修订稿)。

还可参考:

《马克思恩格斯列宁斯大林著作中译文简目》,《学习》杂志社 1957 年编辑出版。

《马克思恩格斯列宁斯大林著作中译本目录》,版本图书馆 1938 年编印。

《马克思恩格斯列宁斯大林著作中译本联合目录》(初稿)北京图书馆中文编目组 1959 年编印。

《馆藏马克思列宁主义经典著作目录》中共中央高级党校图书资料室 1961 年编印。

《马克思恩格斯著作中译文综录》北京图书馆马列著作研究室编,书目文献出版社(今国家图书馆出版社)1983 年出版。

查毛泽东著作版本,可查:

《学习毛主席著作书目》,北京图书馆 1958 年编印。

《毛泽东同志著作联合目录》(草目),中国人民大学图书馆、湖南省图书馆 1960 年合编。

上述版本目录除个别外,均为 20 世纪 50 年代中后期及 20 世纪 60 年代初期编印的。近二三十年马列主义经典著作出版情况可查《全国新书目》与《全国总书目》。

近年来每年出版的《中国出版年鉴》,其中《新书简目》部分也可查到马列主义经典著作的新版本。尤其《中国出版年鉴》1980 年本,收有张光璐所写《马克思恩格斯列宁斯大林毛泽东著作的出版》一文,概述了新中国成立以来马列主义经典著作翻译出版概况,可注意参考。

2. 著作介绍

查有关马列主义经典著作的介绍资料,可从以下四方面着手:

第一,应查马列主义经典作家为著作所写的序跋。从《马克思恩格斯全集目录》查找最为方便。例如查到《资本论》一书后,就可查到十篇序跋。这是最重要的著作介绍。

第二,可查全集或选集编辑委员会为每卷所写的出版说明、题解或介绍,常常附于每卷之前、写于各卷注释中或列于每篇题目下面,也有汇编成专书介绍的,主要有:

《马克思恩格斯全集说明汇编》,中共中央马克思恩格斯列宁斯大林著作编译局译,三联书店 1977 年出版。本书系根据俄文版《马克思恩格斯全集》(1—39 卷)每卷说明翻译汇编而成。书中某些观点,查阅时要注意鉴别。

《斯大林全集介绍》(苏)波尔查洛夫等著,流水、求是合译。三联书店 1953 年出版。

《毛泽东选集介绍》,人民出版社 1961 年编辑出版。本书是《毛泽东选集》(1—4 卷)出版时新华社发表专文的汇编本。介绍了每卷文章写作的时间、历史背景、内容及意义。

第三,查年表、年谱,从中能准确而简要地查到著作与革命实践活动的联系。这方面的专书有:《马克思恩格斯生平事业年表》,中共中央马克思恩格斯列宁斯大林著作编译局译,人民出版社 1976 年出版,本书是附录在《马克思恩格斯全集》有关各卷中的年表的汇编本,是一部编年体传记性的专辑;《列宁年谱》苏共中央马列主义研究院编,中译本,三联书店 1984 年开始陆续出版。当然《列宁全集》各卷中所附《列宁生平事业年表》也是了解列宁原著的参考资料。

第四,查马列主义经典著作名著简介。一般可通过查《辞海》(1979 年版),可获得名著简明的介绍。翻阅《全国总书目》《全国新书目》与《全国报刊索引》,可查到论述较详细的原著介绍专书或专文。对作者的观点,要注意分析参考。

3. 参考资料

学习原著需要的参考资料有两方面,一是研究原著的全面资料;二是原著中所提到的有关重要著作的搜集与了解。

了解研究原著的全面资料,要善于利用专题书目与相关参考书。例如,要查找学习马克思恩格斯原著的参考资料,找到《研究马克思恩格斯著作和生平论著目录》[中共中央马克思恩格斯列宁斯大林著作编译局图书馆编,书目文献出版社(今国家图书馆出版社)1983 年出版],就可获得 20 世纪初到 1966 年 4

月国内用中文所发表的研究马克思恩格斯著作和生平的论著 532 部、论文 1438 篇,包含了各种不同的观点。找到了《马恩列斯研究资料汇编》《马克思恩格斯著作中译文综录》与《马克思恩格斯著作在中国的传播》(中共中央马克思恩格斯列宁斯大林著作编译局马恩室编,人民出版社 1983 年出版),就会获取在其他书刊中难以得到的大量珍贵的资料。

马列主义经典著作中常常涉及大量思想家、学者与国际共产主义运动中各派人物及其著作。要阅读这些著作,首先要了解国内翻译出版了哪些著作。《研究马列著作参考书目译本选目》(商务印书馆资料馆编,商务印书馆 1979 年 10 月印行)一书,不仅提供了研究马列著作时需要参考的著作中译本出版情况,而且还预告商务印书馆有关这类著作近年出版计划。从中可以了解到马克思主义三个来源著作、同马克思主义经典著作有关的著作与书信、国际共产主义运动有关人物的著述、传记和回忆录、理解马列主义经典著作必需的背景材料、有关共产主义运动、工农运动史料、经济、政治、思想史和历史著作以及当代有关重要著作与教科书的中译本概况。上述著作中译本,不借助于这部《研究马列著作参考书目译本选目》,一般是很难系统掌握的。

怎样查找马列主义经典著作及有关问题,固然要熟悉著作编译出版的情况,要了解诸问题查找的途径与方法,更为重要的还是要刻苦学习马列主义经典著作。这方面体会、心得愈深,查找就愈顺利了。

(原载《情报资料工作》1986 年第 3 期)

图书馆学函授教育三十年

一

北京大学图书馆学系创办图书馆学专业函授教育始于 1956 年,是新中国成立后最早以函授方式培养图书馆专门人才的系科。1956 年至 1965 年曾在北京、上海、南京、武汉等 21 个城市招生。由于当时的社会背景以及函授学员的工作又经常处于调动之中,每届淘汰率较高,先后只有专科函授毕业生 899 人。

从 1966 年至 1979 年,由于"文革"的冲击,函授教育停顿了下来。

1980 年恢复招生。从 1980 年到 1984 年,先后在全国 19 个城市招收了 1805 名三年制的专科函授生,其中有 1130 名已经毕业。1985 年,在北京等 9 个城市招考了"五年两段制"(前三年为专科阶段,后两年为本科阶段)函授生 747 名。从 1986 年开始,又在北京进行以函授的方式培养图书馆学专业本科生的试点工作。1980 年以来,北京大学图书馆学系的函授教育发展较快,在规模上,短短几年毕业的函授生数量,已经远远超过了"文革"前十年的总和。目前还在学习的函授生达 1400 多人,是多层次、多形式办学的学生中人数最多的一部分。这几年,北京大学图书馆学系的函授教育之所以发展比较迅速,一方面是由于中国的社会主义现代化建设的发展,图书馆事业对专业人才的需求急剧增加,另一方面是由于国家重视包括函授教育在内的整个成人教育,制定出了激励人们努力学习的方针政策,而社会安定,又为人们的学习提供了良好的环境。

创办函授教育三十年来,虽然由于种种原因,走过一些弯路,但总的来说,我们围绕保证教学质量这个中心,摸索出了一些具有函授特点的教学方法、教学经验,建立了比较完善的管理体制,为国家培养出了一批合格的、急需的专门人才,赢得了社会和实际工作部门的信赖。目前,我们的函授毕业生有许多已经成为图书馆事业的骨干力量。他们通过函授学习完成的系统化、正规化专业教育,在实现中国图书馆事业现代化、图书馆管理科学化方面,有不可低估的作用。一批批函授生的毕业,又在一定程度上缓和了当前中国图书馆专业人才供需之间的矛盾。

二

　　函授教育,是中国高等教育的一个重要组成部分。那么,使函授教育不断发展,收到社会效益需要树立质量第一的指导思想,保证教学质量,培养出合格的人才,这是函授教育工作中一个根本性的问题。为此,北京大学图书馆学系在坚持入学标准、重视文化考核,结合实际需要、合理设置课程,突出函授特点、改进教学方法、完善管理体制,健全规章制度等方面,做了一些探索与努力。

　　入学考试是办好函授教育的第一步。北京大学图书馆学系坚持了这一点,并不断提高入学标准。我们认为,正规的函授教育,要求学生必须具有一定的文化基础。坚持入学考试,这对保证学生的质量是十分必要的。但是,函授教育有别于全日制本科教育,因此,它的入学考试及其要求也应该体现成人教育的特点。只有这样,才能使函授教育更好地适应社会需要,才能把我们的成人教育计划与社会业务部门的培养计划很好地结合起来。

　　图书馆学专业的函授教育要求学生学习的课程和各类课程比例的确定都要考虑到成人特点,结合实际需要去合理地设置课程,这是函授教育培养合格人才的关键。

　　(1)函授课程设置,必须贯彻理论联系实际的原则。从图书馆工作看,人们迫切需要掌握的是科学地整理、管理和利用信息及其文献的基本知识和基本技能,有关这一方面的课程,如图书馆学基础、中文图书编目、图书分类、图书馆藏书、中国书史、中文工具书、普通目录学、读者工作等,一直是课程设置的重点。最近几年,随着对外开放和国际文化技术交流的发展,图书馆入藏的外文图书与情报资料,尤其是科技方面的书刊越来越多。为了适应实际需要,1980 年以后,便开设了英语、西文图书编目、西文工具书、自然科学概要、科技发展史、情报学概论、科技文献检索、经济情报工作、标准化情报工作、情报分析与研究等课程。鉴于图书馆工作现代化程度的提高,电子计算机在部分图书馆中已开始研究与使用,北京大学图书馆学系增设了计算机原理、图书馆自动化系统课程。考虑到不少毕业的函授生在图书馆内逐步负担起一馆的行政管理工作,又增设了图书馆管理课程。在增设新课程的同时,也删减了一些传统课程中陈旧的内容。函授教育开设的课程,必须注重联系实际,让学员觉得所学的知识在实际工作中真的有用,这不仅可以激发学员的学习积极性、主动性,而且对于提高整个图书情报工作的水平,也是十分重要的。学生学了就能用上,解决了工作中的实际问题,这就是提高教学质量的直接表现。

(2)各类课程的比例要安排适当。在各类课程的设置上,不论函授专科或函授本科,都应以开设专业课为主,同时辅以必要的、与专业课学习有密切关系的科学、文化基础课与语言课,专业课与科学、文化基础课和语言课的比例大体上应控制在3:1左右。作为大学专科或本科的函授教育,仅让学生学几门专业课是不行的。因为学习的面太窄,工作起来适应性就差,缺乏一定的科学文化基础知识与语言工具,也会影响专业课的深入学习。相反,如果学习的各类课程太多,既增加学生的负担,还会冲击专业课的学习。

(3)函授课程的内容要"少而精"。函授教育的特点是以业余、自学为主,这是和全日制教育的一个显著区别。函授生边工作,边学习。多数人工作在图书馆第一线,了解实际工作需要,熟悉各项工作环节,更有必要在课程内容方面贯彻"少而精"的原则。北京大学图书馆学系通过编写的《学习方法指导书》,明确指出每门课程的要点与重点,面授辅导围绕这些内容展开,并以这些重点拟订实习题。多管齐下,突出重点,对保证教学质量起到了一定的作用。

根据函授教育的特点,函授教学方法必须处理好学生自学、教师面授、实习作业、辅导答疑等一系列完整的教学环节。在这些教学环节中贯彻的基本原则是:学生自学函授教材与教师集中面授辅导相结合,以学生自学为主,教师面授为辅。

通过抓紧函授教材和各种教学参考资料的编写,保证了学生自学的质量。目前,凡已开设的专业课程,都有完备的教材、教学参考资料和学习方法指导书。有了这些材料,学生自学就有了依据,就明确了课程的要求和重点内容。同时,还注意学生实习、作业的安排,做到及时辅导与批改。对于函授学生来说,实习、作业这一环节尤为重要,它可以督促、带动学生自学,巩固已学的知识,提高学生分析问题和解决问题的能力。为了确保学生学习的时间,北京大学图书馆学系还根据国家教育委员会的规定,函授生可占用少量的工作时间学习。

(4)选派好应聘师资。为了保证教师面授的质量,在系内,选派那些教学经验丰富的教师承担函授面授任务。同时还在招生地区聘请兼职教师,负责学生平时和阶段性的面授辅导,指导课堂实习及批改作业。在招生地区聘请兼职教师的做法,实际上是使函授教育由单纯靠学校办,走向了充分调动地方积极性、依靠社会力量办学的道路,校、系只要把好应聘教师审核这一关就行了,而学生平时接受面授却有了保障,学生和教师接触的机会大大增加了。这对提高教学质量,乃至促进函授教育事业的发展,都是十分有益的。

三

　　函授教育是一种远距离教育。由于函授学生遍布全国各地,居住非常分散,因此,函授教育必须有严密的管理体制和严格的管理制度,才能建立良好的函授教学秩序,确保函授教育的质量。经过长期实践,目前北京大学图书馆学系已经建立并逐步完善了校、系、站三级管理体制。在学校,由校长和主管教务长领导下的成人教育部是管理函授教育的校级机构。在系里,由系主任和主管系副主任领导下的函授办公室具体负责函授教学的行政工作。在招生地区,校、系委托当地业务主管部门设立函授辅导站,成为函授教育的一级管理组织,主要负责日常的教学管理。

　　在校、系、站三级管理体制中,函授辅导站的作用尤其不可忽视。因为它处于函授教育的第一线,和学生接触最多、最直接,所以函授辅导站的管理工作,实际上就是函授教育能否科学管理的关键,它对函授教育质量有直接的影响。不能把函授辅导站变成一个单纯上传下达、行政事务性质的机构,要充分发挥它协同校、系办学的作用,通过它把当地力量动员起来,以共同搞好函授教育事业。

　　函授教育管理的另一个重要问题,就是要建立和健全各项规章制度。多年来,我们认真执行了学校的有关规定,在各个教学环节,学生管理的各个方面,均有章可循,建立了较好的教学秩序,保证函授教育顺利进行。

　　通过回顾北京大学图书馆学系函授教育所走过的路程,可以认识到函授教育在当今的教育事业中,已经不仅是全日制教育的一种补充,而且是整个教育体系中不可缺少的组成部分。我们把函授教育依托于进行全日制教学的教师,使函授教育具有坚实的后盾,函授教育的一整套教学环节,有了切实的保证。同时,办好函授教育,又在某种程度上促进了全日制教育。教员在函授教学过程中,常常可以及时获得不少信息,了解到实际工作的问题,这对于提高全日制本科教学,对于教员的科学研究工作都是有益的。

　　三十年来,北京大学图书馆学系函授教育取得了一些成绩。但与社会主义现代化建设和图书馆事业发展的需要相比,差距仍然很大。今天,在中国,包括函授教育在内的整个成人教育已经发展到了一个新的阶段,要继续认真研究、吸取国内外的先进经验,不断解决工作中出现的问题,克服工作中的困难,以开拓、改革的精神,进一步把图书馆学函授教育办好。

(原载《图书馆学通讯》1986 年第 4 期)

《咨询学原理》序

咨询是人们彼此交往的一种行为与信息活动,渗透到社会生活的各个方面。通过人们长期咨询经验的积累与总结,逐渐形成以探求社会咨询活动规律为任务的知识体系,这就是咨询学。随着咨询社会化与社会咨询化,咨询事业得到空前的发展。今天,咨询学已经成为一门具有多种学科交叉性质的应用学科。

五年前,本书作者在参加咨询实践的过程中,及时捕捉了这个研究课题。他发现,随着我国改革开放的深入发展,咨询业务正日趋繁荣。他从专题研究入手,在辛勤查阅中外有关咨询学文献的基础上,进行了新的探索,并写成《咨询学原理》这部著作。这是十分值得高兴的事。

书中,作者以他独有的见解,不仅论述了咨询学的产生、发展、特征、目的、内容范围、结构体系以及方法论,而且从多角度对咨询学分支做了分析。他把咨询学分为理论咨询学、技术咨询学与应用咨询学,继而又进一步分章系统阐述了咨询管理学、咨询系统学、咨询社会学、咨询心理学与咨询人才学,因而使得这部著作既有广度,又有深度,给人以启示,颇有参考价值。

咨询业务现已普遍存在于我国政治、经济及文化领域。咨询学的研究日益引起国内学术界的注意。几年来,咨询学论著虽已有发表或出版,但《咨询学原理》重在理论总结、学术研究,我以为仍不失为是一部具有个性的、开拓性的著作。此书的问世,对于加速社会咨询的系统化、科学化,无疑会起到积极的作用。

绍君同志正在青年时期,执教于武汉大学,他为学勤奋,思想活跃,长于思辨。他的工作与学术有着无限的前途。本书不过是发轫罢了,我对他的希望是很大的。

关于咨询学,我所知甚少。绍君同志要我为之作序,本来不敢应承,但作为一个读者,而且对咨询学又有从头学起的愿望,似乎没有理由违拂作者的雅意,因而不揣谫陋,拉杂地谈了以上一些话。

朱天俊

1989 年 8 月,北大中关园

独辟蹊径　开示法门
——鲁迅与目录学

鲁迅的一生是革命的一生,也是辛勤工作,为祖国文化做出巨大贡献的一生。据统计,他写有小说集 3 本、杂文集 16 本、散文诗集 1 本、回忆散文 1 本。现已搜集到的书信 1400 多封,1912 年 5 月 5 日至 1936 年 10 月 18 日的日记(其中 1922 年已佚),总共 400 万字。翻译了 14 个国家将近 100 位作家的文学作品和文艺理论著作,印成 33 个单行本,共 250 万字以上。辑录、校勘古籍 18 种共 100 余万字[1]。1938 年蔡元培在《鲁迅先生全集·序》中指出,鲁迅研究的方面较多,"蹊径独辟,为后学开示法门"[2]。目录学就是他成绩卓著的一个方面。

鲁迅深知古典书目的源流,了如指掌,如数家珍;运用书目进行学术研究,无比巧妙,功力极深;他对书目的评论,准确精辟,充满辩证的精神;他编辑的多种类型书目,内容丰富,切实有用,给后学以深刻的启示与有益的指导。鲁迅在目录学方面的成就,是永远值得我们总结与学习的。

一、从书目入手研究学问

鲁迅具有丰厚的目录学素养,他在学术研究及对古籍的辑佚、校勘、考证中,广泛披览书目,开创了新的意境。

鲁迅学识渊博,深知古籍,这固然是由于他博览群书,通晓古代文化,同时这也与他善于利用书目分不开。鲁迅在《而已集·读书杂谈》一文中写道:

　　我以为要弄旧的呢,倒不如姑且靠着张之洞的《书目答问》去摸门径去。

他在《且介亭杂文集·随便翻翻》一文中写道:

　　还有一种很容易到手的秘本,是《四库书目提要》,倘还怕繁,那么

《简明目录》也可以,这可要细看,它能做成你好像看过许多书。

他又在《集外集拾遗·开给许世瑛的书单》中谈到《四库全书简明目录》时写道:

> 其实是现有的较好的书籍之批评,但须注意其批评是"钦定"的。

许广平在回忆鲁迅治学时曾谈到,"鲁迅先生研究学问的方面很广博,大致对于前辈的从书目入手的方法也并皆采纳。在他消闲的时间,就时常看见他把书目看得津津有味……有时鲁迅先生也解释给我听:这是治学之道"。她还说,"鲁迅由于藏书无多,有时为了研究史学之类或某种著作,只得借书目作参考之一罢了。因此在他的藏书里随时遇到许多出版年代不同和地域不同的书目"[3]。1926 年鲁迅为了给《游仙窟》作序,就读过章廷谦向北京大学图书馆借阅杨守敬的《日本访书志》和森立元的《经籍访古志》,并表示:"如书目借不到,则颇难动手,须得后才行,前途颇为渺茫矣!"[4]后来借到了,鲁迅很高兴,抄出书目可用之处[5]。

为了利用书目,鲁迅毕生注意搜集书目,仅从 1912—1926 年《鲁迅日记》中所附《书帐》里,采购的书目就有:《宋元本书目》《邵亭知见传本书目》《朱氏纪刻书目》《续汇刻书目》《艺风堂考藏金石书目》《宋元旧书经眼录》《八史经籍志》与《补艺文志九种》等。有时为了研究积累资料,他还抄录书目。1922 年 8 月至 9 月间,就曾夜抄《遂初堂书目》,并在《遂初堂书目》抄稿完毕时加注《抄校说明》:

> 明抄《说郛》原本与见行刻本绝异,京师图书馆有残本十余卷。此目在第二十八卷,注云一卷,全抄。海昌张阆声。
> 又借得别本,固复借以逐录,并注二本违异者于字侧。虽夺误甚多,而甚有胜于海山仙馆刻本者,俩加雠校,则为一佳书矣。十一年八月三日侯堂灯右写记之。

(写于抄稿前面)

> 《说郛》无总目,海山仙馆本有之,今据本文补写。八月三日夜记。[6]

可见,鲁迅对于书目多么重视! 不仅如此,他往往利用书目中的记载,作为他研究学术的根据。

鲁迅 1909 年 6 月至 1911 年年底,从《北堂书钞》,《艺文类聚》《初学记》《太平御览》等类书与其他古籍及其注文中转录古小说佚文集《古小说钩沉》,收周《青史子》至隋侯白《旌异记》等 36 种。他在《古小说钩沉序》中,就借助于汉代班固《汉书·艺文志》的记载,指出小说既出于古代稗官从民间搜集而来,自有其珍品,是足以展示民族文化的绚丽光彩的。他批驳班固所认为的小说是"刍荛狂夫之议"以及先秦诸子学说十家中"可观者九,而小说不与"的种种偏见。反对后人墨守班固旧说,把小说排斥于文林之外,认为"人间小书,致远恐泥,而洪笔晚起,此其权舆。况乃录自里巷,为国人所自心,出于造作,则思士之结想"。肯定了小说在中国文学史上的地位和社会作用。

后来他在《中国小说史略》这部学术著作中,第一篇就是《史家对于小说的著录及论述》,鲁迅系统地引用自汉至清历代多种书目中的记载,阐明了古代小说的起源与变迁,对各家书目著录小说的特点做了比较与分析,指出"史家成见,自汉迄今盖略同。目录亦史之支流,固难有超其分际者矣"。全书多处以书目记载为根据,考证小说书名、卷数、内容及存佚,表现了鲁迅在学术研究过程中运用书目,驾驭资料的高超手法与能力。

二、借助书目辑校古籍

乍看,书目似乎是枯燥单调的图书著录,但在鲁迅的笔下,书目往往成为他寻求资料的向导,核实文献的基本工具之一。他以古典书目为线索,利用类书、方志、史籍、文集及其注文、辑佚、校录或辑录 10 余种古籍,绝大部分是在 1909 年从日本回国以后至 1927 年以前进行的。鲁迅用力甚勤,同时写下了 20 余篇序、跋、考。我们从中可以看到他搜罗宏富,校订详审,按语精辟,表现了鲁迅十分严谨的治学态度与科学的考证方法。他不是迷恋古书,而是为了批判地继承文化遗产,创造新文化。同时,这也是他在辛亥革命前后的一段时期内,"驱逐寂寞","应付环境的一种方法,是一种无言的愤怒"[7]。

早在 1909 年至 1914 年,鲁迅继续辑成《会稽郡故书杂集》一书,包括古代会稽人的著作逸文 8 种,即谢承《会稽先贤传》、虞预《会稽典录》、钟离岫《会稽后贤传记》、贺氏《会稽先贤像赞》、朱育《会稽土地记》、贺循《会稽记》、孙灵符《会稽记》和夏侯曾先《会稽地志》。鲁迅在本书序中写道:

……幼时,尝见武威张澍所辑书,于凉土文献,撰集甚众。笃恭乡里,尚此之谓。而会稽故籍,零落至今,未闻后贤为之纲纪。乃创就所见书传,刺取遗篇,累为一帙。"书中贤俊之名,言行之迹,风土之美,多有方志所遗,舍此更不可见。用遗邦人,庶几供其景行,不忘于故"。

他每辑成一书的佚文,写短序一篇,略述辑录的意图,经过与根据,考证了佚文的原书和作者概况。从序中我们可知鲁迅先从查考正史艺文志入手。现以《会稽后贤传记·序》为例,可见一斑:

> 《隋书·经籍志》,《会稽后贤传记》二卷,钟离岫撰。《旧唐书·经籍志》《新唐书·艺文志》并云《会稽后贤传》三卷,无记字。钟离岫未详其人。章宗源《〈隋志〉史部考证》据《通志·氏族略》以为楚人。案《元和姓纂》云:"汉有钟离昧,楚人。钟离岫撰《会稽后贤传》。"楚人者谓昧,今以属岫,甚非。汉代以来,钟离为会稽望族,特达者众,疑岫亦郡人,故为邦贤作传矣。今缀合逸文,写作一卷,凡五人,仍依《隋志》题曰《传记》。

鲁迅在辑佚三国吴谢承《后汉书》、晋谢沈《后汉书》与晋虞预《晋书》中也都充分表现他在这方面的非凡能力。查考书目,成为他辑佚古籍必不可少的步骤和方法。

鲁迅整理《嵇康集》,下过很大功夫。嵇康,三国魏末著名文学家,曾被阴谋篡夺魏政权的司马集团杀害。鲁迅认为嵇康"思想新颖,往往与古时旧说反对""非汤武而薄周礼"[8],于险恶环境中坚强不屈。鲁迅怀着极大尊敬,校勘《嵇康集》,并寄托了他对当时现实的愤慨。1913 年开始校录《嵇康集》,到 1924 年写定,十一年间,鲁迅用明吴宽丛书堂抄本,对勘明嘉靖乙酉黄省曾本、汪士贤《二十一名家集》本、张溥《汉魏六朝百三名家集》六卷本及程荣刻十卷本,又取《三国志》注、《晋书》《世说新语》注、《文选》李善注和各种总集、类书等所引,著其异同,又参考《全三国文》《续古文苑》中所收嵇康作品的异文,录存备考,前后校勘多次,抄写了三遍。许寿裳说:"自民二以后,我常常见鲁迅伏案校书,单是一部《嵇康集》,不知校过多少遍,参照诸本,不厌精详,所以成为校勘最善之书。"[9]

在校录《嵇康集》的过程中,鲁迅作《跋》《逸文考》《著录考》《序》及《考》,其中也运用了大量书目。在《跋》中,鲁迅说明校录《嵇康集》所依据明吴宽丛书堂抄本的原样及其与黄省曾刻本的比较。在《逸文考》中，鲁迅使用《昭明文选》及其李善注文，《北堂书钞》《艺文类聚》《太平御览》等唐宋著名类书，辛勤地辑录散见于这些书中的嵇康著作佚文，间加按语，予以考证。在《著录考》中，鲁迅根据隋以后各家书目、书录有关《嵇康集》的著录及题解，遍考其各种版本，通过括号内注文，补充、校勘提要原文。节录一段，以见鲁迅运用书目之纯熟：

> 《四库全书总目》:《嵇中散集》十卷(两江总督采进本。)旧本题晋嵇康撰。案康为司马昭所害，时当涂之祚未终，则康当为魏人，不当为晋人，《晋书》立传，实房乔等之舛误。本集因而题之，非也。《隋书·经籍志》载康文集十五卷。新旧《唐书》并同。郑樵《通志略》所载卷数，尚合。至陈振孙《书录解题》，则已作十卷。且称"康所著文论六七万言，今存于世者，仅如此。"则宋时已无全本矣。疑郑樵所载亦因仍旧史之文，未必真见十五卷之本也。王楙《野客丛书》(见卷八)云："《嵇康传》曰，康善谈名理，能属文，撰《高士传赞》，作《太师箴》，《声无哀乐论》。余(明刻本《野客丛书》作'仆')得昆陵贺方回家所藏缮写《嵇康集》十卷，有诗六十八首，今《文选》所载(有'康诗'二字)才三数首；《选》惟载康《与山巨源绝交书》一首，不知又有《与吕长悌绝交》一书；《选》惟载《养生论》一篇，不知又有《与向子期论养生难答》一篇，四千余言，辩论甚悉。集又有《宅无吉凶摄生论难》上中下三篇；《难张辽('辽'下尚有一字，已泐)自然好学论》一首；《管蔡论》，《释私论》，《明胆论》等文。(其词旨玄远，率根于理；读之可想见当时之风致。——'文'下有此十九字。)《崇文总目》谓《嵇康集》十卷，正此本尔。《唐艺文志》谓《嵇康集》十五卷，不知五卷谓何？"观楙所言，则樵之妄载，确矣。此本凡诗四十七篇，赋一篇，杂著二篇，论九篇，箴一篇，家诫一篇，而杂著中《嵇荀录》一篇，有录无书，实共诗文六十二篇。又非宋本之旧，盖明乙酉吴县黄省曾所重辑也。杨慎《丹铅总录》，尝辨阮籍卒于康后，而世传籍碑为康作，此本不载此碑，则其考核犹为精审矣。

鲁迅特别重视明吴宽丛书堂抄本《嵇康集》，认为此本"颇胜丛本"，他说，"余以明刻本校之，知其脱落甚多"，并指出"书贵旧钞，良有以也"。1924 年 6 月，《嵇康集》基本校定完毕，他又作《序》，说明《嵇康集》历代流传诸本概况以及自己校正所依据的版本与校正的体例。后于 1926 年 11 月，又作《嵇康集》

《考》,在《考》中,鲁迅在《逸文考》《著录考》的基础上,对照吴宽丛本堂本《嵇康集》稍加校雠,依然根据多部书目的记载,进一步系统地考证了《嵇康集》的卷数与名称的异同变化,篇目缺失与逸文的真伪,供人们对照研究。由此可见,鲁迅校正《嵇康集》的过程,也是他运用书目进行校勘的过程,书目在辑录古籍中是极为有用的,这一点常为人们所忽视。

三、资料长编也须利用书目

鲁迅认为治史应"先从作长编入手"。只有掌握了扎实的资料,才能保证在可靠史实的基础上,进行科学的概括。作为鲁迅"在北京大学讲中国小说史时所集史料之一部"的《小说旧闻钞》,主要辑录了明清人著作中关于 41 种小说的论述,是一部精密而细微的著述。从书后所附《引用书目》看,76 部著作中也包括一些书目。正文中,如在《大宋宣和遗事》下面,鲁迅就摘录了 3 种书目里有关此书的著录或简介:

(《百川书志》五史部传记)《宣和遗事》二卷。载徽钦二帝北狩二

百七十余事。虽宋人所记,辞近瞽史,颇伤不文。

(《古今书刻》上)福建书坊:《宣和遗事》。

(《也是园书目》十宋人词话)《宣和遗事》四卷。

这样录必有据,增加了《小说旧闻钞》的史料价值。正如郑振铎在《中国小说史家鲁迅》一文中对此书的评价:"体例严谨,凡浮辞无根的传闻之辞,全部剔除了去。篇幅虽不很多,但搜集之功极深,选择的眼光极严,所网罗的范围也极为广博。"这也部分得力于鲁迅对书目的熟悉与运用。

有时鲁迅在编集资料时,常常借助于书目进行文献考订。早在 1912 年,他就开始辑录唐宋传奇,1927 年经修订纂集成《唐宋传奇集》,在编校《唐宋传奇集》的过程中,编写札记《稗边小缀》附于书后。在《稗边小缀》中,鲁迅常常利用书目记载,参考其他古籍,考查每篇传奇的作者生平与真伪得失,恢复原作面貌,订正了明清刻本恣意删改原作,妄制篇目,改题撰人的谬误。见解精辟,论据有力。例如,鲁迅借助于多种书目的记载,断定所谓《隋遗录》,原名《南部烟花录》,经过重编又称《大业拾遗记》,是一部同书异名、内容粗疏低劣、托名唐代颜师古所著的伪作:

《隋遗录》上下卷,据原本《说郛》七十八录出,以《百川学海》校之。前题唐颜师古撰。末有无名氏跋,谓会昌中,僧志彻得于瓦棺寺阁之苟笔中。题《南部烟花录》,为颜公遗稿。取《隋书》校之,多隐文。后乃重编为《大业拾遗记》。原本缺落,凡十七八,悉从而补之矣云云。是此书本名《南部烟花录》,既重编,乃称《大业拾遗记》。今又作《隋遗录》,跋所未言,殆复由后来传刻者所改欤。书在宋元时颇已流行,《郡斋读书志》及《通考》并著《南部烟花录》;《通志》著《大业拾遗录》;《宋史·艺文志》史部传记类亦有颜师古《大业拾遗》一卷,子部小说类又有颜师古《隋遗录》一卷,盖同书而异名,所据凡两本也。本文与跋,词意荒率,似一手所为。而托之师古,其术与葛洪之《西京杂记》,谓钞自刘歆之《汉书》遗稿者正等。然才识远逊,故罅漏殊多,不待吹求,已知其伪。清《四库全书总目》(一四三)云:"王得臣《麈史》称其'极恶可疑'。姚宽《西溪丛语》亦曰:'《南部烟花录》文极俚俗。又载陈后主诗云,夕阳如有意,偏傍小窗明。此乃唐人方域诗,六朝语不如此。唐《艺文志》所载《烟花录》,记幸广凌事,此本已亡,故流俗伪作此书云云。'然则此亦伪本矣。今观下卷记幸月观时与萧后夜话,有'侬家事一切已托杨素了'之语,是时素死久矣。师古岂疏谬至此乎?其中所载炀帝诸作,及虞世南赠袁宝儿作,明代辑六朝诗者,往往采撷,皆不考之过也。"

四、重视乡邦文献,手记乡人著作

鲁迅不仅善于利用书目,而且也巧于编辑书目。他常常根据不同需要,编辑过多种类型书目。面广质深,启示后学。

1961 年 9 月间新发现鲁迅手抄《拟购德文书目》,其后又有鲁迅随手记下的旧绍兴八县乡人著作,名为《旧绍兴八县乡人著作目录》。据捐献人周启明说,《拟购德文书目》"系在东京时所写"。《旧绍兴八县乡人著作目录》是鲁迅"回国后所记,其时当在民国以前"[10]。在这部地方文献书目中,收录旧日绍兴府属山阴、会稽、诸暨、萧山、余姚、上虞、嵊县、新昌八县宋元明三朝地方人士的著作 80 种。每书著录书名、卷数、朝代、著者,末尾注明"山""会"等字,即山阴、会稽之意,表示著者的籍贯。这固然是鲁迅对乡邦文献的重视,而且也说明鲁迅编纂《越先正著述》计划的庞大。

五、详记书账，别具匠心

鲁迅极为爱惜他所收藏的图书。在他每年的日记后面，辟有专页，称之为"书帐"，详细记载了他每年购买的图书。《鲁迅日记》从 1912 年 5 月 5 日北上开始，至 1936 年 10 月 18 日逝世前一日终止。书账则是从 1912 年 4 月 28 日开始，至 1936 年 10 月 13 日止。由于 1941 年 12 月，日寇侵入原鲁迅寓所，许广平被捕，日记遭抢劫。待索回时，缺 1922 年。因此书账实存 23 年 6 个月。在书账中，除记载每书书名、著者、卷数、入藏日期、价格外，每月书款有小计，每年除夕有总计，书账末时有按语。二十余年从未间断。

鲁迅收入菲薄，经济力量有限，选购图书非常严格。有时考虑到书价，往往来回书店多趟，后期常经夫人许广平劝说后方才买下。从书账中购藏图书内容分析，广与精结合，广到古今中外图书，精以文艺、美术、考古图书为主。随着文化斗争的深入，他搜集与购买了不少外国进步的文艺理论著作与小说。晚年尤爱版画。日积月累，书账中就逐渐形成若干中心。书账亦非随手拈来的购书流水账，而成为若干有特色的专门藏书目录。从书账中的购藏图书内容变化，也可看出他思想发展的脉络和过程，反映了他在一个时期内阅读、研究、工作的动态。时代、工作、思想与他购书是密不可分的，书账留下了参考的记录。

六、自编译著书目，回击恶意攻击

鲁迅曾为自己的译著编辑过书目。1932 年 4 月他在整理著作时自编的《鲁迅译著书目》，就是他较早的一部个人译著书目[11]。书目中 1921 年至 1930 年按年著录译著，1931 年则是除著录译著外，还按校勘、纂辑、编辑、选定校字、校订校字、校订、印行几方面加以著录，共 62 种。每种书刊详记名称，校订的记原著者姓名，还说明绝版书，书目末尾有后记。他说，编这部书目，目的"是为着自己，也有些为着别人。据书目查核起来，我在过去的近十年中，费去的力气实在也并不少，即使校对别人的译著，也真是一个字一个字地看下去，决不肯随便放过，敷衍作者和读者的，并且毫不怀着有所利用的意思"。他以十年认真著译的成果，去回答"有几位论客，还几份含讽，几份恐吓，几份快意的"攻击。在《后记》里,鲁迅忠告那些只想"以笔墨问世的青年","写几句闲话便要扑灭异己的短评,译几篇童话就想抹煞一切的翻译,归根结蒂,于己于人,这都是'可怜而无益精神'的事,这也就是所谓聪明误了"。《后记》最后耐人深思地写道:"世界决不和我同死,希望是在于将来"。因此,鲁迅的自编译著书目,有着多么深刻的社会意义。

1935年年底至1936年年初,鲁迅还亲自自订《三十年集著述目录》[12]。初稿分人海杂言、荆天丛草、说林偶得三类,修订稿删去三大类,略有改动,著作亦有所增加。1914年10月上海鲁迅全集出版社按此目录,由鲁迅纪念委员会编辑出版《鲁迅三十年集》,收鲁迅著述29种,包括辑录整理的古籍,不收译作,共计30册。1947年10月光华书店重印一次。由于印行的单行平装本,价格低廉,这对传播、推广鲁迅著作,宣传鲁迅革命思想,起了很好的作用。

七、录存查禁图书,揭露当局罪恶

鲁迅生活的时代,中国人民生活在水深火热之中,国民党当局摧残进步文化,查禁进步书籍。1935年12月30日鲁迅在《且介亭杂文》后写了一篇《附记》,具体提供了一些杂文被官厅检查官删削查禁的情况。在文集里,或补足原删削的文字,用黑点为记,以明讳忌,或加上黑杠子,代替红杠子,以警戒新作家。《附记》结尾写道:"我们活在这样的地方,我们活在这样的时代。"在20世纪30年代进步作家艰苦斗争的环境背景下,鲁迅悲愤地揭露国民党当局禁删进步著作的罪行。

1935年12月31日,鲁迅又在《且介亭杂文二集·后记》里,除提供杂文被查禁及其背景外,亦录存了1934年2月一次被禁书目,其中包括郭沫若、钱杏邨、柔石、茅盾、鲁迅、田汉、蒋光慈、胡也频、丁玲、巴金等人的著作。每书著录经销书店店名、书名、译著者,共计149种。国民党当局对进步书籍以所谓的"宣传普罗文艺""挑拨阶级斗争""诋毁党国""介绍新俄作品"以及"颇有宣传反动嫌疑"为名,予以查禁。鲁迅沉痛地写道,"凡是发表的,自然是含糊的居多",以说明写作的艰难。"这是带着枷锁的跳舞",深刻地揭露了国民党当局在文艺上的暗杀政策。正如唐弢所指出的,"从禁书目录里,我们可看出时代的动向,明白反动派的禁忌"[13]。鲁迅录存的这份被禁书目,既是国民党摧残进步文化的铁证,同时也是研究中国现代文学史极其珍贵的资料。

八、开列书单,启示后学

鲁迅曾针对 20 世纪 20 年代胡适、梁启超等人为青年开列所谓"国学书目"尖锐地提出:

> 我以为要少——或者竟不——看中国书,多看外国书……现在的青年最要紧的是"行",不是言。[14]

意即青年应坚持五四以来的革命精神,战斗下去,而不是读古书。他又指出:

> 先前也曾有几位先生给青年开过一大篇书目,但从我看来,这是没有什么用处的,因为我觉得那都是开书目的先生自己想要看或者未必想要看的书目。[15]
>
> 有些书目开得太多,要十来年才能看完,我还疑心他自己就没有看;只开几部的较好,可是这须看这位开书目的先生了,如果他是一位糊涂虫,那么,开出来的几部一定也是极顶糊涂,不看还好,一看就糊涂。[16]

这里鲁迅对编书目提出了重要的原则,书目是否有用,关键在于编书目的人。

鲁迅不是完全反对给青年开书目,不过平常他不随便为青年开书目。

1927 年鲁迅挚友许寿裳长子许世瑛考取清华大学,原本打算读化学系,因为眼太近视,改读中国文学系。许寿裳请鲁迅为世瑛开一张初学中国文学的书单,鲁迅当即答应了这一要求。书单载《集外集拾遗》,称之为《开给许世瑛的书单》。由于鲁迅是为极熟的晚辈个人开的,著录虽不甚统一,但依然是一部极有价值的书目。从书单选书和所加的简明注语看来,其中包含了鲁迅治学的经验、精神与见解。书单收书 12 种,现介绍于下:

《唐诗纪事》81 卷,南宋计有功撰。收录唐代诗篇及个人事迹,保留了不多佚诗和诗人遗闻轶事。《四库全书总目》写道:"是集乃留心风雅,采摭繁富,于唐一代诗人,或录名篇,或记本事,兼评其世系爵里,凡 1150 家。唐人诗集不传于世者,多赖是书以存。"

《唐才子传》,元辛文房撰,今存八卷收 243 人,又附传 44 人,共 287 人。是书特点,重诗才,不重功业。《四库全书总目》写道:"其体例因诗系人,故有唐名人、非卓有诗名者不录。即所载之人,亦多详其逸事及著作之传否,而于功业行谊,则只撮其梗概。盖以论文为主,不以纪事为主。"

《唐摭言》15 卷,五代王定保撰。《四库全书总目》写道:"是书述有唐一代贡举之制特详,多史志所未及。其一切杂事,亦足以觇名场之风气,验士习之淳浇;法戒兼陈,可为永鉴,不似他家杂录,但记异闻已也。"鲁迅在书下注:"唐文人取科名之状态,"一语点明了此书之内容特点。

这三部书对于"知人论世",了解作家的生平和艺术成就以及唐诗的风格流变,都有重要的参考价值。正如孙伏园所说:"只要抓住《唐诗纪事》,再配上《唐才子传》和《唐摭言》,从此上窥古代,下观近世,文学史的要点在握了。"[17]

《全上古……隋文》全称为《全上古三代秦汉三国六朝文》,746 卷分 15 集。清严可均辑。这是上古至隋代的一部文章总集,收录了 497 人的作品。该书《总序》说:"唐以前文,咸萃于此。"鲁迅在书下注:"其中零碎不全之文甚多,可不看。"他又在《魏晋风度及文章与药及酒之关系》一文中指出:"其中于此有用的,是《全汉文》《全三国文》《全晋文》。"

《全上古……隋诗》全称为《全汉三国晋南北朝诗》54 卷分 11 集。丁福保辑,收录 800 余人的诗作,是唐前历代创作的古诗总集。该书《绪言》写道:"不敢以为自汉至隋之诗,尽在于是;亦不敢自诩一无纰缪,而以为定本。"鲁迅在谈到研究汉末魏初时代的文学时,认为这两部诗文总集"对于我们研究有很大的帮助,能使我们看出这时代的文学的确有点异彩"[18]。

书单对《历代名人年谱》与《四库全书简明目录》,两部工具书下所写的注语,简明扼要而充满辩证的精神,鲁迅提示要使用它,又要有分析,"不为作者所认为的而未必是大事"而受骗,要警惕"其书籍之批评是'钦定'的"。

《少室山房笔丛》,明胡应麟撰。这是一部以考据史实见长的笔记。作者学问渊博,考证精审,古今问题几乎无所不谈,而又提出自己的见解。它启发人们为何读古书,如何对待史料,懂得读书治学的门径和方法。

至于刘义庆撰《世说新语》下注"晋人清谈之状"、葛洪撰《抱朴子外篇》下注"内论及晋末社会状态"、王充撰《论衡》下注"内可见汉末之风俗迷信等"、王卓撰《今世说》下注"明末清初之名士习气"以及前面介绍的王定保撰《唐摭言》下注"唐文人取科名之状态"。对鲁迅这五部书的注语,明确提示人们要尽量注意书中各自所描绘的时代及其社会的状态。研究文学史一定要把作家的作品和他所产生的时代,社会风尚联系起来考察。

由此可见,鲁迅在书单中开列的十二部书及注语,对于学习文学的人说,指明了研究文学的途径与方法。对于学习目录学的人说,指出了编辑书目的原则与方法。

综上所述,鲁迅是在学术研究与发展进步文化的斗争中,广泛利用书目、深刻评论书目和精心编辑书目的,他巧妙地把思想性寓于实用性之中的非凡能力,表明鲁迅有着很深厚的目录学素养。鲁迅正确继承与发展中国目录学辨章学术、考镜源流的传统经验,是值得我们学习研究与认真总结的。

参考文献:

[1] 林志浩.鲁迅.百科知识,1981(9)

[2] 蔡元培.蔡元培选集.北京:中华书局,1959

[3] 许广平.鲁迅故居与藏书//鲁迅研究资料编辑部.鲁迅研究资料(1).北京:文物出版社,1976

[4] 鲁迅.致章廷谦(1926年7月9)//鲁迅书信集上卷.北京:人民文学出版社,1976

[5] 鲁迅.致章廷谦(1926年7月27日)//鲁迅书信集上卷.北京:人民文学出版社,1976

[6] 鲁迅.遂初堂书目抄校说明//鲁迅研究资料编辑部.鲁迅研究资料(3).北京:文物出版社,1979

[7] 许广平.鲁迅回忆录.北京:作家出版社,1961

[8] [18]鲁迅.魏晋风度及文章与药及酒之关系.而已集

[9] 许寿裳.亡友鲁迅印象记.北京:人民文学出版社,1977

[10] 鲁迅.书目两件//鲁迅研究资料编辑部.鲁迅研究资料(4).天津:天津人民出版社,1980

[11] 鲁迅.鲁迅译著书目.三闲集

[12] 许广平.鲁迅全集编校后记//鲁迅.鲁迅全集(1-20卷).上海:上海复社,1938

[13] 唐弢.关于禁书之二//唐弢.晦庵书话.北京:三联书店,1980

[14] 鲁迅.青年必读书.华盖集

[15] 鲁迅.读书杂谈.而已集

[16] 鲁迅.随便翻翻.且介亭杂文

[17] 孙伏园.鲁迅先生开列的中国文学入门书十二部.人民文学,1951

(原载《大学图书馆学报》1990年第4期)

重视大学生能力的培养　加强文献课的教学

　　培养大学生具有情报意识与获取文献情报的能力,在世界各国教育中具有极为重要的地位。中国教育要面向现代化、面向世界、面向未来,促使大学生具有这种能力更有着特殊的现实意义。这既是时代的需要,科学技术发展的需要,也是当前教育改革的需要。为了培养这种人才,在高等学校普遍开设文献检索与利用课是其途径之一。近年来,由于种种原因,文献检索与利用课开设的情况有停滞,甚至有下降的趋势。这不能不引起人们的焦虑。为此,除深入进行调查研究外,有必要再次重申加强文献课教学对培养大学生能力的重要性,以期引起各级教育和图书馆部门领导的关心、教学人员的注意,促使大家共同努力,通过教学改革,充实教学内容,改进教学方法,不断提高教学质量,以便巩固该课程开设以来已取得的成绩。

　　关于要加强文献课教学的原因,联系目前情况再述以下两点:

　　(1)当今科学技术发展的需要。目前世界范围新技术革命方兴未艾,科学技术以更快的速度向前发展,学科或专业之间相互交叉、渗透、融合,边缘学科、新兴学科、新的工艺层出不穷。在这样的时代背景,各国的教育事业都在改革。改革的任务之一,是原来着重知识的灌输,培养所谓知识型人才,变为培养善于获取信息,适应性强且有开拓能力的人才。这种人才在校时就必须逐步具有自学能力,同时又具有独立工作的能力。培养学生具有这两种能力,在很大程度上就是培养他们既能获取、选择、判断与利用情报,而且又能扩大和深化已学到的知识。也就是说,促使他们具有较强的情报意识,懂得怎样获取文献情报的能力。知识与情报往往记载在文献中,所以学生要掌握知识与获取情报,就必须善于检索和利用文献。文献检索与利用课正是为这一目的而开设的。学生学习了这门课,在校时可以开拓专业学习的视野。写毕业论文时,可以了解前人或他人对这一课题研究的状况,已经达到何种程度,又有哪些分歧的看法,以便自己写作的论文有所进展,也可避免重复的劳动。进行毕业设计时,可以掌握国内外有关情况,取得较好的效果。毕业以后,有了文献检索的知识与方法,可以启发思路,促进教学、研究与实际工作,成为不断更新知识的一条途径。这犹如站在自己所从事的专业或学科的一个窗口,将瞬息万变的世界、专业或学科发展的轨迹和趋势,尽收眼底,从而有可能站在科学技术的前沿,创造性地进行工作。

（2）当前教育改革的需要。高等学校的根本任务是培养坚持社会主义道路、德智体全面发展的专门人才。文科教育必须密切结合社会需要，把培养重心放在培养应用型人才方面，进一步拓宽专业口径，采取淡化专业、分段教学、强化基础、按需分流的办法，培养基础比较坚实，又有较强的实际工作能力的复合型人才。理科教育在坚持培养少而精的基础科学研究、教学人才的同时，通过改革，要把多数理科毕业生培养成为适应生产、技术部门需要的基础科学应用人才。其所以如此，目的在于满足社会多方面对人才的需求，与社会主义现代化建设现阶段的实际密切结合，努力扩大就业渠道，使学生毕业后有较广阔的服务和就业范围。至于工、农、医、商等专业，本来就是主要培养从事实际工作的人才，不再赘言。要造就应用型人才、复合型人才、能较好地从事实际工作的人才，培养学生具有情报意识与获取文献情报的能力，至关重要。而开设文献检索与利用课，如前所述，就能达到这一目的。学生学习这门课以后，就能较快地了解国内外有关他所学专业与学科进展的情况，就能有效地使自己在校学习时，就懂得采取什么手段，用什么方法去了解当前社会生产发展的水平与趋势，为日后参加工作做好准备；也有助于大学毕业时，听从国家对他提供的多方面选择，有准备地走上工作岗位。因此加强文献检索与利用课的教学，与当前教育改革息息相关，是不可忽视的。

教学实践已经证明，文献课的开设，在高等学校师生中得到了普遍的欢迎与良好的效果。希望国家教育委员会不失时机，继续采取有力措施加以领导。随着文献课教学改革的深入，定会为我国教育事业做出应有的贡献。

（原载《大学图书馆学报》1991 年合刊）

回顾与展望

北京大学、武汉大学《目录学概论》编写组编著的《目录学概论》,由中华书局出版已整整十年了!这是新中国成立后第一部公开出版的高校目录学教材。多年来,多所高等学校图书馆学等文科专业选用此书作为目录学课程教学用书,图书馆学函授教育与各地专业培训班也常以此书为学科课本。文化部图书馆事业管理局确定目录学为图书馆业务职称考核科目后,《目录学概论》也广为各馆同志所参考。截至1991年2月已印刷9次,累计印数102 550册。1987年荣获国家教育委员会颁发的优秀教材一等奖,这是一种莫大的鼓励,也是一种希望的鞭策。作为本书撰写人之一,又是本书的统稿人之一,回顾过去,展望未来,深感责任重大。值此《目录学概论》出版十周年之际,我应《图书馆》编辑部之约,参加笔谈,谈谈有关编写此书的一些情况与今后的设想,为促进目录学研究与教学提些看法,与同志们共同讨论。

一、往事的回顾

目录学是我国传统文化的学科之一,又是图书馆学系的专业基础课程。"文革"开始后曾停开,1977年开始恢复高考招生,当时北大、武大图书馆学系尤其感到教材缺乏。1978年秋冬之际,在前教育部综合大学司的关心与规划下,责成北大、武大两校图书馆学系教员从速编写出目录学教材,以应急需。1979年春组成了编写组,参加人员包括武汉大学的彭斐章、谢灼华、袁琳,北京大学的朱天俊、孟昭晋、陶真。主要做了两件事:

首先,分析了1962年北大、武大合编的《目录学讲义》(内部使用铅印本)。调研了湖南省图书馆、湖北省图书馆、广东省中山图书馆、上海图书馆、南京图书馆以及上海师范学校图书馆等单位的书目工作。沿途访问了几位老专家如汪长炳、钱亚新、顾廷龙等,请教与研讨了一些有关目录学理论及教材编写中的问题。又从多种渠道,广泛听取了图书馆界对目录学教材的意见与要求。在此基础上,编写组经过认真讨论,在以下几点取得了共识:①必须有分析地吸取《目录学讲义》中可用的合理的部分,并加以提高;②在目录学教材中力求处理好古今、中外关系,注意概括介绍中外目录学知识,反映当前目录学研究的新成果及图书馆书目工作经验,尽可能做到理论联系实际。

其次,根据上述认识,1979年夏,编写组同志分头执笔,写出《目录学》(征求意见稿)。经过一年多两系目录学教学实践的检验,修订出二稿,后又在武汉大学召开了教材评审会,再次听取意见,加以修改统稿而完成了1982年出版的《目录学概论》这部教材。

应该说,《目录学概论》较之《目录学讲义》大大前进了一步。

《目录学讲义》三编九章:

    前言

    第一编

第一章 目录学的对象与原则

第二章 认识图书与揭示图书

第三章 书目索引的种类与作用

    第二编

第四章 中国古代目录事业概略

第五章 中国近代现代目录事业的发展

第六章 中华人民共和国目录事业

    第三编

第七章 图书馆书目参考工作的内容和组织

第八章 书目的结构及其编制

第九章 书目参考工具的组织与利用

《目录学概论》上、下两编十二章:

    前言

    上编

第一章 目录学的内容和意义

第二章 中国古代目录学

第三章 中国近代现代目录学

第四章 国内外目录学研究

第五章 书目方法论

    下编

第六章 国家书目

从二书章节上不难看出,《目录学讲义》是论、史、法的体系,落脚于图书馆书目参考工作。全书比较多地考虑到图书馆学专业学生的需要。而《目录学概论》上编是目录学基础知识,讲述目录学理论,中外目录学的发展及目录学研究状况;下编是目录学的应用技术,概述各种类型书目的概况与编制法。虽以图书馆学专业学生使用为主,多少已兼顾对高校文科学生普及目录学知识的需要。两部教材两种体系都带有时代的特征,反映了"文革"前后两个不同阶段,图书馆工作与文化教育事业的发展与实际。《目录学讲义》的体系受苏联《普通目录学》影响较为明显,而《目录学概论》已反映出编者寻求有中国特点目录学体系的愿望。如果再分析到内容,《目录学概论》已有充实。显然,从体系到内容,《目录学概论》比之《目录学讲义》确有明显的变化与提高。《目录学概论》多次印刷,也说明了它基本上适应了教学需要,缓解了一个时期社会上对目录学教材的需求。

二、修订的设想

在历史地肯定《目录学概论》成绩的同时,也必须看到,编者受当时认识和学科水平的限制,本书也存在一些需要改进的问题。加之,十年来国内外目录学有了较大的发展,如何及时准确地反映这一变化,这也给本书修订提出了任务。要修订好《目录学概论》,我以为要明确以下三个问题:

第一,准确地把握目录学的学科性质与特点。这关系到《目录学概论》总体设计、结构与内容重点。目录学既是应用学科,又是辅助性学科。说它是应用学科,是由于它有广泛应用的领域,在古代已被应用于古典文献整理与读书治学之中。到了现代,它早已被应用于图书馆、图书出版与发行、图书宣传、文献编纂、文献情报与学术研究活动中。目录学之所以经久不衰而日益发展,正由于它是致用之学,具有较强的实用价值,它与理论学科有着明显的区别。说它是辅助性学科,是由于它与其他学科紧密相连,并为之研究服务。20世纪前,目录学在较长时期,包含于广义的校雠学,或依附于历史学,成为文献学或历史学的一个分支。进入20世纪后,目录学逐渐分化成为一门独立的学科,形成它自身的理论、历史与方法,但并不因此消失它的辅助性质。目录学辅助学科的性质,正是它赖以独立存在的价值,这在它发展过程中,已为事实所证明。目录学与其他学科结合而形成的各专科目录学,更显示它无限的生命力,也集中表明了它的辅助学科性质。

目录学有着显著的民族文化色彩与时代特点。一个国家的目录学,总是与那个国家的历史发展、文化背景与学术发展分不开的,是在那个国家民族文化历史的土壤上生长起来的。不能强求世界各国有一个统一模式的目录学,因而对外国目录学只能借鉴,而不能也不必根据某个国家目录学的路子来建设我国目录学。一个国家的目录学,古今也不一样,如同其他科学一样,它也是发展的。在西方,不同时期的目录学有着不同的内容,曾经发生过相当大的变化。就我国而言,古典目录学是以研究目录为主,而到了现代,由于社会的进步,科学研究的需要,它的内容范围已大大拓宽了,成为编纂文献与利用文献的学科,突破了"目录学是目录之学"的旧有观念。

第二,稳定目录学的学科体系。《目录学概论》分上下编,上编是目录学基础知识,下编是目录学应用技术,作为一部教材,这一体系基本可用,但须补充讲述目录学分支,使其学科体系完整。中外目录学史作为目录学基础知识的一部分,篇幅可缩小,内容则要深入。改变原有写法,真正使在学术文化视野下的目录学成为文化史的一部分,而不能仅仅是古今中外目录的罗列与阐述。就中国目录学史说,几十年来沿袭下来的是以讲古典目录的发展为主,这远不能从宏观上掌握中国目录发展概貌,从微观上也难以透辟论述中国目录学史上的人与事。必须破除旧的观念,建立新的思路。只有从学术文化角度考察中国目录学的演变过程,才能正确总结出中国传统目录学可以继承发扬的精华之所在。必须研究与充实中国近现代目录学的进展与成就,这是薄弱部分,若明若暗,力求在这次修订时有所解决。就外国目录学史说,国内似乎处于朦胧状态,仅对苏联有所了解;而西方的目录学资料零碎而不系统,尤其在理论方面,几乎是空白。必须加强资料的编译,方能充实这部分内容。关于中外目录学研究现状的介绍,也不在于篇幅的增加,而在内容的深化。通过分析比较,展示一幅目录学在国内外发展的图画,反映研究新成就与出现的新分支,阐述当代目录学的趋势,指明我国目录学工作者努力的方向。

第三,突出应用目录学的思想。这与学科性质一脉相承,与全书布局也有密切关系。这一认识不仅要落实到《目录学概论》下编目录学的应用技术部分，而且要贯穿全书之中。不仅要加强书目、索引的编制方法，还要补充有关提要、文摘、综述、书评的编写法，要增加书目评论的内容。文献编纂中计算机的应用，在本书中要有具体的反映和讲述。力戒抽象的"理论"，重在方法的提示与应用目录学知识的传授。扩大读者面，教材不只是供图书馆学专业学生使用，要考虑适应整个文科学生的需要，使本书成为普及目录学知识的一部合用的高校教材。同时，也能成为社会文化教育界的读者学习目录学的参考用书。

（原载《图书馆》1992 年第 1 期）

有幸览硕果　无瑕待切磋

——1987—1990 年社会科学情报成果评奖工作小结

　　1986 年 12 月中国社会科学情报学会成立以来,社会科学情报事业的面貌有了可喜的变化。为社会科学研究服务的社科文献题录、文摘、动态、综述等社科情报刊物以及年鉴、手册、名录等工具书相继出版,其中有些受到社会广泛的重视。社会科学情报理论研究也取得新的进展,发表论文增多,专著也正陆续问世。社会科学情报学会为了提高社会科学情报工作的质量,推动我国社会科学情报事业的发展,加强社会科学情报学科的建设,决定进行全国首次社会科学情报成果评奖活动。根据 1991 年 4 月中国社会科学情报学会第二次全国代表大会上通过的《关于社会科学情报优秀成果的评奖条例(试行)》的规定,首先组成了包括学术委员及聘请有关专家共 9 人的评委会,负责这次评奖的评选工作。评委会拟订了评奖办法,确定了评选范围和评选标准,设计了工具书类、题录类、文摘类、综述与动态类四种评卷,作为评选的依据。同时采取有效措施,以保证评选的客观和公正。评委会经过认真的评议和无记名投票,最终评选出特别奖 1 项、二等奖 6 项、三等奖 13 项、纪念奖 10 项。

　　安排特别奖,是考虑到申报成果《复印报刊资料》与《报刊资料索引》历史较长,现实服务面宽,已经取得明显的社会效益,在国内外有广泛影响,还由于它有较大的特殊性和无同类产品可比,但在情报加工的深度和技术标准方面还有待改进。由于这次申报成果中尚无尽善尽美的项目,因此一等奖空缺。获二等奖、三等奖的项目,虽是优秀成果,但均有或多或少的不足之处。安排纪念奖,是考虑到这些成果各有长处,应予表彰。

　　应该指出,现有获奖项目只是在 80 项申报成果中评选出来的,可能还有一些更为优秀的成果由于未曾申报或因申报材料不全(如未送样本)而未能参加评选,从而失去了受奖的机会。

　　还要提到的是,此次申报项目面不广,无论从地区,从系统,甚至从单位来看,发展均不平衡。今后再进行类似工作时,应采取多种措施,加以改进。

　　通过这次社科情报成果评奖工作,我们感到,申报的社科情报产品类型齐全,内容丰富,有些社科情报产品颇具特色,反映了近几年社科情报工作的进展。但也存在着一些问题,值得注意。评委会提出以下几点,供从事社科情报工作的同志参考。

（1）社科情报产品选题要得当。在制作每种社科情报产品时，首先就要考虑到产品的现实效用，或者文化历史意义。了解社会或社会科学研究的需要，及时捕捉课题，注意填补空白，具有鲜明的个性和独创的精神，防止题目重复，或编制无意义的产品。

（2）每项社科情报产品，要有明确的编辑目的。收录范围要适当，材料来源要可靠，注意吸收现有一切科研成果。框架设计、栏目设置均要合理、科学。体例要统一，防止杂乱无章。情报加工要做到深入和科学化，能以较小的篇幅容纳大量的信息。标题要简明，文字要简洁而准确。著录要完备而且标准化，为社科情报产品编制技术的现代化准备条件。综述文章要防止过多过滥、标题笼统、内容不准确、不注明参考文献等现象发生。

（3）检索系统要完备。社科情报产品，凡需要编制辅助索引的，适当多编几种索引，从不同角度有效地揭示社科产品中的方方面面，以便迅速而准确地从多种途径检索到所需情报资料。

（4）要注意社科情报产品的社会效益，而且有反馈的渠道，以便及时了解社会反应，肯定成绩，增强信心，找出差距，了解改进之处，不断提高社科情报产品的质量。

（原载《情报资料工作》1992 年第 1 期）

目录学研究中若干问题的思考

新中国成立以来,我国目录学研究所取得的成就是显著的。特别是近 10 年来,目录学虽在"困惑和冲突"中发展,但取得的成果仍不可低估。目录学理论、历史、方法诸方面的研究均有新的进展。大量目录学论文的发表,一些教材、专著的相继出版,就是这一进展的表现。据不完全统计,20 世纪 80 年代发表的目录学论文有 1695 篇,是 1949—1979 年 30 年间的 6.1 倍;出版目录学论著 17 种,比前 30 年总和还多 4 种[1]。这一时期,目录学人才辈出,一支以中青年为主的、老中青结合的目录学研究与教学队伍已经形成,这是目录学未来的希望。本文就现在摆在我们面前的任务和目录学的去向做如下几个问题的探索,与同志们共同讨论。

一、突破固有观念,加强目录学理论建设

目录学,在中国历史上相当长时间内,被看作是"目录之学"。如同其他科学一样,目录学也是发展的。中国目录学萌芽于先秦,形成于汉代。在古代,目录学包含在广义的校雠学内。《七略》《汉志》所形成的编纂目录的传统贯穿于古典目录之中。中国古典目录学以研究目录为主,这是很自然的。近代西学东渐,随着五四、新文化运动兴起和马列主义在中国的传播,现代文献编纂也有了新的发展,文献检索工具已不只是限于目录单一类型,索引、文摘、辑录、综述相继产生,发挥着传递文献、知识、信息的作用。提要是构成目录的要素之一,古已有之,现在也广泛应用于学术研究和图书出版、发行与宣传之中。文献检索早已不限于查考目录。文献检索与情报检索的结合,现代科学技术的运用,使目录学内容得到充实和发展。近年来,对目录学的理解,国内已有一些新的提法。陈光祚提出的"目录学是研究文献流的整序、测度和导向的科学"一说已远远超越"目录学是研究目录工作"的范围了。目录学是"目录之学"的固有观念,已被突破。那种认为"目录学是研究目录工作发生、发展及其规律"的看法,只是目录学是"目录之学"的延伸与解说,似可商榷。

目录学理论建设需要从以下几方面加强:

（1）从学术文化高度科学总结中国目录学遗产。研究目录学遗产，既包括对丰富的、多种类型、多种功用目录的评述和历代编制目录经验的总结，也包括对古典目录学理论的探索，中国目录学产生与发展的缘由，中国目录学传统的形成过程、特点及其现实的借鉴意义。要做到这些，就必须下大功夫，从认真发掘与整理中国目录学史料做起，经过考订辨析，加以系统整理，编写历代书目解题，撰写多卷本的中国目录学史。

（2）注意与加强比较目录学的研究。一个民族、一个国家的目录学是这个民族、这个国家文化的一面镜子。要了解不同国家目录学发展的民族特点，也要了解不同国家在各个历史时期目录学发展的时代特点。对于什么是西方目录学，尤其在理论方面，若明若暗。对于苏联目录学了解得多些，但也很肤浅。近年来虽有文章介绍和译著出版，但总的说，认识还不系统深刻。至于日本目录学研究状况了解得更少，而日本学者对中国传统文化研究是很深入的，其中中国古典目录学研究有着显著成就。要进行国外目录学研究，就要编译资料。这一步不迈出，比较目录学研究无从谈起。开展比较目录学研究，可了解各国目录学所长，有分析的加以吸收，充实中国目录学；又可进一步认识中国目录学优于国外目录学之处，系统地向国外介绍，进行国际学术交流。

（3）开展对当前编纂文献与文献情报工作的研究。中国图书馆界过去看重书目参考工作服务。近10年来，图书馆界、科技情报界又广泛地开展了文献情报服务，并取得显著的效果。因而迫切需要总结经验，从中提炼出目录学理论，推动文献情报服务工作。把文献情报服务与学术研究联系起来，与当前经济建设联系起来，发展专科目录学，加强应用目录学知识的普及。

（4）尽早求得中国目录学体系的共识。关于建立中国目录学体系问题，有些论文、教材中已有所涉及，但对什么是中国目录学体系，提法不一。有的提目录学原理体系，有的提目录学理论模式。我个人认为，所谓中国目录学体系是指目录学作为一门学科的体系。此点，目前已有多种思路，几种看法。例如中华书局1982年出版的《目录学概论》。上编是目录学基础知识，下编是目录学的应用技术。编者是把目录学史作为目录学基础知识看待的，归属于上编，这是一种体系。武汉大学出版社1986年出版的电大教材《目录学》，则是依基础理论—方法技术—组织管理的结构体系展开[2]。将目录学史知识穿插到有关部分讲授，这又是一种体系。1991年曾令霞则认为当代目录学仍处于理论体系的形成阶段，指出经验要素、理论要素、方法要素和结构要素四个方面相互作用共同构成目录学的科学体系。她把这一体系又归纳为两种模式：反映学科形成、进化过程的本体论框架与反映书目工作流程的过程论框架。按前者，她认为现已形成理论目录学、应用目录学、专科目录学[3]。事实上,反映书目工作流程的知识可寓于学科本身形成之中,二者似可统一。

体系是"若干有关事物互相联系、互相制约而构成的一个整体"[4]。目录学作为一门科学,是由目录学理论、目录学历史和目录学方法组成,它们之间有着密不可分的联系。目录学理论是目录学历史发展与目录学方法诸多经验的抽象、概括与系统化。目录学历史乃是在一定学术文化背景下所形成的理论与方法,在目录学发展过程中的表现与总结。目录学方法则是在历代与当今编纂文献与利用文献过程中逐渐形成的工作准则与规范化。由于研究的需要,目录学又可分为若干分支,与目录学理论、历史、方法共同形成目录学的体系。这些分支有的是目录学本身派生出来的,例如比较目录学;有的则是与其他学科结合形成的,例如各种专科目录学。目录学究竟按哪种标准与研究需要分哪些分支,目前还有不同看法。但观点相同、相似的多于相异的,相信通过讨论,可以取得共识。

建立现代目录学科学体系不能不考虑它与传统目录学的关系,中国现代目录学不能脱离与传统目录学的联系。要经过研究,从传统目录学中取其精华,通过探索、继承与创新,将其优良传统融合到现代目录学之中。这样,现代目录学的体系会更具有中国的特色。

在建立中国目录学体系的过程中,要注意吸取、参考、借鉴外国目录学长期形成的学科体系。但不能照搬,照搬只能阻碍或延缓中国目录学科学体系的建立与完善。

二、联系学术文化,深入传统目录学研究

传统目录学的研究起源较早,《通志·校雠略》和《校雠通义》是中国传统目录学最早的系统理论著作。20世纪30年代,不少学者通过目录学研究,取得了丰硕的成果,例如余嘉锡的《目录学发微》、汪辟疆的《目录学研究》、姚名达的《目录学》与《中国目录学史》、刘纪泽的《目录学概论》、容肇祖的《中国目录学大纲》以及蒋伯潜《校雠目录学纂要》等。这些著作有继承郑、章传统目录学,加以理论化、系统化的;有以中国目录学为主要内容,并注意吸取西方目录学,将固有的目录学知识与图书馆编目知识融于一书的;也有突出图书分类沿革,以此阐述目录学基本知识的;还有将目录学与校勘学结合为校雠目录学的。这些著作多数则侧重中国目录学史。

20 世纪 50 年代,北大、武大图书馆学系分别编写过《普通目录学讲义》。60 年代初,两系合编《目录学讲义》。1982 年又合编《目录学概论》,中国目录学史仍然占有较大比重。近 10 年,各地出版了一些目录学著作,属于遗著的有王重民《中国目录学史论丛》(朱天俊选编)、吕绍虞《中国目录学史稿》(查继森整理);属于新著的有来新夏《古典目录学浅说》、罗孟祯《中国古代目录学简编》、曹慕樊《目录学纲要》。台湾也出版了许世瑛《中国目录学史》、昌彼得《中国目录学讲义》、李曰纲《中国目录学》。上述著作各有特点,为目录学发展做出了贡献。但从总体上看,都是以讲述古典目录发展为主的中国目录学史。

这些年来,出版或重印了一些文献学著作,如张舜徽《中国文献学》,王欣夫《文献学讲义》,吴枫《中国古典文献学》,郑鹤声、郑鹤春《中国文献学概要》等,除个别著作内容包括文献结集、审订、讲习、翻译、编纂、刻印外,不少仍然是校勘、版本、目录三位一体,其中目录部分实际是论述了中国传统目录学。近年程千帆、徐有富编著的《校雠广义》,分版本、校勘、目录、典藏四编,已出目录编,大部分内容也属于传统目录学范畴。

10 年来发表的 1695 篇目录学论文中,据黄慎玮同志统计,中国目录学史论文 476 篇,占全部发表目录学论文的 28%,居首位[5]。论文作者从纵横两方面对中国传统目录学进行了研究,取得了显著成就。

研究传统目录学,较之仅就古典目录的源流来研究,从文化史的角度总结中国传统目录学的精义较为合理,但研究是不够的。著名历史学家范文澜深刻指出,"《七略》综合了西周以来主要是战国的文化遗产""它不只是目录学、校勘学的开端,更重要的还在于它是一部极可珍贵的古代文化史"[6]。这虽只是对一部目录的评述,但如果扩而论之,把传统目录学从文化史的高度进行研究,将是对学术巨大的贡献,将可改变整个传统目录学研究的面貌,也可影响与推动中国目录学史的研究。当前需要的是从朦胧走向自觉,从表层走向深层,从微观走向宏观。这就是说,在文化史的视野下,既注意一部部古典目录的剖析,更要重视传统目录学学科的研究。彻底弄清中国传统目录学精华与糟粕,从而明确中国目录学的优良传统,这必然可以从传统目录学的一个侧面去窥视中国传统文化,对中国传统文化是一种补充与贡献;又可以加强传统目录学的学术深度,正确总结中国目录学遗产。可喜的是,此种思路已有开端,钱振新已注意到这一问题,发表了《传统目录学的文化角度论》,但未引起注意。近年,广西人民出版社出版了周积明新著《文化视野下的四库全书总目》,可算又是一例。作者指出以往人们对研究《四库全书总目》所持的"那种肯定《总目》的学术价值而否定它的思想价值,显然是一种文化理解上的失误"。这一使人耳目一新的见解给人以深刻的启迪。他又指出,"《四库全书总目》包蕴着丰饶广阔的'意义',文化史家的任务,便是要将它置于一个生动的文化整体中加以还原和分析,捕获它的灵魂"。其实又何尝是文化史家呢? 我认为不从文化史的角度研究传统目录学,就不可能对中国目录学史上诸多问题予以正确的解释,例如古典目录中文献分类的六分法、四分法的产生与演变的缘由等;就不能充分发掘古典目录在学术研究中的参考价值,例如宋代两部私家藏书目录晁公武的《郡斋读书志》、陈振孙的《直斋书录解题》;就不可能认识中国目录学发展的规律,从而正确吸收目录学遗产中的精华,发展中国现代目录学。

三、适应社会需要,发挥应用目录学的作用

目录学本是致用之学,应用目录学更为体现目录学这一学科特点。早在清代,乾嘉学者广泛应用目录学于古籍整理,他们或注重考订经史,正订文字,选择善本,辨别伪书,辑佚文献;或通过文献分类、提要等,揭示古籍内容,条别学术源流,反映学术兴衰。余嘉锡在《目录学发微》一书中谈到目录学的意义及其作用时指出,今举古人利用目录学之最早者数事,即:以目录著录之有无,断书之真伪;用目录考古书篇目之分合;以目录著录之部次,定古书之性质;因目录访求阙佚;以目录考之失佚之书;以目录所载姓名、卷数,考古书之真伪。

目录学在读书治学中有着特殊的作用,与史学研究关系尤为密切。柴德赓在介绍史学家陈垣的治学经验时指出,"目录学是搞学问的门径,是掌握书目、书的内容、版本以及相关书目的学问。一个人要搞学问,必须掌握目录学"。他称赞"陈垣先生目录学知识是极其丰富的,在他手里发展成为史源学,把编纂学向前推进了一步"[7]。由此可见,目录学在查考文献与史料探求方面,可给史学工作者以一定的帮助。

应用目录学发展到现在,它的内容包括编纂文献与利用文献两方面,即论文注释、提要、文摘、索引、书目、综述、书评的编写方法与文献检索的方法。论文注释是论文正文的补充与解释。提要是一文的介绍或评介。文摘是一文主要内容的扼要摘述。索引是查考报刊文献及图书内容的检索工具。书目是一批相关文献的揭示与记录。综述是学术或技术专题文献的综合述评。书评是对图书的鉴定、评论与介绍。至于文献检索,这是查考文献及其信息的途径、方法与过程,有广义和狭义之分。狭义的文献检索,仅指查考文献。广义的文献检索,除指查考文献外,还包括通过查考记载存贮在文献里的事实和数据。这

种广义的文献检索,有些国家称之为情报检索。由此可见,文献检索与情报检索关系甚为密切。根据《中华人民共和国标准情报与文献工作词汇基本术语》,文献检索是"从存贮的文献里查找出特定文献的过程"。可分为书目检索、情报检索和事实检索。

国内目录学新发展,如书目控制论、文献计量学也均属于应用目录学的范畴。书目控制就是通过建立书目集中管理体系,对文献流实行宏观控制,以便最有效地实施文献资源合理而充分的使用。文献计量学原称书目统计学,现亦称书目计量学,是将数学和统计学的方法运用于文献研究的一门学科,以便帮助协调与解决文献积累与利用的关系与矛盾。它包括描述文献特征的研究与查考文献关系的引文研究。

文献在应用目录学乃至整个目录学研究中具有十分重要的作用。事实上,编纂文献、检索文献离不开文献研究。书目控制、文献计量学也早已突破单纯的书目研究的界线,而以文献与文献系统为对象进行研究。不了解文献就无法进行目录学研究,脱离文献的应用目录学是不存在的。

应用目录学领域广阔,有待开发、研究与实践。它的发展将把我国目录学极大地向前推进一步,由此总结的理论又可丰富目录学理论。

四、发扬历史传统,进行目录学知识普及

我国大学开设目录学课程早就开始了。20世纪30年代初,著名图书馆学家、目录学家刘国钧任教于南京金陵大学时,曾讲授过目录学。此后著名学者姚名达、余嘉锡、容肇祖、刘纪泽、蒋伯潜、王重民等都曾开设过目录学课程,并编著过多种教材。目录学教育一直受到教育部门的重视。新中国成立后,目录学教育得到进一步发展。它已被列为大学图书馆学、古典文献整理等专业的专业基础课,一些高校中文、历史系也开设了这一课程。文化部规定目录学为图书馆工作者业务考核的科目之一。目录学教育作为一种学科的系统教学,在数十所高校开设课程,无疑促进了目录学的发展与提高。

但是,我们不能不看到,目录学课程设置不平衡,甚至出现有所削弱的现象。原因是各方面的,其中之一,有同志认为目录学已过时,主张以文献学,特别是情报学代替目录学。其实,三门学科,内容虽有交叉,但各有其对象与任务,相互补充,能促进文献及其信息的传递与利用,不必也不应相互代替。具有悠久历史的中国目录学只能加强不能削弱。否则对学科建设与普及目录学知

识都是不利的。

目录学教学要面对大学文科各专业,不要局限于图书馆学专业学生。积极发展专科目录学、应用目录学,为教学与科研服务。老一辈学者一向比较重视利用目录学研究学问,也有很多宝贵经验。读书治学过程中,借助于目录学知识,古已有之,这是良好的传统,应予发扬。

当前中国目录学教育既有普及,也有提高的问题。没有普及,谈不上提高;不注意提高,也就不能适应社会上不同单位、不同部门多种工作、多层次人员的需要。回忆20世纪50、60年代讲授工具书,还只是在大学课堂上,如今应用工具书检索文献,加以利用,已引起社会各界的注意了。我们要着重研究现阶段目录学教育的任务,深入到社会文化、教育、学术界,使青年同志懂得从事文化教育工作与学术研究,目录学知识是不可或缺的。

要努力培养目录学人才,切实改进大学目录学课程的教学,尤其要增强应用目录学的教学。讲授与实习结合,使学生能扎实地掌握目录学,具有编纂文献与利用文献的能力。期望在20世纪末,出现一种前所未有的普及目录学教育的新局面,正如中国著名目录学家姚名达在二三十年代所说,"目录学成为人人所共知的最通俗的常识"。

参考文献:

[1] [5]黄慎玮.对八十年代我国目录学研究论文的统计分析.第2届全国目录学研讨会论文,1991

[2]乔好勤.目录学研究综述//张白影,荀昌荣,沈继武主编.中国图书馆事业十年.长沙:湖南大学出版社,1989

[3]曾令霞.关于目录学学科建设若干问题的思考.第2届全国目录学研讨会论文,1991

[4]辞海编辑委员会.辞海.上海:上海辞书出版社,1979

[6]范文澜.中国通史简编(修订本).北京:人民出版社,1958

[7]柴德赓.陈先生的学识//励耘书屋问学记——史学家陈垣的治学.北京:三联书店,1982

(原载《中国图书馆学报》1992年第4期)

《中华社会科学工具书辞典》序

　　我国有着丰富的文化典籍,这是中华民族优秀文化的一部分。为了充分利用历代累积和遗留下来的文化典籍,我国自古以来形成了编纂工具书的传统。据班固《汉书·艺文志》著录,周宣王时就编有《史籀篇》15 篇,这是当时史官教学童识字之用的。此后,工具书的编纂就从未间断过,内容丰富,源远流长,而且愈编名目愈多,字书、韵书、类书、政书、书目、舆图、表谱相继产生。至近现代,随着中西文化交流的日渐频繁,我国出版界,一方面继承历来编纂工具书的传统;另一方面受到外国编纂工具书的影响,又陆续编纂出版了诸如包括字典、词典的辞书、百科全书、年鉴、手册、历表、年表、索引、地图、图录以及名录等工具书。

　　中国共产党十一届三中全会以后,由于改革开放的需要,随着政治、经济、文化、教育的发展,工具书的品种与数量以前所未有的速度迅猛增加,工具书类型更趋完备,出现了工具书空前繁荣的景象。

　　工具书多了,为了解决迅速查找工具书的问题,介绍工具书的著述应运而生。早在 20 世纪 30 年代,汪辟疆就在《读书顾问》创刊号(1934 年 4 月)发表了《工具书的类别及其题解》,收录 26 种工具书,分为检字、检年、检地、检人、检官、检事、检书、检辞、检文九类。1936 年 6 月,邓衍林编著《中文参考书举要》,收书 1500 余种。同年 9 月,何多源编撰《中文参考书指南》,收书 1300 余种;1939 年增订再版,收书 2081 处,连附见的,增至 2350 种,并附内容介绍。此书影响甚大,至今仍有参考价值。直至 1974 年,台湾文史哲出版社还影印出版。20 世纪 40 年代至 70 年代,这类著述继续编辑,多数是大学内部使用讲义。20 世纪 80 年代以来,更以工具书词典、指南、教材的形式,纷纷编著出版,数量之多,举不胜举。它们各具特点,互为补充,大大方便了读者了解与查找工具书的需求。

　　现在由潘寅生、郭建魁同志主编的《中华社会科学工具书辞典》(110 万字,精装,甘肃人民出版社出版)的编辑出版,又为读者利用工具书提供了一把钥匙,在工具书研究领域做出了新的贡献。我有幸为本辞典的第一个读者,认为本书有如下四个特点:

　　第一,名实相符,独具特色。本书收录中文工具书比较广泛,就学科内容说,以收录哲学社会科学工具书为主,兼及综合性工具书,具有查找社会科学文献的实用性。就时间跨度说,本书古今工具书兼收,而以新中国成立以后,特别是改革开放十年来所出版的工具书为主,具有鲜明的时代色彩。就收录范围说,以公开出版发行的工具书为主,酌收少量有参考价值的内部编印的工具书(事实上,有些内部编辑刊行的工具书所包含内容,常是公开出版发行工具书中所缺少的)。不仅收录了工具书,还收录介绍工具书的著述,这对读者来说,既可扩展查询工具书的视野,又可为他们提供更多的查找工具书的线索。就出版地区说,本书以收录大陆出版的工具书为主,兼及编者所见港、台地区出版的工具书。就语种说,以收录汉文工具书为主,兼收各地出版的其他 55 个兄弟民族语文版的工具书,以及外国出版的由外文译成中文的工具书。这就保证了本书的完备性,使之成为名副其实的中华社会科学工具书辞典,形成本书所独有的一大特点。

第二,收录全面,选择得当。中文社会科学工具书量大,尤其同性质同类型的工具书也不少,应该说,多数工具书是有参考价值的,但实际上也确有一些工具书,或选题重复,内容大同小异;或编辑目的不明,用途不大;或名为工具书,实非工具书;或编辑方法不科学,使用不便,对于这部分工具书统统编进工具书辞典,显然是不必要的。编者对工具书了解颇深,对读者需求掌握甚多,他们通过认真的调查研究,原定收工具书 7000 种,后又进一步筛选,减至 5000 种。收录工具书虽减少了,辞典却反而更为实用了。这反映了编者编选的学术眼光,又说明编者治学严谨的态度,使得本书真正成为一部实用的工具书辞典。

第三,内容介绍简明准确。由于本书编者着眼于精心鉴别与选录工具书,而不是有书必录,这就为每部工具书撰写释文提供了有利条件。全书是以条目为单位,一书一录,录其书名、编译者、出版单位、时间与读者对象,并以简明的文字,扼要介绍工具书的内容、功能、特点,对没有把握的工具书,编者不妄加评论,重要的工具书视其需要,又加以评介。这都反映了编者实事求是的精神,形成本书又一特点。

第四,编排科学,便于检索。本书选收的哲学社会科学工具书,较多地考虑到从学科查找工具书的需要。因此,全书以《中国图书馆图书分类法》大类为基础,分为 12 大类,这就保证了辞典所收社会科学工具书的覆盖面。二、三级类目,则根据所收工具书的内容、特点,或调整原类目,或另立新类目,以便准确地容纳 5000 种工具书。一部工具书可为多种学科研究时使用,编者采取互见法以尽其用。全书前有条目分类目录,书后有条目笔画索引、条目音序索引。这种为读者着想,有利于检索之用的编排方法是科学、合理的,因而也是可取的。

　　由于本书有上述四大特点,使得读者既可从宏观上驾驭中文社会科学工具书,又能从微观上具体了解并进而查到自己需要的工具书,因而本辞典成为打开工具书宝库的一把钥匙。

　　拉拉杂杂写下这么一些话,是读后感,也是对编者的祝贺。如果本书主编觉得还可的话,那就算做我应约写成的一篇序言。

(原载《图书与情报》1992 年第 4 期)

《文献检索教程》序

　　全国部分高等师范院校图书馆为了培养学生的情报意识和掌握获取文献信息的能力，自1984年以来，先后开设了文献检索课程，受到学生的欢迎，也引起了各校教务领导部门的关注。现在，为了巩固文献检索课程已取得的教学成果，南京师范大学、上海师范大学等10所院校图书馆开展协作，组成了文献检索课程教材编委会，经过广泛深入的调查研究，总结了开课经验，并针对当前高等师范教育发展的需要，编写了适用于高等师范院校的《文献检索教程》，这是一项很有意义的教材基本建设工作。我对此教材感受最深的是，它在理论联系实际方面的特点十分突出。

　　《文献检索教程》是为高等师范院校文科学生而编写的，主要包括中文、历史、政教、教育等专业的学生。编著者采取了兼顾文科各专业的做法，注重共性，淡化个性，即教材内容落实在各专业共同需要的文献检索知识上，适当反映了每一专业各自的需求。既注重讲述文史文献的检索，也力求涉及其他学科文献的检索。不仅介绍手工检索，而且也有专章、专节，联系国内机检状况，讲述电子计算机检索的知识与技能。教材内容不局限于文献检索的理论与方法，特别注意在分析文献检索过程中，讲授文献检索必备的相关学科知识及其文献知识，从文献类型与学科两个角度介绍了社会科学文献。旨在拓宽学生的知识面，启发检索思路，开拓其视野，从而赋予文献检索课程以特有的广度和深度。

　　文献检索过程中必须利用工具书，因此工具书构成《文献检索教程》的重要内容之一。编著者经过认真的筛选，确定了基本的、常用的100种工具书来重点讲授，但又在教材中反映了有参考价值的1000部左右的工具书。针对学生的需要和接受能力，反映在教材中的工具书以中文工具书为主，适当选介了有实用价值的外文工具书。突出新编、新版的中文工具书，又注意了国外出版的、有代表性的外文工具书。尽量选介以查检现实问题为主的工具书，也评述了有助于解答古汉语字词、成语、典故、典章制度以及查找古籍等知识疑难问题的古旧工具书。做到古今结合、以今为主，中外结合、以中为主，这是符合高等师范院校学生的实际需要的。

　　为了适应高等师范院校毕业生"一专多能"和求职的要求，教材中特别安排了"资料的积累和加工整理""学术论文写作的准备"两章，为他们提供了备课和写作论文过程中必备的资料整理与使用的系统知识与方法,给学生以基本的科研基础训练。高等师范院校学生毕业后主要从事中学教学工作,教材中在讲述地名查检时,还特别增加了旅游文献的检索,寓美育、爱国主义教育于文献检索课程之中,这也是很有特色的。

参加《文献检索教程》编著的同志,尤其是主编王长恭,副主编卢正言、杜庆和几位同志,他们长期从事图书馆参考咨询、文献信息服务与学术研究工作,知识广博,实践经验丰富,著译颇丰。近 10 年来勤勤恳恳讲授文献检索课程,得到学生们的普遍好评,成绩卓著。现在出版的《文献检索教程》这部教材,正凝聚着他们有关文献检索课程的教学思想和教学经验。虽然教材是为高等师范院校学生编写的,我以为对于非师范大学文科学生、普通高校图书馆工作者,都有参考的价值。对于广大青年读者的读书治学,也会给以切实的帮助。

朱天俊
1993 年初春序于北京大学中关园

中国古代的提要

提要是简明扼要介绍作者生平、学术思想与揭示文献内容的一种方法。汉代称之为叙录,北宋时称之解题,而现代也有称之题解。有些志、记、书录、题识、题跋、读书记、访书记,或记载得书经过,书籍流传始末,评价一书优劣;或考证版本源流和与他本的文字异同,确定该书得失;或从记述原书序跋、抄校流传原委、前人题记、收藏印记、卷帙编次、行格字数、版心题字、刻工姓名、牌记等方面,详细地记录原书情况。虽然记录重点不同,但读后使人如见其书,它们从某种程度上也起到了提要的作用。

提要既有助于了解作者生平事迹与学术渊源,也方便读者熟悉与利用文献,获得读书的门径。

中国古代提要就其编写的体例而言,可分为叙录体、注录体、传录体与辑录体四种。

一、叙录体提要

叙录体提要源于刘向所作书录,亦即始于刘向《别录》、刘歆《七略》。《汉书·艺文志》中记载:"每一书已,向辄条其篇目,撮其指意,录而奏之。"傅增湘在《藏园群书题记·序》中谈到刘向所作书录的内容时指出:"昔者刘向奉诏校书,所作录,先言篇目之次第,言以中书外书合若干本相校雠,本书多脱误以某为某,然后叙作者之行事以及著者之旨意。"现根据《师石山房丛书》本《别录》佚文,抄录《列子》书录于后,予以分析。

　　　　列子八卷
　　天瑞第一
　　黄帝第二
　　周穆王第三
　　仲尼第四(一曰极知)
　　汤问第五

力命第六

杨朱第七(一曰达生)

说符第八

右新书定著八篇。护左都水使者,光禄大夫臣向言:所校中书列子五篇,臣向谨与长社尉臣参校雠太常书三篇、太史书四篇、臣向书六篇、臣参书二篇,内外书凡二十篇。以校除复重十二篇,定著八篇。中书多,外书少,章乱布在诸篇中。或字误以尽为进,以贤为形,如此者众。及在新书有栈,校雠从中书,已定者以杀青,书可缮写。

列子者,郑人也。与郑缪公同时,盖有道者也。其学本于黄帝、老子,号曰道家。道家者,秉重执本,清虚无为。及其治身接物,务崇不兢,合于六经;而穆王、汤问二篇,迂诞恢诡,非君子之言也。至于力命篇一推分命,杨子之篇唯贵放逸,二义乖背,不似一家之书;然各有所明,亦有可观者。孝景皇帝时,贵黄老术,此书颇行于世。及后遗落,散在民间,未有传者。且多寓言与庄周相类。故太史公司马迁不为列传。谨第录。臣向昧死上。护左都水使者、光禄大夫臣向所校列子书录。永始三年八月壬寅上。

从"天瑞第一"至"说符第八",是《列子》一书定著的目次。从"右新书定著八篇",至"书可缮写",是叙述校雠的经过。从"列子者,郑人也",至"合于六经",是说明作者的时代与作者的学术思想。从"穆王、汤问二篇"至"且多寓言,与庄周相类,故太史公司马迁不为列传",是分析各篇思想的异同、本书流传的情况,以及对《列子》的评论。书录之末,则是撰写者刘向"录而奏之"的时间。

联系到其他几篇尚存书录的内容,书录还包括:

命定书名及其含义,例如《战国策》书录"中书本号或曰国策,或曰国事,或曰短长,或曰事语,或曰长书,或曰修书。臣向以为战国时游士辅所用之国,为之荚谋,宜为战国策。其事继春秋以后迄楚汉之起,二百四十五年间之事"。

辨别书的真伪,例如《晏子》书录:"其书六篇,皆忠谏其君,文章可观,义理可法,皆合六经之义。又有复重,文辞颇异,不敢遗失,复列以为一篇;又有颇不合经术,似非晏子言,疑后世辨士所为者,故亦不敢失,复以为一篇,凡八篇。"

判定一书的价值,例如《管子》书录:"凡管子书,务富国安民,道约言要,可以晓合经义"。

介绍作者的生平,例如《晏子》书录:"晏子,名婴,谥平仲,莱人。莱者,今东莱地也。晏子博闻强记,通于古今,事齐灵公、庄公、景公,以节俭力行,尽忠极谏,道齐国君得以正行,百姓得以附亲。不用则退耕于野,用则必不谄义,不可胁以邪。白刃虽交胸,终不受崔杼之劫。谏齐君悬而至,顺而刻,及至诸侯,莫能谄其辞。其博通如此,盖次管仲。内能亲亲,外能厚贤。君相国之位,受万钟之禄,故亲戚待其禄而衣食五百余家,处士待而举火者亦甚众。晏子衣苴布之衣,麋鹿之裘,驾敝车疲马,尽以禄给亲戚朋友,齐人以此重之。"

刘向在书录中介绍作者生平时,凡《史记》有传,则节录《史记》原文,例如《韩子》书录;凡《史记》记载不详,则根据其他材料予以补充,例如《孙卿新书》书录,有关荀卿的介绍比之《史记》记载增详了;凡一般材料中对作者介绍有错,则以事实纠正其误,例如《邓析子》书录:"子产卒后二十年,而邓析死。传说或称子产诛邓析,非也。"这已有考证之意。以上所述,就是余嘉锡在《目录学发微》中谈到刘向书录介绍作者生平时指出的征史、补史与辨误之说。

叙录体是提要的主要编写体例,它比较全面地揭示一书作者时代、生平,详述一书内容与价值。从内容到方法,在中国目录学史上有着广泛而深远的影响。《四库全书总目》与《四库全书简明目录》继承与发展了叙录体提要的特点,现分别抄录《本草纲目》一详一略的提要,以明精要:

本草纲目五十二卷(大学士于敏中家藏本)

明李时珍撰。时珍字东璧,蕲州人。官楚王府奉祠正。事迹具明史方技传。是编取神农以下诸家本草,荟粹成书。复者芟之,阙者补之,伪者纠之。凡一十六部,六十二类,一千八百十二种。每药标正名为纲,附释名为目。次以集解辩疑正误。次以气味主治附方。其分部之例,首水火,次土,次金石,次草谷菜果木,次服器,次虫鳞介禽兽,终之以人。前有图三卷,又序例二卷,百病主治药二卷。于阴阳标本君臣佐使之论,最为详析。考诸家本草,旧有者一千五百一十八种。时珍所补者又三百七十四种。搜罗群籍,贯串百氏。自谓岁历三十,书采八百余家。稿凡三易,然后告成者,非虚语也。其书初刻于万历间,王世贞为之序。其子建元又献之于朝。有进疏一篇冠于卷首。至国朝顺治间,钱塘吴毓昌重订付梓。于是业医者无不家有一编。明史方技传极称之。盖集本草之大成者无过于此矣。

(《四库全书总目》子部医家类二)
本草纲目五十二卷

明李时珍撰。取诸家本草,删繁除复,补漏订伪,汇为一编,凡十六部六十二类。所收诸药,一千八百八十二种。每药先列正名为纲。次以释名其解,辨疑正误。次以气味主治附方。冠以图三卷,序例二卷,百病主治药二卷。考证精博,与王肯堂证治准绳,均为医学之渊海。

(《四库全书简明目录》子部五·医家类)

历来不少古典书目,乃至今日所写图书提要,也以叙录体为主。因此认识与掌握叙录体提要是完全必要的。

二、注录体提要

注录体提要是叙录体提要的简化。它主要是写明作者的姓名、作者的时代、作者的官职,有时也揭示一书的篇章,辨别一书真伪或评论价值。寥寥数语,给读者确认一书特点。此种体例始于《汉书·艺文志》。《汉书·艺文志》是班固据《七略》增删而成。《汉书·艺文志》对书的注释,也是删节《七略》中书的提要而成。示例如下,以明注录体提要的体例。

(1)考作者时代:或叙其官衔,或据后人所称,以明时代;或记书的写作时间,以作为考证作者时代之参考:

晏子八篇:名婴,谥平仲,相齐景公,孔子称善与人交,有列传。

公子牟四篇:魏之公子也,先庄子,庄子称之。

力牧二十二篇:六国时所作,托之力牧。力牧,黄帝相。

(2)考一书内容,或辨析一书:

世本十五篇:古史官记黄帝以来讫春秋时诸侯大夫。

周书七十一篇:周史记。

伊尹说二十七篇:其语浅薄,似依讬也。

《汉书·艺文志》以后,《隋书·经籍志》只载官爵。《宋史·艺文志》《明史·艺文志》也只记姓名。《新唐书·艺文志》对于《新唐书》未立传者,详述作者事迹。

关于注录体提要,宋代郑樵在《通志·校雠略》中有明确的理论阐述。他认为每书之下"强为之说",则"使人意怠",提出"泛释无义"的观点。这种见解又在他所编的《通志·艺文略》中得到具体的运用与发展。他以自己丰富的图书知识,用简要而又准确的注释,点明一书的特点。注释因书而异,而且也不是每书必有注释。不仅注一书作者,更多的是记一书的概貌,较《汉书·艺文志》稍详。举例如下：

（1）释书名

三苍三卷,郭璞撰。秦相李斯作仓颉篇,汉扬雄作训纂篇,后汉郎中贾鲂作滂喜篇,故曰三苍。

（2）揭示同书异名

赵书二十卷,一曰二赵石记,一曰二石集。载石勒事。伪燕太傅长史田融撰。

（3）指出一书记事始末

（4）点明书的内容

三国典略二十卷,唐丘悦撰。以关中、邺都、江南为三国,记南北朝事。

皮氏见闻录,皮光业撰。记唐乾符至五代时事。

（5）记佚书,以明源流

齐孙氏传二十八卷,按后孙之传,其亡已久,必不可得。今存其名,使学者知传注之门户也。今之学者专溺毛氏,由其不知有他之故。

（6）说明一书取材来源

册府元龟,景德中,诏王钦若、杨亿编历代君臣事迹。惟取经史、国语、战国策、管子、孟子、韩子、淮南子、晏子、吕氏春秋、韩诗外传。其余小说、杂说不取。

（7）注明作者时代、官衔

天福调元历二十卷,晋司天监马重清撰。

（8）指明作者、注者

唐六典三十卷,唐明皇撰、李林甫注。

注录体提要比较简明、灵活,至今仍不失为提要的一种编写体例。

三、传录体提要

传录体提要是从西晋时代文章志来的,也可以说起源于刘宋王俭《七志》。《隋书·经籍志·序》中指出《七志》提要"不述作者之意,但于书名之下,每立一传"。这是变叙录之名,从传之实,是叙录体以外的又一种编写提要的体例。清代章学诚在《校雠通义》中谈到刘向、刘歆的"校书诸叙论,既审定其篇次,又推论其生平,以书而言,谓之叙录可也,以人为言,谓之列传可也"。传录体提要实际上以人为主,论书先记人。从叙述作者生平,由此获得对书的认识。《隋书·经籍志·薄录篇·序》中又写道,"刘向《别录》、刘歆《七略》,剖析条流,各有其部""自是之后,不能辨其流别,但记书名而已。博览之士,疾其漫没。故王俭作《七志》、阮孝绪作《七录》,并皆别行。大体虽准向、歆,而远不逮矣!"历史地评价了《七志》传录体提要的得失。

现从《四部丛刊·集部·六臣注文选》中抄录几篇《七志》提要于后,以明传录体提要的内容。

木玄虚海赋一首
　　铣曰今书《七志》云:木华字玄虚,广川人也。文章隽丽,为杨骏府主簿。
枣道彦杂诗五言
　　善曰今书《七志》云:枣璩字道彦,颍川人。弱冠,辟大将军府,迁尚书郎。太尉贾元为伐吴都督,请为从事中郎,迁中庶子,卒。
张季鹰杂诗五言
　　善曰今书《七志》云:张翰字季鹰,吴郡人也。文藻新丽。齐王同辟为东掾,睹天下乱,东归,卒于家。

梁代释僧祐,唐代释道宣、智昇编纂的佛经录均为译著人撰写传记,与《七志》有相同之处。例如僧祐《出三藏记集》内容是:一撰缘记,二铨名录,三总经序,四述列传。述列传,即记译经人传记。前二卷外国 22 人,后一卷中国 10 人,由后汉至萧齐。传录体提要在正史艺文志中偶有所见。《新唐书·艺文志》与书名下也有附注作者小传的,如《刘长卿集》《丘为集》《皇甫冉诗集》《苏涣诗》等书名下就附小传。传录体提要对明清私藏书目也有一定影响。

四、辑录体提要

辑录体提要应该说起源于佛经录。一上述僧祐《出三藏记集》三总经序,即是汇集各经之前序及后记。唐代释道宣的《大唐内典录》,智昇的《开元释教录》,宋代王应麟在《玉海·艺文》,也都采用了这种编写提要的体例。元代马端临《文献通考·经籍考》更扩大了辑录的范围,逐步完善了这种提要的体例,《文献通考·自序》中写道:"今所录,先以四代史志列其目,其存于近世而可考者,则采诸家书目所评,并旁搜史传、文集、杂说、诗话。凡议论所见,可以纪其著作之本末;考其流传之真伪,订其文理之纯驳者,则具载焉。俾览之者如入群玉之府,而阅木天之藏,不特有其书者稍加究穷,即可以洞究旨趣。虽无其书,味兹题品,亦可粗窥端倪。盖殚见洽闻之一也,作《经籍考》第十八。"这里,马端临说明他编《经籍考》辑录资料的范围、方法与作用。现录两例,以明辑录体提要的体例:

太平寰宇志二百卷

晁氏曰:皇朝乐史等撰。太平兴国中,尽平诸国,天下一统。史悉取自古山经地志,考正讹谬,纂成此书上之。

陈氏曰:其书起自河南,周于海外。

舆地广记三十八卷

晁氏曰:皇朝欧阳忞纂。自尧舜以来至于五代。地理沿革离合,皆系于今郡县名或云无所谓。欧阳忞者持假名,以行其书耳。

陈氏曰:政和中作。其前三卷以今之郡县系于前代郡国之下。其序曰:"以今州县求于汉,则为郡;以汉郡县求于三代,则为州。三代之九州,散而为汉之六十余郡,又分而为今之三百余州,虽或离或合不可讨究,而吾胸中则已了然矣。"汉郡国一百三,今云六十余郡,不可晓也。忞为文忠族孙,行名皆连"心"字。

二例中晁氏,即宋代《郡斋读书志》的撰写人晁公武。陈氏,即《直斋书录解题》的撰写人陈振孙。二例中文字是马端临抄录或摘录这两部私藏书目的提要。

清代朱彝尊的《经义考》、谢启昆的《小学考》都是在每一书名下辑录原序及各家考订。近人姚振宗所撰《汉书艺文志条理》《隋书经籍志考证》以及陈国庆编的《汉书艺文志注释汇编》诸书中,采用的也是辑录体提要。

上述四种提要体例,至今仍有借鉴的意义,并在编纂文献中加以运用。叙录体是我国古代提要的主流,注释体、传录体是在叙录体的基础上,侧重一个方面,或以数言注明一书主要之点,或只记作者小传,亦都有参考价值。辑录体是汇集多种资料于一处,尤其便于为学术研究提供材料。

关于我国提要编写的体例还有两种划分法。王重民先生在《中国目录学史论丛》一书中指出,"和叙录体、传录体并称的,还有辑录体"。程千帆、徐有富在《校雠广义·目录篇》中认为提要"大体可以分为两种类型,即熔铸材料,独立成文的综述之体,与编次材料,述而不作的辑录之体"。这两种划分也不无道理,亦可参考。

(原载《晋图学刊》1993 年第 4 期)

一部有特色的辞书
——评《中国古今书名释义辞典》

中国是一个文明古国,文化遗产十分丰富,历代典籍浩如烟海。为了帮助读者解决在阅读过程中所遇到的古籍及与之相关的知识性疑难问题,近年来陆续出版了吴枫主编的《简明中国古籍辞典》、胡道静主编的《简明古籍辞典》以及赵国璋、潘树广主编的《文献学辞典》,在读书界起了很好的作用。不过,这三部辞典着意于古籍,近现代书籍虽有所涉及,但分量极少。1992年赵传仁、鲍延毅、葛增福主编的《中国古今书名释义辞典》(以下简称《书名释义辞典》),从书名的角度,为读者查考与研究古今书籍又开辟了一条新的途径。编者广泛搜集古今难解书名,旁征博引,予以准确、简明的诠释,以明一书的要旨、内容与作者的生平。就目录学而言,确有它特别的意义。如果联系到古今书籍的序跋文、学者的读书札记、书目提要、书录解题,乃至书话、书评,虽然这类著述重点在介绍品评书籍,但间或也解释书名。本书的编著,可算是既有吸取、又有创新,是一部具有开拓性的辞书。成书之后,得到社会欢迎,读者喜爱,这是很自然的事。

一、选题别具一格

目前学术界对现存书籍的数量说法不一。先就古籍说,"据罗竹风粗粗统计,大约十万种左右"(转引自胡道静撰《论古籍的普查和情报》,载于《历史研究》1982年第4期)。另又据北京图书馆编《民国时期总目录(1911—1949)》的"出版说明"所记,"在这个时期里,我国出版的中文图书达十余万种"。再根据《中国出版年鉴(1980)》统计,1949年至1966年上半年,出版书籍18万余种。三项数字之和,累计书籍38万种。而《书名释义辞典》所收书名,上自先秦下至1966年"文革"之前,包括文、史、哲、宗教、理工、医、农等多种学科的书籍3200余种。在上下几千年38万余种书籍中,选取3200余种书名予以释义,难度之大是可想而知的,更何况有不少书名奇特,例如《一叶》《十月十五日》《三四一》《重差》《可如》《四三集》《二二五五疏》等书名,无从捉摸呢! 有些书名,如《龙

155

文鞭影》《市楼独唱》《长夜行》《冬青树》《棘心》等书名,单纯从字面上无法了解书中内容及其深刻的含义的。尤其一些个人诗文集集名,也颇为复杂,经《书名释义辞典》编者解释后,则集名缘由与来源,一目了然。

《书名释义辞典》也对一些较为熟悉的书名做了解释。但多数是历代名著,而且书中剖析书名也有它独到之处。总之,本书选题别具一格,耐人寻味。

二、释义质朴无华

《书名释义辞典》的编者,紧紧地扣住书名释义来介绍书籍。每一书名先指出文体,并标示作者姓名、时代、生卒年,例如《孤雁》,"王以仁(1903—1926)撰。短篇小说集,收六篇,均用书信体形式写成"。有时还指出作者字号、籍贯、官职,例如"《沧浪集》宋苏舜钦(1008—1048)撰。诗文集,十五卷。钦字子美,梓州铜山(今四川中江县东南)人,迁居开封。曾任大理评事。退居苏州时,买水石作'沧浪亭',自号沧浪翁,故以'沧浪'名其集"。

书中着重解释难解书名,寥寥数语,一点即明,例如《手谈随录》,"围棋谱书,选录清末棋手李子干、朱叔庄等一百三十余局棋谱。手谈,围棋之别称"。又如《十月十五日》,"萧军的散文小说集,为了纪念鲁迅,特以鲁迅逝世纪念日作为书名"。有些书名解释十分透彻,例如《十四行集》,冯至诗集,二十七首。"十四行诗义音译为'商籁体',源出弯罗旺斯语,初泛指中世纪流行于民间用歌唱和乐器伴奏的短小诗歌,在文艺复兴时期兴盛"。

遇有出自典故的书名,则指明出处,并结合书籍内容,揭示其隐含的深邃的意义。例如,《卷葹》,冯沅君撰。编者引鲁迅在《中国新文学大系·现代小说导论(二)》中对书名的解释:"卷葹是一种草,拔了心也不死。"并进一步指出"卷葹"的出处,《尔雅·释草》,"卷葹草,拔心不死"。以此说明《卷葹》出名的寓意是暗示书中男女主人公反抗封建婚姻,执着追求爱情和自由意志的生命活力。有些书,编者不止于解释书名词语的典故,还由此根据书的内容给予恰当的分析。例如,《戊戌履霜录》,编者先释书名,"履霜"出自《易·坤》,"履霜坚冰至",又引《新唐书高宗·纪赞》,"不戒履霜之渐,而毒流天下,贻祸邦家"。然后指出,作者胡思敬,借用典故取书名,意在攻击戊戌变法。

同书异名,《书名释义辞典》中予以注明,《一鸣集》亦名《司空表圣文集》。同名异书,亦予简释,《迩言》,有"宋刘尖撰,杂论,十二卷。论述历史人物事件,颇公允。"又有"清钱大昭撰,语言著作,六卷。搜集古籍中俗语,溯其源流,并加考订"。因避讳改书名,屡见不鲜,编者亦予查考说明。《龙龛手鉴》"辽释行均撰,文字学著作,四卷。原名《龙龛手镜》,传入中原,宋重刻本,因赵匡胤祖父名赵敬,避讳改'镜'为'鉴'"。

至于诗文集集名的释义,《书名释义辞典》中尤为细致,例如,《温飞卿诗集》,是以唐温庭筠字飞卿为集名。《石湖诗集》,是以宋范成大号太湖居士为集名。《无为集》,是以宋杨杰自号无为子为集名。《范文正公集》,是以宋范仲淹谥号文正为集名。《居易堂集》,是以清徐枋室名居易堂为集名。《巴金文集》是以李尧棠笔名巴金为集名。《东方大中集》,是以汉东方朔官名大中大夫为集名。《龙云集》,是以宋刘弇籍是安福县龙云乡为集名。《甲申杂记》,是以宋王巩杂记成书年代宋崇宁三年(甲申)为集名。《四三集》,是以叶圣陶小说童话集出版时年四十三岁为集名。《丁卯集》,是以唐许浑成书地点镇江丁卯涧村为集名。《三四一》,是以老舍通俗文学作品集中三篇大鼓书词、四出二黄戏和一篇旧型小说而名集。

《书名释义辞典》的编者之所以能为形形色色书名解释来源和意义,是由于他们查阅了原书,并广泛参考了各类古今文献,其中包括书的序跋文、前言,书目提要、辞书、类书、年谱、年表、笔名录以及人名词典等工具书。特别应该指出的是,编者极其注意利用第一手资料,例如《战国策》一书释名,就引用参考了汉代刘向、刘歆所撰,至今仅存的八篇书录中《战国策》书录资料:《战国策》相传为战国史官或策士辑录。"初有《国策》、《国事》、《事语》、《短长》、《长书》、《修书》等名,汉时刘向编订为三十三编,定名为《战国策》。""其事继春秋以后,讫楚、汉之起,二百四十五年间之事。"由此可见一斑,不再赘述。

三、使用范围广泛

《书名释义辞典》虽旨在书名释义,但书的内容与版本、作者生平与学术也都涉及了。因此这部辞典的用途是多方面的。

第一,从一些书名释义中可以获得人生哲理的启示,催人奋发进取的精神,激发爱国、思念故乡的感情以及加强个人情操的修养。也可以欣赏到古今作家的生活情趣与创作风格,从中获得艺术的享受。

第二,由于编者诠释书名含义,引证比较准确,文字比较简明,每一书名释义最后又加注一种或多种通行本,注意反映丛书本、辑佚汇编本,因而全书具有一定的历史文献价值。《书名释义辞典》虽不是系统的学术论著,但从中却可了解各时代多种学科的著作与名著,丰富了读者古今书籍知识。

第三,有些作家行世的名号,有用原名,也有用笔名。由于编者在书名释义中,对使用笔名者,注明原名;使用原名者,加注笔名,考索缘由,因而读者从全书可获知和辨识相当多的现代作家的原名与笔名。其中有些资料,即使从笔名录中也难以查到。

《中国古今书名释义辞典》是一部以辞典形式出现研究书籍新的探索与尝试,应该说是成功的。它是一部工具书,但却超过工具书的作用。既有检索作用,也有可读性。如能在再版时,扩大近现代图书收录范围,增多同书异名、同名异书书名,并做必要的释疑。个别书名释义能注意贴切,增编作者原名、字号、笔名索引附于书后,则本书在读书界的影响就会更大了,读者使用起来也就更为方便。总之,《中国古今书名释义辞典》对于从事编辑出版、文献编纂、古籍整理、图书馆工作以及中国目录学和书史研究诸多方面都有参考价值。

(原载《山东图书馆季刊》1994 年第 2 期)

以禁书始，以禁书终

　　禁书与文字狱并非只见于中国，外国也曾发生过。就中国而言，古代有，近现代历史上也屡见不鲜。但文字狱数量之多，禁书范围之广，时间延续之久，规模之大，治罪之严酷，确是中国封建社会特有的历史文化现象。王彬同志在近著《禁书·文字狱》中指出：历代重大的禁书与文字狱事件，经常发生于每一封建王朝建立之初，统治阶级处于上升的前期，秦、汉、明、清尤为突出。禁书与文字狱彼此有着逐步结合的过程，禁书往往以文字狱为背景，文字狱又常常以禁书为先导。至清代，二者完全融合为一体，一代一朝发生的禁书与文字狱事件，既有当时的政治、经济、文化背景，更为重要的是根源于王朝观念、皇权观念、正统观念、宗教观念与种族观念。目的在于罢斥与禁锢自由与异端思想，借以巩固新王朝的封建统治。作者系统阐述了各代封建王朝禁书与文字狱的特点，特别在剖析清初顺治、康熙、雍正、乾隆四朝禁书、笔祸、文字狱之后指出，"中国封建社会以禁书开始，而又以禁书终结"这一历史事实与论断，也正如作者所说，"是不应漠视而启人深思的"。真是言简意赅，多么深刻！

　　早在 1935 年，鲁迅就曾与唐弢谈到，希望他编写一部中国文网史。自此以后，唐弢留心禁书的记载，每方搜集，"长夜披读，手自摘抄，分类排比，积久成秩"。不幸的是，这部有价值的手稿，却丢失在一次亡命中[①]。现在，王彬同志所著《禁书·文字狱》以及其他几部有关禁书与文字狱的著作相继问世，这对实现鲁迅与唐弢的心愿，是大大前进了一步。我希望作者在此基础上再接再厉，将禁书时间扩展到民国时期，完成一部贯通古今的中国文网史。

（原载《文汇读书周报》1994 年 10 月 15 日）

---

　　① 唐弢. 晦庵书话. 北京：三联书店，1980

年鉴与方志不可偏废

我国改革开放以来,随着社会主义现代化事业的发展,各地编纂出版的年鉴与方志正以前所未有的速度迅猛地增长着。据中国年鉴学会编《中国年鉴概览》所载《中国年鉴编纂出版概况》一文统计,1980 年到 1990 年 3 月底,我国已编辑出版 640 种年鉴,其中省(市、自治区)、计划单列市、省辖市、县、区的综合性地方年鉴有 178 种。又据中国地方志指导小组办公室、中国革命博物馆编《全国新编地方志成果展览会书目》所记统计,截至 1993 年 3 月,全国新编方志有 1225 种,其中属于综合性的省(市、自治区)、计划单列市、县、区、镇志就有759 种。面对这一情况,近年来,出版界及各地主管年鉴、方志编纂的部门和编辑人员,提出了一个令人思考的问题:综合性的省、市、县年鉴(以下简称年鉴)与综合性的省、市、县方志(以下简称方志),是二者并存,还是以此代彼? 也就是说,一个地区既已出版年鉴,是否还有必要编纂出版方志? 目前对这一问题的看法,归纳起来有两种:一是取代说,即以年鉴代替方志,"方志向年鉴过渡,已成为一种发展的趋势"。二是并行说,即年鉴、方志内容各有侧重,各有特色,"相互配合,相得益彰"。

为了正确解决这一问题,笔者认为必须认真细致剖析年鉴与方志的相同点与相异点,根据地区经济发展的需要与条件,才能做出妥善的决策。

年鉴与方志的相同之处有如下几点:

(1)内容广泛,具有地方特色。年鉴与方志均全面反映了一个地区改革开放的发展,记录了建立市场经济的历程。从自然到社会,从政治到经济,从科学技术到工农业生产,从文化教育到人民生活状况,都有具体的记载。既用文字叙述,又附有统计数字、图表,都带有鲜明的地方特点。

(2)反映现实,具有时代的特征。年鉴与方志是当今各地区每年或若干年物质文明与精神文明建设新情况、新成就、新经验与新问题的真实记录。资料翔实密集,具体而深刻地反映了本地区地情的动态及其时代的特点。

(3)保存信史,开展国情教育。年鉴与方志可视为地区的百科全书,是取之不竭的地方文献源。无论是工农业生产发展,抑或是文化教育的成就,都凝聚了人民群众社会实践的智慧与经验。既是当地党政领导部门熟悉地情,作为各项工作决策的参考。同时对于开展乡土教育、爱国主义教育,乃至革命传统教育,都具有很大现实意义。

至于年鉴与方志的不同点。为了方便比较,现在先从分析《萧山年鉴》与《萧山县志》入手。《萧山县志》完成于1985年,记事下限至1984年年底。萧山县现已改为萧山市。《萧山年鉴》则起始于1986年,而后逐年编辑出版,记载上一年度全市市情。比较二者,就可明显看出它们不同之处。

《萧山年鉴》1989年本,1991年出版。全书由以下组成:

本年要闻:记载上一年度与萧山市有关的重要活动与统计资料。

特载:特载中共萧山市委八届三次全体(扩大)会议、市人代会九届二次会议上的报告全文。

大事记:按月记述上一年度的全市发生的大事。

专栏:以栏目形式,以事分题,设置21个类目,由118个分目、420个条目构成年鉴的主体。

获奖人物和单位:记载获全国、省级奖的人物与单位,市劳动模范,军队离休干部授勋人员。

重要文件辑录:选录中共萧山市委、市人民政府所发布的《通知》之类的文件,这是处理问题的政策依据。

文件目录选编:中共萧山市委、市委办、市人大常委会、市人大办、市人民政府、市政协委员会、市政协办所签发的比较重要的文件目录。只记文件名目、号码,不录本文。

《萧山县志》1987年出版,由以下部分组成:

概述:综合叙述,记载县情,总摄全书。

大事记:编年体与纪事本末体结合。贯穿古今,详今略古,记叙建县以来的大事、要事。上限一般在1911年,某些溯源事物,适当上溯。下限止于1984年。

专志:按事物性质设置编章。相同事物不论现在隶属何部门,均编入同一编章。横列门类,纵述史实,共计23编、124章、442节。

人物:记重要人物传、烈士英名录。

附录:记历代修志、重要表格及索引。

根据上述对《萧山年鉴》与《萧山县志》的介绍,现在进一步对年鉴与方志的不同点,做如下的分析:

(1)编纂宗旨。年鉴是从深层次反映一地一年的地情动态,旨在提供最新信息与资料,以促进地区经济文化发展的同时,也为编纂方志积累有价值的资料。而方志则在查阅文献、调查研究、全面占有基本材料的基础上,通过分析、综合,去芜存菁,去伪存真,完整而准确地记叙一地阶段性的地情与资料。

(2)内容性质。年度性与现实性是年鉴的基本特点,它着重记载一年内本地区的形势、情况、成就与问题的事实。年鉴中的特载、重要文件辑录,完全是服务现实的需要。就性质而言,年鉴是信息、现实资料密集型的工具书。而方志的特点是阶段性与稳定性。它贯通古今,详今略古,上限时间因事而异,适当追溯。下限不一,诸如概述、大事记,往往截止于方志编纂完成的当年情况。方志记述时间跨度大,它是本地区从历史走向现实的纪实,是一个时期地区自然与社会发展变化的历史记录。它无须也无从选载重要文件,文件内容与精神实质已融合到编章节目及其文字之中。就性质而言,方志是记载一地今昔的综合性著述。

(3)编辑体例。年鉴以栏目为主,由类目、分目、条目组成。栏目、分目设置比较灵活,视需要而定。条目内容虽有交叉,常以完备的参见系统予以协调。结构上的多层次、纵横连接,反映了一个地区立体的丰富多彩的现代化社会风貌。而方志多以编章节目的体例编纂成书。编、章内容相对稳定,节、目内容无交叉。逻辑层次清晰,系统记述一地社会历史变迁与现实情况。年鉴的类目、分目、条目的设置,基本采用了主题法,即通过标引的主题词,集中同一事物分属不同学科的资料,其特点是资料信息的直指性。而方志的编、章、节、目的设置,基本上采用了分类法,即按学科性质与体系,归总书中所述事实的资料,其特点是资料的系统性。

(4)名目对比。年鉴的类目、分目、条目与方志的编章、节目、名称有时相同,但内含、外延却不完全相同。例如农业,这是《萧山年鉴》中23个类目之一,其下设有粮棉麻油生产、林业、渔业、畜牧业、蔬菜、农业开发、适度规范经营、农业科技、建立农业投入机制、农村财务管理、扶持集体经济薄弱村、农业能源、农垦林牧场等分目,既包括农业技术,也有农业经济管理。这些内容却分散在《萧山县志》的第四编农业、第六编农垦以及第九编能源之中。反之,《萧山县志》这三编内容,却分散在《萧山年鉴》农业、农机·水利、商业等类目的有关分目、条目中。

又如物价,在《萧山年鉴》中是物价·计量·工商管理类目中的分目,其下有价格管理、价格调整、物价财政补贴、物价监督检查、价格宣传、调查研究六个条目。而《萧山县志》里的物价,是第一编工商管理的一章,下分物价管理、物价演变、交换比例三节。再如《萧山年鉴》中价格管理,这是记载1989年全市提价商品的类别与总额。而《萧山县志》中的物价管理,则是记述民国时期、新中国成立后物价管理状况。

（5）材料来源。年鉴材料主要由当地所属各单位提供，有些条目就由他们指定专人撰写，不过最后需经撰稿单位领导审核。各项数据一般均用当地统计局公布的数字。撰写时，只记事实，不做评述。而方志材料来自本地档案、旧方志、家谱、报刊资料、正史、专门著作以及有关人士的回忆录等。有关当地人与事的材料，尤其需经考证核实，方可加以记载。编写时，述而不作，寓观点于材料中。

上述种种差异，归根结底，完全是与年鉴、方志的各自性质、功能紧密联系的，是由它们各自在社会发展中所起的作用决定的。

通过比较年鉴与方志的相同点和不同点得出以下几点思考：

（1）年鉴的生命力在于能及时紧密地为当前改革开放、经济文化建设提供信息与资料。而方志为现实服务虽不及年鉴那样直接，但更为深远。譬如十年一修的方志，是一地十年各项事业发展变革的记录，从纵的角度，综合记述一地各项事业兴废、经验与教训。无论如何，它的作用不是十本年鉴所能替代得了的。年鉴为方志编纂积累了系统而有价值的材料，编纂方志必然会充分利用年鉴的材料。

（2）年鉴出版要及时，报道信息才能迅速，以便发挥它特有的功能。而方志则要有分析地继承旧方志的传统与方法，创新发展。年鉴、方志各有所用，相互配合，反映社会，服务社会。不能以年鉴代替方志的编纂。

（3）就全国而言，省（市、自治区）、计划单列市以及部分省辖市，年鉴、方志并存，较为适宜。但就一个县、县级市，乃至省辖市来说，由于经济、文化、教育发展不平衡，要求它们既编方志，又编年鉴，实无必要。有些县、市改革开放以来，各项事业发展迅速，经济实力又较强，方志、年鉴并举，是十分必要的。经济发展缓慢，财力又不甚充裕的县、市，年鉴可缓编，每隔若干年编一部方志，以客观反映一地全面情况的历史进程，这都是不可缺少的。不编年鉴，地情材料仍要积累，可每年编印一本《县（市）情调查与资料》，只供当地党政领导及各机关团体内部参考。待县、市经济建设发展起来，社会提出了需要，到时再编纂、出版、发行年鉴，以代替《县（市）情调查与资料》这也是必要的。

（原载《中国地方志》1995 年第 1 期）

评王彬的《禁书·文字狱》

禁书与文字狱并非只见于中国,外国也曾发生过。就中国而言,古代有,近现代历史上也屡见不鲜。但文字狱数量之多,禁书范围之广,时间延续之久,规模之大,治罪之严酷,确是中国封建社会所特有的历史文化现象。研究禁书与文字狱,早就为人们所关注,留心积累材料,编纂禁书或禁毁书目,在一些史学著作中偶有所述。近几年从书店陆续见到几部讲述禁书与文字狱的专著,作者从不同视角,对古今或一代禁书与文字狱,进行剖析研究,或是纪实,或是着重历史考察,或是两者兼而有之。王彬同志近著《禁书·文字狱》就是其中一部很有个性的著作。我以为本书有如下三方面的特色:

1. 立论中肯,发人深思,全面、具体、深入研究了中国禁书与文字狱的理论与历史

作者在清理与总结历史文化遗产的视野下,从观念学的角度,对连续不断发生于中国封建社会的禁书与文字狱,进行了全面分析与估量。正确指出,历代重大的禁书与文字狱事件,经常发生于每一封建王朝建立之初,统治阶级处于上升的前期,秦、汉、明、清尤为突出。禁书与文字狱彼此有着逐步结合的过程,禁书往往以文字狱为背景,文字狱又常常以禁书为先导。至清代,二者完全融合为一体。一代一朝发生的禁书与文字狱事件,既有当时的政治、经济、文化背景,更为重要的是王朝观念、皇权观念、正统观念、宗教观念与种族观念。目的在于罢斥与禁锢自由与异端思想,借以巩固新王朝的封建统治。作者系统阐述了各代封建王朝禁书与文字狱的特点,特别在剖析清初顺治、康熙、雍正、乾隆四朝禁书、笔祸、文字狱之后指出,"中国封建社会以禁书开始,而又以禁书终结"这一历史事实与论断,也正如作者所说,"是不应漠视而启人深思的"。

2. 资料翔实,考核精细,完整地再现了清代禁书与文字狱的全貌

作者不仅在正文里对清代禁书与文字狱,进行了历史与理论的讲述,而且书中还附录了几篇论文与经过整理的资料,虽说是资料,也颇有学术与文献的价值。作者从《清代文字狱档》1—9辑中,勾勒稽核出64案的禁书,编成《〈清代文字狱档〉查禁书目》,通过按语予以诠释。另又在《清代文字狱纪略》中,按年代先后为序,列举了从清顺治四年至光绪二十九年,因历次文字狱案而被查禁的书籍,补充了清代禁毁书目漏载的禁书,揭露了清代禁书与文字狱的残

酷性。

作者又以王利器先生辑录的《元明清三代禁毁小说戏曲史料》为基础,参照清代地方官府多种查禁书目、军机处奏准禁毁书目,钩沉增饰,删汰重叠,编成《清代禁毁小说戏曲唱片书目》,总计清代禁毁小说戏曲唱片 687 部、389 种。尤其值得指出的,作者在《〈四库全书〉著录、存目禁书研究》一文中,根据《四库全书总目》《清代禁毁书目》《清代禁书知见录》对照核实,发现《四库全书》著录及存目收有禁书 172 种,这些书乾隆必然要做手脚的,因而由此也给读者具体提供了乾隆当时抽、改、删、削原著的线索。作者还根据禁书书名与《四库全书》著录及存目中略有差异的书名相互比较,又推论出禁书 24 种。最后,再将《清代禁书知见录》所载《四库全书》著录及存目中的 55 种禁书书名,一一附于其后,总共 251 种。这是全面查考清代禁书很有意义的统计资料。

3. 思路开阔,勇于探索,进一步将禁书与文字狱研究引向深入

作者在《儒、法、道的禁书观》一章中,明确提出,法家禁书观是中国传统禁书理论的核心。禁书源于荀子的人性恶,归结于道家的无为而治,而实质上是儒、法、道各家思想的杂糅。观点新颖,具有开拓性。他又在《治禁琐记》一文中,对一些禁书研究专著中列为禁书范围的某些书,是否被视为禁书,进行了认真考证和具体分析,提出了一些书并非是禁书的见解,进行了探索性的研究。在《清代文字狱中的心态》一文中,作者结合文字狱,对清代前四朝帝王所表现出的心态及各自特点,描绘得淋漓尽致,对陷进文网文士们的心态,刻画得也很细腻而深刻,这是对清代文字狱的深层的再认识。

综上所述,本书不仅填补了中国书史、中国文化史的空白,而且为历史研究者、社会学者、文献学者提出了一个颇有价值的研究课题。早在 1935 年,鲁迅就曾与唐弢谈到,希望他编写一部中国文网史。自此以后,唐弢留心禁书的记载,多方搜集,"长夜披读,手自摘抄。分类排比,积久成秩"。不幸的是,这部有价值的手稿,却丢失在一次亡命中[1]。现在,王彬同志所著《禁书·文字狱》以及其他几部有关禁书与文字狱的著作相继问世,这对实现鲁迅与唐弢的心愿,是大大前进了一步。我希望作者在此基础上再接再厉,将禁书时间扩展到民国时期,完成一部贯通古今的中国文网史。

参考文献:

[1] 唐弢. 晦庵书话. 北京:三联书店,1980

(原载《中国图书评论》1995 年第 2 期)

评《社会科学文献信息检索概论》

为了开好社会科学文献检索课,许多高校加强了教材建设,自编教材层出不穷。据不完全统计,属于社会科学范畴的各学科文献检索课教材已有30余部,以社会科学文献检索命名的教材也有16种之多。现在出版的、由马文峰同志编著的《社会科学文献信息检索概论》即是其中的一种。我以为这部教材有如下几个特点:

一、书名新颖,立论有据

本书书名为《社会科学文献信息检索概论》,体现了作者编著思想重在社会科学文献信息的检索。但什么是社会科学? 什么是文献? 什么是信息? 什么是社会科学文献信息? 本书第一章《社会科学文献信息概述》中,确切地回答了上述一系列问题。首先,作者广征博引,纵横比较,既从社会科学与人文科学二者各自形成时间与解释世界方式的不同,细致分析了二者的差别,但同时对二者内涵、外延存在相互交叉的现象,说明了二者界限有时又不是那么明确。指出本书所用的社会科学及其所涉及的学科,是以我国习惯用法的学科分类标准而确定下来的。

其次,第一章中对文献一词的由来和发展,对信息的含义、基本特征、种类、作用,做了比较明确的阐述。继而对文献信息的要素、特征以及表现形式,进行了科学的剖析。尤其在论述文献信息与文献关系时,辩证地论述了文献信息与文献的同一性与区别性,明确指出"人们利用文献,实质是利用文献中的信息与知识。文献信息是作为文献的价值内涵而存在"。这里实际点明了本书书名为《社会科学文献信息检索概论》的理论根据,言简意赅。

本章中关于社会科学文献信息特点、功能的分析,关于社会科学文献信息诸多划分标准的解说,关于社会科学文献信息交流的意义、传递类型与传递系统的论述,都比较充分,这对全面认识社会科学文献信息、开展检索工作,颇具实际意义,因而是必要的。

本章可算是全书的理论基础,是目前一般社会科学文献检索教材所忽略的地方,而本书作者予以详尽的阐述,这不能不算是本书的一大特点。

二、编例独特,设计周详

全书十二章,实为两编。第一至三章、第十二章,可视为社会科学文献信息检索的理论与方法;第四至十一章,则可看作是社会科学文献信息检索的内容与实践。特别值得提出的,贯穿在这一部分的编著思想,是以工具书类型为主,但又不拘泥于类型,采用了工具书类型与查考问题结合的体例,讲授各类型工具书在社会科学文献信息检索中的运用。这有别于已出版的一些同类著作,或以查考问题为纲,或以查考问题为主,以工具书类型为辅,或仅以工具书类型列举并介绍工具书的写法。

由于我国历史悠久,工具书发展源远流长,数量多,遗产丰富。正是根据社会需要,在长期工具书编纂过程中,逐步形成种种不同的类型,在使用中经过不断的增订而完善起来。每一种工具书类型代表一个工具书群,在它形成中自有其历史渊源。从历史上加以考察,追本溯源,正本清源,勾画出这一类型工具书发展脉络,有利于应用。因此,本书在介绍每一类型工具书时,先指明这一工具书的界说、产生和发展、特点和功用,然后再从检索文献信息的要求,讲述工具书的应用。

每一工具书类型形成后有其明确的含义、内容、结构特征和功能。大体上说,读者掌握了某一种工具书类型,就能熟练地使用这一类型多以千百计的工具书,迅速而准确地检索到其中所需的文献、知识、信息,从而加深理解它的基本功能。然而,同一工具书类型的功能往往是多方面的。作者从众多工具书中,筛选出千余种,归纳在书目、索引、年鉴与文摘、辞书、类书与政书、百科全书、手册、表谱、图录、名录与资料汇编等工具书类型中,并以醒目的标题标出书目与应用、索引与应用等九章章名。其下又从查考问题的角度列出若干节名,例如第七章辞书与应用,其下列有检索文字、检索语词、检索专科语词与人名地名等节。有时甚至在节下又标出更细的标题,例如第七章第三节检索语词下就列有古今语词、古代汉语词及虚词、联绵词、现代汉语词及百科语词、方言与特殊用语。这样从深层次上,揭示了辞书这一类型工具书的多种的、具体的功能,方便了读者从查找问题的角度检索文献信息。从编例方面,形成了本书的另一大特点。

三、内容充实,涵盖面宽

社会科学文献信息检索离不开工具书的运用。本书以相当多的篇幅讲述了大量工具书。本书所反映的工具书,以重要的、常用的为主,尽量收录近年新出版的工具书,例如徐锡祺编,人民教育出版社 1992 年出版的《新编中国三千年历日检索表》(公元前 1500—公元 2050);刘寿林等编著,中华书局 1994 年出版的《民国职官表》等。对旧时编纂现在还有参考价值的、在工具书发展史上有代表性的工具书,书中亦有选介。

综合性的工具书,揭示各学科的有价值的文献信息,对于各学科的工具书更注意选收。因而涵盖学科工具书面宽,这在书目、年表中尤为突出。以书目为例,就收有哲学、美学、宗教、社会学、人口学、政治、法律、经济、新闻学、图书馆学情报学档案学、语言文字、文学、美术、艺术、历史、文物考古以及地理等学科书目。其中文学书目,又分诗歌、小说、戏曲、散文、民间文学、世界文学、中国文学、文学史、中国古代文学、中国近现代文学、中国当代文学等细目,从中可查到一系列相应的书目。这是迄今为止,教材中选录各学科书目比较齐全的。大事年表、大事记收录也比较丰富,仅是按学科选录的大事年表、大事记就有 60余种。以类型为主,又再分学科介绍工具书,将文献信息检索的途径与方法,寓于工具书介绍之中,二者得到较好的结合。

按工具书类型,对工具书做纵横、对比、系统的介绍,做到了点面结合,重点与一般结合。所有工具书置于文献信息检索系统之中,或列举,或简介,或寥寥数语,点明一部工具书的长处与特点。有时还辅以讲述必要的文献知识与学科知识,以加深读者对工具书的理解与运用。尤其在书后,作者又编有"专题索引",集中标示查考每一问题需用工具书所在本书的页次,大大方便了读者对社会科学文献信息的检索。

总之,这部教材编例独特,结构清晰,有关社会科学文献信息检索的名词术语解释简明。适合大学文科多种专业学生使用,是一部有特色而又合用的好教材。

本教材编著者马文峰同志,曾获武汉大学哲学硕士学位。现任中国人民大学图书馆文献情报研究室副主任、副研究馆员,兼任北京市高等学校文献检索课教学研究会理事。她多年从事文献情报实际工作与社会科学文献信息检索课的教学工作,业务实践丰富了她的教学内容,在教学过程中又勤于积累、总结,开展教学研究,因此,这部教材从编著思想到学科体系凝聚了她多年教学与实践的经验。现在这部教材的出版,又适逢《印发〈关于在高等学校开设文献检索与利用课的意见〉的通知》发表 10 年之际,更具有其特殊的意义。

(原载《情报资料工作》1995 年第 3 期)

弘扬传统文化　献身图书馆教育事业
——纪念王重民教授逝世 20 周年

王重民先生离开我们已经整整 20 年了。先生是北京大学教授、图书馆学系的创办人、原系主任,也是全国著名的目录学家、图书馆教育家。他一生致力于中国传统文化的研究,为祖国培养了大批优秀的图书馆学专门人才,并给我们留下了大量学术著作。他治学勤奋严谨,学风朴实无华,教学认真负责、一丝不苟,受到学术界的普遍赞誉。一个人的生命总是有尽的,而学者、教育家的生命却长存于他的著作与事业之中。

一

王重民先生(1903—1975),原名鉴,字有三,后改重民,自号为冷庐主人,河北高阳县人。1924 年考入北京高等师范学校(即今北京师范大学)国文系,受业于高步瀛、杨树达、陈垣诸先生,专攻文史,研究国学。此时适逢北海图书馆(即今北京图书馆)馆长袁守和正在该校讲授目录学,经他介绍课余到该馆做些工作。业务的熏陶使他对中国古典文献及其整理发生了浓厚兴趣,编有《国学论文索引》,整理《观海堂遗书》,辑录《史略校勘记》,编撰《老子考》《杨惺吾著述考》,从此走上研究目录学的道路。1928 年大学毕业,在河北大学任教一年后,仍回北海图书馆(次年改为北平图书馆),任该馆编纂委员会委员兼索引组组长。1929 年至 1934 年间,先生与杨殿珣编辑《清代文集篇目分类索引》。在他主持下又编纂出版了《国学论文索引》续编、三编和《石刻题跋索引》等多种索引,编撰《李越缦先生著述考》,编辑《越缦堂文集》十二卷、《孙渊如文集》五卷。他还研究了清代学者辑佚工作,发表了《清代两个辑佚书家评传》。为了对辑佚书进行总结,他编辑了《辑佚书目》,未出版,可惜书稿已佚。

1934 年,当时的北平图书馆与法国国家图书馆订有互换馆员的协议。王重民先生被派往法国巴黎。先生几乎将全部精力倾注于敦煌文献的研究与整理中,编出《伯希和劫经录》。1935 年夏,他乘休假之机赴德国柏林普鲁士国立图书馆考察,期间注意搜集中国古书罕见本及太平天国文献。1936 年去意大利罗马梵蒂冈图书馆,研究明清之际来华天主教士的译著,连同他在英、法、德等国各大图书馆所见,编成《欧洲所藏明清之间天主教士译著述书录》。1937 年又去英国剑桥大学、牛津大学等校图书馆,抄录太平天国文献。1938 年,因得到中华教育文化基金董事会资助,先生赴英国伦敦,阅读藏于英国伦敦博物院图书馆的被斯坦因劫去的敦煌卷子。1939 年,先生又应美国华盛顿国会图书馆远东部主任恒慕义的邀请,去美国鉴定馆藏中国古籍善本书,至 1940 年编撰善本提要 1600 余篇。1941 年至 1945 年,先生阅读了因抗战几经困阻运往寄存该馆的北平图书馆的古籍善本书,在为每书摄制缩微胶卷的同时,亦为每书撰写提要,计 2720 篇。在撰写提要时,先生还为部分为人忽视的古籍善本书的著者、编者编写传记千篇,以备他人参考。1946 年冬至 1947 年 1 月,先生两次去普林斯顿大学葛思德东方图书馆,鉴定该馆所藏中国善本书,写成提要 1000 篇,稿留馆中。1947 年 2 月回国,3 月 5 日抵达上海。旋即北上,任北平图书馆参考部主任,后任代理馆长,并兼任北京大学中文系教授。此时撰写了北大图书馆部分古籍善本书提要近 600 篇。新中国成立前,他竭尽全力,与北平图书馆全体工作人员完整地保存了馆舍、馆藏与设备,为北京图书馆的建设与发展做出了贡献[1]。1952 年,全国高校进行院系调整,北大迁校于西郊燕京大学旧址。先生辞去代理馆长之职,专心致力于北大图书馆学系的领导与教学工作,直至 1975年 4 月 16 日逝世。

二

王重民先生首先是一位著名的学者,他对目录学的研究造诣极深,对古典文献的研究、教学、编辑、整理做出过多方面的贡献,在国内外享有盛誉。

先生著作宏富,累计有专著、论文 1600 余部(篇)。有些论文著作发表于生前,例如《老子考》《太平天国官书》《图书与图书馆论丛》(收录《记巴黎国家图书馆所藏太平天国文献》《记普鲁士国立图书馆所藏太平天国文献》《英国剑桥大学图书馆所藏之太平天国文献》《美国的图书馆》等 11 篇论文)、《敦煌曲子词集》《敦煌古籍叙录》和《敦煌遗书总目索引》(包括《北京图书馆藏敦煌遗书总目》《斯坦因劫经录》《伯希和劫经录》和《敦煌遗书散录》,这是一部整理和研究敦煌遗书的重要工具书,为中外学者所称道)、《千顷堂书目考》《永吉县志》11 卷(1931 年,铅印本)、《无极县志》20 卷(1936 年出版)、《中国的地方志》《徐光启集》等。有些力作则出版于生后,例如《中国善本书提要》及《补编》(汇编先生为美国国会图书馆、北京图书馆、北京大学图书馆收藏古籍善本书所撰写的提要 5180 篇,对于利用与整理古籍善本书具有极高的参考价值)、《中国目录学史论丛》(集中而系统地反映了先生有关中国目录学史的主要研究成果)、《校雠通义通解》(随文释义,是一部学习古典目录学的通解式的读本)、《敦煌遗书论文集》(所收论文写于 1935—1963 年,分为两部分,一是通论性,二是专题或单篇著作的研究。先生有关敦煌遗书的著述,除专著单行本外,均备于此)、《冷庐文薮》(收录《中国目录学史论丛》和《敦煌遗书论文集》所未收的论文、传记、随笔、杂考、序跋、题记与书评。分为五辑、上下两册)以及《徐光启传》(1984 年被中国史学会评为"优秀爱国主义通俗历史读物"并给以奖状)等。

<h2 style="text-align:center">三</h2>

王重民先生一生工作、教学、研究勤苦不息。20 世纪 30 年代中期,他被派往欧美考察,巴黎如画的风光,国外繁华的生活,都没有使他陶醉,最吸引他的还是被劫去的敦煌遗书和中国古籍善本书。50 年代中期以后,尽管人生道路异常坎坷,他仍然手不释卷,笔耕不止,坚韧不拔,锲而不舍,表现了先生对祖国深沉的热爱,对优秀传统文化执着的追求,几十年如一日,终生不渝。

先生自号书斋为"冷庐","这冷,不是对社会、对人生、对他人的冷漠,而是对名利的冷淡,对困难的冷静,是耐得在冷门学问的长途中寂寞清冷地前进"(见子微《王重民先生与他的〈中国善本书提要〉》)。

先生强调从事目录学研究不能离开文献,文献是目录学赖以发展的灵魂。正是因为他对古代文献下过很深的功夫,博通古代典籍,如数家珍,应用起来,得心应手,左右逢源,促使他在目录学上研究深入,成就突出。

先生又主张从事目录学研究,不可忽视编纂文献、书目、索引工作。正是因为他撰写了大量的古籍序跋、题记、提要,编制过不少书目、索引,因而使他的目录学研究有着坚实的基础。

先生提出,从事目录学研究,要通晓文史、学术史、思想史,注意学习与研究目录学以外的学科知识。正是由于他学贯中西,又有着宽广的学术研究领域,在方志学、敦煌遗书、太平天国文献、欧学东渐史、文化史、科技史都有深入的研究与成就。因此他广征博引,形成其目录学与中国目录学史著作的特点与学术的深度。

先生十分重视中国古典目录学理论的研究与总结,对郑樵、章学诚的目录学思想有专门系统的论述,尤其善于从重要书目总序及部类序文的字里行间发掘目录学的论述,旁通曲证,探索隐微,思考深邃,发挥创见,给人以启迪。早年先生比较注意利用历史考据方法研究学术,有其独到之处,亦取得了成绩。新中国成立后,他努力学习马克思主义,注意联系社会政治、经济、文化背景,特别是把目录学的发展放在整个社会文化史中去考察,就比较好地说明了目录学史诸现象的原因与影响。

还应提及的是,先生虽重点在中国古代目录学史的研究,但他对中国近代目录学史也曾进行过探索。在《普通目录学》讲义(未出版)里,初步勾画出轮廓,提出了问题,也做出了有益的探讨与讲述。

四

王重民先生也是一位著名的图书馆教育家。20世纪30年代,他在国外考察图书馆事业时,就注意到欧美图书馆教育的发达。1946年年初,美国图书馆协会准备在北平开设一个带有职业教育性质的图书馆。1946年2月,王重民先生获悉胡适拟派他参加筹备会之意。从王重民先生写给胡适的多封书信中,可以看到胡适曾请他在北平筹办图书馆学教育事宜。经多次研究,先生主张办正规的大学系科,而不办职业教育性质的图书馆[2]。1947年,在北大中文系建立了由王重民先生主持的图书馆学组,开始招收中文、历史、哲学、教育等系的毕业生再学习两年图书馆学,以造就高级图书馆专门人才。新中国成立后,百废待兴。为扩大招生,于1949年7月独立建制,先从高中毕业生中招生,办起两年制图书馆学专修科。1951年经教育部批准改专科为本科,招生建系。虽然1952年、1954年、1955年曾先后办了两年、三年学制的专科,到1956年中央提出向科学进军的号召,为了适应加强图书馆为科学研究服务的需要,专科又改为本科,恢复了四年制的图书馆学系。作为系主任的王重民先生,他不但在北大创建了图书馆学系科,而且亲自参与学制上的一系列变革,并最终使学制稳定下来,以适应图书馆对专业人才的需求。

为了充实师资,王重民先生先后从国内外聘请了著名图书馆学家刘国钧先生、藏书建设专家陈鸿舜先生、参考咨询专家邓衍林先生、西文图书编目专家关懿娴先生和苏联图书馆学著作翻译家舒翼翚先生来系任教,并成立了图书馆学、目录学两个教研室,筹建了系资料室,配备专人,向国内外征集、购买专业图书资料,保证了全系教学工作的顺利进行。

为了促进办学经验的交流,1954 年秋,先生受高等教育部委托,邀请武汉大学甘莲笙主任来京,共同制订了两系合用的教学计划,并研究了教学中共同存在的问题,提出了解决的办法。为了加强系与图书馆学界的学术交流,1956 年,由先生主持并邀请了全国著名的图书馆学家杜定友、汪长炳、钱亚新、徐家麟、韩承铎、李锺履等八九位先生以及诸多校友来系,参加了五四科学讨论会,并借此机会征求了办学意见,成为历史上难忘的佳话,在校内外产生较大的影响。

为了加强全系与图书馆界的联系,积极参与图书馆事业的建设,1956 年夏,先生率领数名教员参加了第一届全国图书馆工作会议。该年,在先生的主持下制订了《哲学社会科学十二年远景发展规划(1956—1967)》中"图书馆学"部分的发展规划,明确了学科发展重点方向,促进了全国图书馆学、目录学的研究,有力地推动了学科建设。

为了提高广大图书馆工作者的业务水平与能力,早在 1951 年夏,先生就为筹办函授教育申请了一批经费,购买了大量实习与研究用书,其中购买收藏的明清书目至今仍成为资料室的专藏,在教学科研中发挥了作用。1956 年,在先生的倡导下,校部批准了北京大学图书馆学系首先开办图书馆学函授专修科,在全国六七个大城市招生,得到图书馆界的支持与好评。

为了争取得到高教部、文化部对办系的重视与领导,1957 年春夏之际,先生约请了高教部综合大学司副司长于北辰同志、文化部群众文化事业管理局局长谢冰岩同志、北大校长助理严仁赓教授来系听取全系师生对如何进一步办好系的意见,收到较好的效果。

为了图书馆学系的建设,先生呕心沥血,不遗余力,事必躬亲,团结全系教职员工做好工作,不断提高教学质量。他对北京大学图书馆学系的建设与发展做出了不可磨灭的贡献。

王重民先生禀性正直,不阿谀媚上,不苟合求同,对人对事,一秉大公。他研究勤奋,对发展图书馆教育事业无限忠诚。虽然他为古典文献研究、弘扬传统文化做出了突出贡献,对目录学有很深的研究同时也具有系统而精辟的见解,但始终谦志自抑,从不夸扬。他对待同志和蔼可亲,从不摆架子,对青年教员和学生,循循善诱,有问必答,在系内外和校友中间享有很高的威信。作为他的学生,今天纪念他,就是要继承他的事业,为办好图书馆学教育,繁荣图书馆学、目录学、情报学,为培养德智体全面发展的图书馆专门人才,认真教学,努力工作,做出应有的贡献。

174

参考文献:

[1] 刘脩业.王重民教授生平及学术活动编年.上海:上海古籍出版社,1992

[2] 王重民.王重民致胡适信//中国社会科学院近代史研究所中华民国史组.胡适来往书信选.北京:中华书局,1980

（原载《图书情报工作》1995 年第 4 期）

《社会科学文献检索教程》序言

高等院校开设文献检索课,对于培养学生的情报意识,提高他们获取信息与文献的能力,已经发挥了显著的作用。20世纪80年代中期以来,全国高等民族院校图书馆先后组织与开设了这门课,也取得好的教学效果,受到学生普遍的欢迎。为了进一步提高教学质量,增强课程自身的吸引力,两年前在全国民族高校图书情报工作指导委员会主持下,由中央、贵州、西南、云南等九所民族院校图书馆杨兰、蒲映中、韩兰英、李静等同志合作编写的《社会科学文献检索教程(试用本)》,几易其稿,现在终于出版了。这必将大大推动民族院校文献检索课的教学,因而这是值得特别庆贺的。

参加编写本书的同志都是多年从事文献检索课教学的教员。他们广泛参考了现有多种文献检索与工具书课程的教材,又根据他们平时积累的教学经验,紧紧把握住民族院校学生的需要。书中不仅有专章讲述民族学文献检索,而且还在相关的几章中结合学科,安排专节讲述了我国少数民族法律、经济、教育、文学艺术以及人物等方面的文献检索,学科文献与少数民族文献检索得到了较好的结合。编者注意到学生在校学习期间的需要,也考虑到学生毕业后走上工作岗位的特殊需要。书中不仅包括了辅助专业学习的社会科学各学科文献检索,同时还有专章讲述了标准、专利文献的检索,学生的当前需要与长远需要得到较好的统一。这几方面都是同类教材中所没有的内容,形成本书的一大特点。

文献检索课是一门科学方法课。编者着力于文献检索知识的介绍,而不过多地阐述检索的理论,全书体现了学以致用的原则。编者从民族院校现有的教学条件出发,以讲述手工检索为主,同时又考虑到计算机检索乃是文献检索的发展趋势,故列有专章扼要介绍了运用计算机进行文献检索的基本知识。书中收录的文献检索工具与参考工具书,编者不追求数量多少,而是选入重要的、常用的,通过透彻的讲解,以达到举一反三的目的,因而这又形成本书的另一特点。

由此可见,这部教材的编写、出版实属必要。我有幸先阅读了部分书稿,并应约为之作序。我相信这本教材使用几年后再进行一次修订,全书章节结构将更趋于完善,内容也将会更加充实。这是我的希望,也是一定可以实现的。

朱天俊

1996年4月于北大中关园

《社会科学文献检索基础教程》序

　　师范专科教育在我国高等师范教育体系中具有重要的地位与作用。师专教学的目的与任务是要向全国输送大批合格的各学科的初中教师,以适应我国日益发展的教育事业的需要。考虑到师专学生在校学习与毕业后走上教学工作岗位的实际需要,十年来相当多的师专逐步增设了文献检索课。实践证明,这门课对于增强学生情报意识,初步掌握获取文献、知识和信息的方法,培养他们自学能力,并得到科研工作的基本训练,已经取得明显的效果。

　　教材是学生获得知识的来源之一。为了保证文献检索课的教学质量,多年来文化教育界编写出版了多种《社会科学文献检索》教材。专门为师专学生编写的,有1987年赵国璋教授主编的《社会科学文献检索与利用》,并被列为全国文献检索与利用课系列教材之一,缓解了师专缺乏合用教材的矛盾,在教学上起到了积极的推动作用。

　　这部教材出版已逾八年,文献检索课内容也有了新的发展,特别是国家教育委员会高等教育司1992年5月颁布了《文献检索课教学基本要求》,文献检索课的教学进入新的阶段。有鉴于此,华东地区师专图书馆协作委员会于1994年确定了编写文献检索课教材,列为一协作项目,随后由五省一市十二所师专担任文献检索课的同志共同编写完成《社会科学文献检索基础教程》。

　　教材的编著者确认文献检索课是一门科学方法课,教材是供师专文科各专业学生使用的,因此,全书从内容到结构,简明清晰,层次分明。全书共十七章,可分为两部分:第一部分包括1—4章、16—17章,这是文献检索的基础知识;第二部分包括5—15章,这是有关文科各学科文献检索的应用知识与方法。按学科分列章节,供各专业视其需要选择教学。这种思路适应现阶段师专专业设置的状况,也符合师专学制短、用于文献检索课学时少的要求,体现了课程内容的完整性与教学安排的灵活性。

　　全书内容比较充实,结构比较严密。书中在阐明社会科学文献的性质、类型和特点的基础上,既介绍社会科学文献检索的步骤、方法和途径,又具体讲述社会科学各学科文献检索的要求;既以文献手检为主,又同时介绍机检的方法。在讲解各学科文献检索时,编著者不是追求简介多少种工具书,而是结合中学课本与教学需要拟定题目,着重通过释例,从分析若干个咨询题入手,选用重要的新出版的典型的工具书予以解决,从而使学生对文献检索有深切的体会。本书末还附有一定数量的习题可供学生复习、实习之用,通过学生完成习题,检验他们掌握文献检索的深度,巩固他们所学文献检索的知识,使他们扎实地掌握文献检索的基本技能。

综上所述,本书内容符合师范专科学生的要求。全书的设计思路与章节安排,突出反映了主编者理论联系实际的优良学风,形成本书显著的特色。姜汉卿、曹培根、李桂龙等同志多年从事文献检索课的教学与研究,教学效果好,深得学生好评。他们思想敏锐,平时勤于总结自身的教学实践经验,这次编写教材,又善于吸取同类教材之所长。所有编著者也都是勤勤恳恳、认真进行文献检索课教学的同志。因此本书是主编者精心构思与参编者集体智慧结合的成果。可以预料,《社会科学文献检索基础教程》的编著出版,将会有力地推动全国师专社会科学文献检索课的教学。在国家教育委员会 1985 年颁布的《印发〈关于改进和发展文献检索课教学的几点意见〉的通知》十周年之际,我为教材的出版,感到由衷的高兴,并为之作序。

朱天俊
1995 年 12 月序于北京大学中关园

中国地方志

中华民族是一个有着优秀文化历史的民族,历代有着丰富的文化典籍存留至今,地方志就是其中重要的一部分。据《中国地方志联合目录》所录,截至1949年,各类地方志共有8200多种,实际上远不止此数。根据新中国成立以来1956至1965年、1975年、1980年三次地方志普查,全国现存地方志已超过9000种,约占现存中国古籍的十分之一。这是几千年华夏文明孕育的一种特殊的地方文化,是对人类文化杰出的贡献。中国编纂地方志的历史悠久,源远流长,范围之广阔,内容之丰富,数量之巨大,举世无与伦比,被视为中华民族文化宝库中的瑰宝。

一、什么是地方志

地方志简称方志。"方"是地域、地方;"志"是记载、记述的意思。地方志就是全面综合记载一定地区自然和社会各个方面情况的著述,以记现状为主,兼及历史。举凡一地的疆域、建置沿革、山川、津梁、关隘、名胜、古迹、天文、灾异、气候、物产、文化、艺术、教育、民族、风俗习惯、人物、方言,均有记述,所以古称之为"一方古今总览",今人更誉为"地方百科全书"。

地方志起源于何时?历来众说纷纭,至今学术界尚未取得共识。我以为地方志起源于汉代,形成于宋代,由地记、图经逐渐演变为地方志。

地记,也有称之为地志,产生于两汉。西汉后期,中央权力开始衰弱,豪强割据势力兴起。到了东汉,士族势力已有滋长。与此相适应,一地的人物传和一地的地理著作渐多,二者结合形成地记。例如东汉有王褒的《云阳记》、李尤的《蜀记》等。三国之后,魏晋南北朝时期,随着士族门阀制度的形成与巩固,世家大族势力更有发展,编撰地记也就较为普遍了。例如三国魏何晏《九江志》,晋常璩《华阳国志》、顾夷《吴郡记》、贺循《会稽记》,南朝宋盛弘之《荆州记》、梁萧绎《荆南地志》、李膺《益州记》等。地记编撰人多数是世家出身的达官贵人、文人学者,或夸耀本地的地理文化、乡贤物盛,或显示自己门第,荣宗耀祖,带有极为浓厚的为地方豪族地主官僚服务的色彩。地记内容主要包括地理沿革、山脉河流、风土人情、人物传记以及当地物产等。地记已是地方志的雏形。《隋书·经籍志》记载："齐时陆澄聚 160 家之说，依其前后远近，编而为部，谓之《地理书》。任昉又增陆澄之书 84 家，谓之《地记》。"这些著述大都散失。我们从清人王谟的《汉唐地理书钞》和陈远溶的《麓山精舍丛书》中可以见到一些地记的片断佚文，但已无法求得地记的全貌。

图经是从古代地图演变来的。最早以图为主，用图像表示地方上的物产等，以经为辅，对图做简要的说明。虽说常璩在《华阳国志》中所记东汉《巴郡图经》(已佚)是最早出现的一部图经，但比较普遍编纂图经则是在隋唐时期。由于图经便于封建王朝了解各地概况，隋大业中，图经就成为官修志书的主要形式。到了唐代，政府明文规定各地都要按时造送图经，边远地区也不例外。图经的编纂得到进一步的发展。

隋唐图经绝大部分已散失，并且已无一部完整地流传下来。现从敦煌石窟中发现的《沙州图经》(又名《沙州都督府图经》)与《西州图经》(又名《西州都督府图经》)的写本残卷中可以得知图经的大体内容，有了直观的认识。图经与地记基本相似，只是增加了各类图像。最初图经中很少有人物传记，即使有，也不那么重要，这是图经与地记的重要差别。

图经不仅是中央集权的政府用来了解全国的郡邑分布与山川形势，而且也可用作旅途的指南。唐代韩愈在元和十四年(819)被贬为潮州刺史，离京前即阅《潮州图经》，据此先行了解当地人文历史情况，赴任时途经韶州，又曾查阅《韶州图经》，并赋诗："曲江山水闻来久，恐不知名访倍难。愿借图经将入界，每逢佳处便开看。"由此可见当时各地编纂的图经是比较普遍了。

从五代至北宋，图经继续发展。北宋徽宗大观元年(1107)，"朝廷创置九域图志局，命所在州郡，编纂图经"(黄鼎《乾道四明图经序》)。此后图经数量大增。

图经在其发展过程中，也曾发生过变化。先是图、经并存，随着记载人文内容的扩大，说明文字渐渐增多，图的作用减小。又由于宋代学术繁荣，讲学风气盛行，书院林立，学派争鸣，促使图经逐渐向兼记人文、史地，统合古今的地方志过渡。北宋尚是图经与地方志同时存在，而到了南宋，图经已为地方志所代替。据张国淦《中国古方志考》统计，宋代共有地方志 1016 种，流传至今的仅有 29 种。比较著名的有：乐史的《太平寰宇记》，原 200 卷，现存 192 卷，这是一部全国总志，书名一语双关，既说明此志编于宋代太平兴国年间(976—984)，又是赞颂宋朝太平盛世，《四库全书总目》称"后来方志必列入人物、艺文者，其体皆始于(乐)史，盖地理之书，记载至是书而始详，体例亦自是而大变"，自后修志树立了史地、人文并重的范例。范成大的《吴郡志》,《四库全书总目》称其"征引浩博,而叙述简核,为地志之善本"。罗愿的《新安志》,《四库全书总目》称其"叙述简括,引据亦极典核"。高似孙的《剡录》,《四库全书总目》称其"征引极为该洽,唐以前佚事遗文,颇赖以存"。梁克家的《〈淳熙〉三山志》,"三山"系指福州东之九仙山,西之闽山,北之越王山,《四库全书总目》称其"主于纪录掌故,而不在夸耀乡贤,侈陈名胜。固亦核实之道,自成志乘之一体,未可以常例绳也。其所记十国之事,多有史籍所遗者,亦足资考证"。潜说友的《〈咸淳〉临安志》,《四库全书总目》称其"颇有条理……区画明晰,体例井然",此书内容丰富,形式趋于定型,可视为宋代地方志走向成熟的标志。张国淦在考察了早期地方志发展过程后认为"方志之书,至赵宋而体例始备。举凡舆图、疆域、山川、名胜、建置、职官、赋税、物产、乡里、风俗、人物、方伎、金石、艺文、灾异无不汇于一编"。

元代编修地方志稳步发展,至元二十三年(1286)至二十八年(1291)编成元代《大元一统志》,并于大德七年(1303)重修,成书1300卷,开创了明清两代编纂一统志的先例。原书明代散佚,今有金毓黻及赵万里辑本传世。仍据《中国古方志考》统计,元代编有地方志196种之多,现存仅有9种。比较著名的有:徐硕的《〈至元〉嘉禾志》、袁桷的《〈延祐〉四明志》、俞希鲁的《〈至顺〉镇江志》、张铉的《〈至大〉金陵新志》以及骆天骧的《〈元贞〉类编长安志》等。值得提出的,元代王桢在任安徽旌德县令时,用自己发明的木活字和转轮排字架,排印了由他主编的《〈大德〉旌德县志》。

明代地方志走向鼎盛时代。自洪武三年(1370)开始,五修全国总志,直至天顺五年(1461)编成《大明一统志》90卷。出于军事需要,又编纂边关志、卫所志,如《〈万历〉四镇三关志》,四镇是蓟州、辽东、昌平、真宝,三关是居庸关、紫荆关、山海关,《〈正德〉金山卫志》等。同时有关边疆各省的通志、府志、县志,也加详了有关军事的内容。为了适应地方经济的发展,乡镇志兴起。明代也出现了山水、书院、寺庙、古迹等专志,地方志类型较为齐全,形成了比较完整的体系。据粗略统计,明代纂修地方志约3000种左右,今存900多种。比较著名的有:谢肇淛的《滇略》,是书乃其官云南时所撰,《四库全书总目》称"是书引据有征,叙述有法,较诸家地志,体例特为雅洁"。康海《〈正德〉武功县志》,《四库全书总目》称"王士祯谓其文简事核,训词尔雅。石邦散称其义昭劝鉴,尤严而公,乡国之史,莫良于此。非溢美也"。韩邦靖的《〈正德〉朝邑县志》,《四库全书总目》称"古今志乘之简,无有过于是书者,而宏纲细目,包括略备……自明以来,关中舆记,唯康海《武功县志》与此志最为有名。论者谓《武功志》体例严谨,源出《汉书》。此志笔墨疏宕,源出《史记》"。王鏊《姑苏志》,《四库全书总目》称其"繁简得中,考核精当,在明人地志之中,犹为近古"。明代地方志发展快,数量多,这与永乐十六年(1418)颁布的《纂修志书凡例》以及不少地方志,如《(成化)新昌县志》《(弘治)抚州府志》《(正德)大明新志》以及《(嘉靖)重修如皋县志》等均设有凡例,与明编修方志的宗旨和编纂原则是极有关系的。

清代编修地方志进入全盛时期。历经康熙、雍正、乾隆、嘉庆、道光五朝三次修纂《大清一统志》。修纂始于康熙二十五年(1636)至乾隆八年(1743),成书342卷;乾隆四十九年(1784)续修成书500卷,此本收进《四库全书》;道光二十二年(1842)重修完成,增至560卷,此本到1943年才由商务印书馆整理出版,因其下限为嘉庆二十五年(1820),故通称《嘉庆重修一统志》。在修纂《大清一统志》的过程中,清廷曾多次下令各地要按时纂修各类地方志进呈,雍正七年(1729)曾谕旨各省、府、州、县志,每六十年重修一次,因此纂修方志在全国蔚然成风。据《中国地方志联合目录》所载,现存清代地方志5701种,占全国现存8200余种地方志的70%;而其中现存清代县志4714种,又占清代地方志5710种的82%。

清代地方志大多数是官修的,但地方官在主持修志时常常吸收一些著名的学者具体负责地方志的编纂工作。例如《(乾隆)汾州府志》,孙和相修、戴震纂;《(乾隆)鄞县志》,戴维乔修、钱大昕等纂;《(乾隆)永清县志》,周震荣修、章学诚纂;《(乾隆)淳化县志》,万廷树修、洪言吉纂,等等。这对提高地方志的学术水平是很有作用的。

梁启超在《中国近三百年学术史·清代学术变迁与政治影响》中指出,"乾嘉间考证学可以说是清代三百年文化的结晶体"。清代一些著名的地方志,例如周永年、李文藻纂《(乾隆)历城县志》,谢启昆、胡虔纂修《(嘉庆)广西通志》,李兆洛纂《(嘉庆)东流县志》,张之洞、缪荃孙纂《(光绪)顺天府志》等,也都深受乾嘉考据学风的影响,编纂者广为搜集资料,博采群书,周密考订,注重征实,言必有据,据必注明出处。此种编纂地方志的思想,对后世地方志的编纂又具有深远的意义。

随着清代编纂地方志的兴盛,产生了方志学,并形成以戴震为代表的地理派,亦称考据派、旧派,与以章学诚为代表的历史派,亦称文献派、新派。

民国时期战争频繁,社会动荡。据《中国地方志联合目录》统计,在38年中,全国编纂地方志1580余种。尤其有一些知名文化人、学者,通过参与编纂地方志,抒发了他们热爱祖国和乡土的情怀,表现了他们对地方志传统文化的执着追求,并从地方志的内容与体例,也都做了一些改革的尝试与探索。黄炎培编撰的《(民国)川沙县志》独创每志前必有"概述",注重调研,列表较多,特别增加了诸如"实业志""工程志""交通志""卫生志""慈善志""宗教志""议会志""警务志"等若干新门类,反映了近代中国社会的变化与时代信息。黎锦熙编纂的《(民国)洛川县志》,结合他个人专长,特别增设了"方言谣谚志",突出了区域特性,颇有新意,为后世编纂地方志所效法。宋哲元任察哈尔省主席时,主持编纂的《(民国)察哈尔省通志》,专设《长城抗战纪略》一章,记载了二十九军官兵英勇抗日的事迹,揭露了日本帝国主义的侵略野心,鼓舞了中国人民抗日的斗志。总的说来,民国时期的地方志,已处于新旧交替之中。方志学的进一步发展,说明地方志工作者正在探索编纂地方志新的境界。

二、地方志的类型

我国各个朝代行政区划设置,变化较大。根据地方记叙区域的划分,包括全国总志、区域志与专志,并形成一个完整的体系。

全国总志是以全国为记载范围的地方志,又称一统志。例如唐代李吉甫编纂的《元和郡县图志》40 卷,北宋时图已散佚,今本尚存 34 卷,故称《元和郡县志》。《四库全书总目》称"其体例亦为最善,后来虽递相损益,不能出其范围"。宋代乐史编纂的《太平寰宇记》以及元、明、清三代的一统志。

区域志分为以下几种:

通志:省级行政区划始于元,明、清、民国沿用至今。以省为记载范围的地方志称为通志,如《(嘉靖)山西通志》。明代亦有称为总志的,如《(成化)河南总志》。

府志:府的设置始于唐代,一直延续至清代。明、清两代的府是省下一级行政区划。以府为记载范围的地方志称为府志,如《(洪武)苏州府志》。

州志:元、明、清以大邑为州,小邑为县。州属于府,或直隶于道、省,有的州还领县。以州为记载范围的地方志,称为州志,如《(隆庆)高邮州志》《(乾隆)广德直隶州志》。

道志:道制始于汉,唐、宋仍设置道,元代道为监察区,置于省下,明、清两代,道则为省府之间设置的监察区,民国时期亦曾设置道。以道为记载范围的地方志称为道志,如《(光绪)归绥道志》《(民国)朔方道志》。

厅志:清代新开发的地区设厅,分直隶厅与散厅。直隶厅与府平级,隶属于省;散厅与县平级,直隶于府。以厅为记载范围的地方志称为厅志,如《(光绪)

古州厅志》。

路志：路为宋、元行政区划。以路为记载范围的地方志称为路志，如《建康路志》。

军志：军为宋代设置的上隶于路、下辖数县的行政区划。以军为记载范围的地方志称为军志，如《临江军志》。

县志：县的设置始于春秋，初设在边地，后推广至内地，而在边地设郡。战国时随着边地开发，郡下也设县。秦统一后，实行郡县制，县属郡。魏晋县隶州、郡，隋唐属州、道，宋元隶路、州，明清隶于府、州、厅，民国隶于省。以县为记载范围的地方志称为县志，如《（康熙）密云县志》。以风土民情近似而又相邻的两县为记载范围的地方志称为合志，如《（乾隆）常昭合志》，常为常熟县，昭为昭文县。

乡镇志：乡镇始于宋代，明清大增，民国更为普遍。以乡镇为记载范围的地方志称为乡镇志，如《（嘉庆）南翔镇志》《（民国）曹娥乡志》。与乡镇志相仿的，有村志、里志，如《（康熙）杏花村志》《（民国）盛桥里志》。

盐井志：云南多盐井，元代设提举官管理盐井，明清时既管盐务，又管政务。记载盐井情况的地方志称为盐井志，如《（康熙）黑盐井志》《（雍正）白盐井志》。

旗志：清代开始在蒙古地区实行盟旗制度，旗相当于县。以旗为记载范围的地方志称为旗志，如《（光绪）土默特旗志》。

土司志：明、清在边远少数民族地区建立土司司所，任命当地头人为土司。以记载土司管辖范围的地方志称为土司志，如《（道光）白山司志》。

卫所志：卫原为明初军队编制的名称，后在军事要塞地区设卫，逐渐演变为区划单位。为便于管辖，卫下设千户所、百户所。以记载卫、所为范围的地方志称为卫志、所志，如《（康熙）天津卫志》《（三江）所志》。

边关志：明代在边疆要塞、关隘屯驻重兵，以抵御外侮。记载边关地区情况的地方志称为边关志，主要记武备、兵力、地理沿革，也兼记风俗、物产、人物、古迹，如《（嘉靖）山海关志》。

专志有记述名山大川的称为山志、水志，如《（嘉靖）雁山志》《（光绪）曹娥江志》。记述一地风土民情的称为风土志，如《（民国）淮阳乡村风土记》。记述寺庙、书院的称为寺庙志、书院志，如《（嘉靖）岳庙志略》《（雍正）紫阳书院志》。记述风景名胜、园林花木的称为名胜志、园林志，如《镜湖游览志》《洛阳牡丹记》。

三、地方志的特征

(1)地区性:地方志以一定区域为记载范围,其所记内容无一不反映特定地区的情况。大运河通过的地区,所修地方志对于运河与漕运记载总是特别详细。例如《(嘉靖)通州志略》有漕运志,《(乾隆)淮安府志》专有河运篇,《(雍正)扬州府志》有河渠编。

元末明初,我国东南沿海,时有倭寇侵扰,并日益严重,江苏、浙江、福建沿海地区的府志、县志大多反映了这一特有的内容,例如《(雍正)崇明县志》设有"寇警""倭警"类目。

贵州的古州,即今榕江县,是多种少数民族聚居地区,有关苗族的服饰、饮食、风俗、语言的记载颇多,如《(光绪)古州厅志》就专设"苗寨""苗种""苗语"三篇,予以记载。

(2)广泛性:地方志以全面记述近期内一地的现实状况为主,同时也兼记历史发展。上至天文,下至地理,山川、水利、物产资源、贡赋、徭役、天灾人祸、民族、宗教、寺庙、名胜古迹、风俗习惯、艺文著述、奇闻逸事,无所不有。例如《(康熙)铁岭县志》,分2卷26目。卷上:建置沿革志、星野志(祥异附)、疆域志(形胜附)、山川志、城池志(屯堡附)、关梁志(船舰附)、驿站志(铺递附)、公署志、职官志、学校志。卷下:选举志、户几志、田赋志(税课附)、风俗志、祠祀志、物产志、古迹志、名宦志、人物志、孝义志、烈女志、隐逸志、流寓志、仙释志、方伎志、艺文志。附县图、城图各一。

由于编纂一部地方志,编纂人员既要进行范围广泛的调研采访,续修时又要参考与保留旧志有价值的系统资料。因此地方志类目比较齐全,资料比较丰富,内容又多具有地区特点,这是任何其他著述所不及的。

(3)时代性:地方志之所以能不断发展,就在于它能反映现实,具有时代的特点。宋代镇江为边防之地,金兵南下,强敌压境,《(嘉定)镇江志》中,山川形势、战略要地,网罗古今,详加记载,反映了战火纷飞南宋动乱的时代。元代至顺年间,全国统一,《(至顺)镇江志》就突出经济、物产的记载,显示它是重要的财赋之地。

明代中叶,外国传教士陆续来华从事宗教活动,自此至清、民国的地方志中都及时记有这样的内容,设有"外教""教堂""宗教"类目。

(4)连续性:地方志以记现实情况为主,随着时间的推移,就需要续修、重修新志。历代封建王朝在政局稳定之后,总是多次诏令各地修志,这就出现一地多志。江苏如皋县志,创修于明天顺八年(1464年),历经清、民国,485年间共修志11次。山西曲沃仅清代就修县志6次。山东省在明清两代修五次以上的各类地方志就达70种左右。历代续修新志,或以旧志为基础核实补充,也有着重收编上次方志成书后的新情况、新资料。我国多数地方志连续修志,代代相传,绵延不绝,形成优良传统,致使各地在各个时期的各民族、各方面的地情资料得以完整、系统、不断地保存下来。

(5)资料性:地方志中记述了大量事实,反映的现实情况或古代资料,或是实地调查的记述,或出自官方文件档案,资料具体翔实,不少地方志还出于名家手笔,保存了极其珍贵的系统资料,具有积累地方历史文化的意义,因而地方志能代代相传,经久不衰。顾颉刚在为朱士嘉所编《中国地方志综录》的序中写道:"夫以方志保存史料之繁富……以较正史,则正史显其粗疏;以较报纸,则报纸表其散乱。"点明了地方志所具有的资料价值。

四、地方志的价值与功用

地方志的价值历来被认为是存史、资政、教化。随着社会的发展,科学的进步,特别是在人们利用地方志的过程中,拓宽与加深了对地方志价值与功用的认识。充分开发与利用地方志,对于当前的现代化建设与进行爱国主义教育,有着重要的作用。

1. 地方志蕴藏着丰富的社会历史资料

地方志记述一地建置沿革,最为具体可靠。《(光绪)奉贤县志》记载:奉贤县境,原为华亭之东南境。明洪武间置青村所,设守御千户,属金山卫。洪武十九年汤和筑城备倭。清雍正四年析华亭之东南地,置奉贤县,即以青村堡为治所。

历代农民起义,在地方一志中颇多记载。宋代方腊起义,在《(嘉靖)温州府志》《(万历)新昌县志》,明末李自成起义,在《(乾隆)宝鸡县志》《(乾隆)成县志》中,均有具体记载。太平天国史料,在《(同治)得州府志》中有太平军起义的记载。在《(光绪)续修江宁府志》中有太平军初入南京的记述。在《(民国)蓝山县图志》中有记太平军从广西进入湖南境内的情况,秋毫无犯,纪律严明。罗尔纲主编《太平天国史料汇编》引用文献1600多种,其中地方志就有730种。

甚至小刀会的活动,地方志亦有记载,例如《(光绪)南汇县志》中记述:"清咸丰二年八月五日,刘丽川占领上海。于八口遣沈绍、祝月廉奔袭南汇,十日城破,知县章惠溢死。章先闻声,虽有预防,因部属得资不问,复有内应,备益弛,城遂为小刀会所占。"

反抗外敌入侵,地方志中也有记述。明代我国沿海地区倭寇侵扰频繁。在《(正德)金山卫志》《(嘉庆)松江府态》《(光绪)嘉定县志》等沿海地区明清方志中屡见不鲜。例如《(光绪)宝山县志》记载:"明嘉靖四十四年吴淞副总兵郭成击倭于崇明沙,是役倭被全歼无一逃脱,至是倭患平。"

有关鸦片战争中,英军入侵暴行,地方官员贪生怕死、弃城而逃,人民自发英勇抵抗的事迹,在《(同治)南海县志》《(同治)番禺县志》《(同治)香山县志》《(光绪)鄞县志》《(光绪)宝山县志》中均有详细的记述。

我国少数民族分布地区极广,不少地方志中保存了有关少数民族生产、生活起居以及风俗习惯等方面的资料。《(弘治)广西通志》记载广西土司沿革及少数民族史事。云南地区的地方志记有少数民族早先是"山田薄少,刀耕火种",后来"男耕女织,无异中土""耕作房舍颇类汉人"。《(乾隆)永清县志》还有记载北街贾姓女真部族汉化的过程。

地方志中也有记载各地宗教活动的资料。《(民国)上海县志》记载:明万历三十六年徐光启丁忧回籍过南京,请意人郭居静至上海开教,此为上海有天主教之始。三十七年徐光启于宅旁建第一所天主教堂。嗣后,安仁里、董家渡、徐家汇、洋泾浜等处皆建有天主堂。光绪十六年起,闸北等处先后兴建了更多的基督教堂。《(嘉靖)宁夏新志》记载建回鹘礼拜寺及伊斯兰教徒活动情况。《(光绪)宁海县志》记载了道教事迹。《(民国)醴陵县志》记载了佛教、道教、耶稣教传教情况。

地方志对一地的工商业、物产、市镇兴起以及赋税均有记载。《(乾隆)吴江县志》记述明清吴江盛绎镇因绫绸业兴旺,由一村逐渐发展成市镇的经过。《(民国)上海县志》记述上海因中外通商刺激了新型工业的诞生。光绪三十三年邑人朱开甲创建求新机器制造厂,开我国工业之先声。《(民国)青浦县续志》记载光绪三十四年邑人叶其松等创立实业研究社,仿制洋烛,有火车牌、仙鹤牌,行销苏、沪等地。又记本地辰山产影石,石中隐然有树木鸟兽之状,如摄影然,故名。又产铜星石,星星露铜质。露白光者曰银星石。《(民国)嘉定县续记》记"卷心菜原产欧洲,近年东南乡颇有植者,带青注醋烹食味美,亦可盐渍以供食"。

《(嘉庆)松江府志》记明代松郡农户负担田赋特重,为宋之七倍、元之三倍。又记"洪武十八年江南水灾,三年无收,松江尤甚,饥民至食其子,而官府征粮不已。百姓作诗云:惭为乞丐耻逾墙,难过迢迢白日长;不免鬻妻伤大义,且先烹子疗饥肠。满炉火煮心肝热,一釜汤煎骨肉香;寄语肥甘当道者,此时焉可复征粮"。反映了明代残酷的封建剥削,民不聊生。《(民国)河南新志》记载了河南各县苛捐杂税名且繁多,达 200 多种。

地方志也有古代我国对外贸易和文化交流的记载。《(宣庆)四明志》中反映了宋代宁波海外贸易有朝鲜、日本、越南及东南亚四路。《(大德)南海志》记述了元代我国已与 40 多个国家有贸易往来。《(熙宁)长安志》记载了唐代已有古籍、佛经、文物传往日本,日本精制的铜铁器畅销于宁波的情况。

地方志有关人物的资料也比较丰富,常可补其他古籍之缺。《天工开物》作者宋应星,《明史》没有记载。但从江西《分宜县志》《奉新县志》、安徽《亳州志》和福建《汀州志》中保存有宋应星的史料,获知他是江西奉新人,字长庚,明万历四十二年乙卯举人,做过江西分宜教谕,福建汀州推官,安徽亳州知州。

地方志中保存有大量本地人写的诗文及其著录,民间流传的歌谣、民歌、农谚,为文学艺术创作提供了有益的素材。姚雪垠创作《李自成》长篇小说,充分研读查阅了李自成及其起义军足迹所到之地的地方志史料。张增元依据明清及民国时期的地方志,钩稽出明清罕见曲目 99 种,对戏曲史研究是极好的参考资料。

2. 地方志提供了大量的经济资源信息

我国一向以农立国,祖先创造的耕作方法和栽培技术常常因地方志的记载保留下来。《(乾隆)平阳县志》详细反映了浙江种植间作稻的经验,记述了间作稻培植方法,必须按不同土地确定种植双季,或只宜种植早稻或晚稻。而《(乾隆)乌青镇志》记载这一地区深耕细作和蚕桑的培植就更为具体。《(光绪)于潜县志》载有耕织图 46 幅,生动逼真,颇有价值。《(光绪)武昌县志》《(光绪)续修江陵县志》中记载了湖北鱼类的名称、品种、繁殖和生长活动的分布情况。

地方志中记载了不少古代修建各种水利工程的经验。《(民国)灌县志》保存了历代维修、扩建都江堰水利工程的资料。1964 年浙江临海成功架起一座横跨灵江的大桥,建桥者参考了《临海县志》有关灵江上六次建桥均毁于洪水的记载及其水文资料。

地方志有助于探明各种矿藏资源。章鸿钊辑录地方志及正史地理志的资料,早在 1937 年编成《古矿录》。北京图书馆根据馆藏地方志也曾编出《中国古今铜矿录》《祖国二千年铁矿开采和锻冶》,具有文献报矿的意义。

地方志也为旅游带来显著的效益。《(道光)大定府志》有"黄坪十里杜鹃"的记载,经考察,发现了一条绵延百余里的天然杜鹃林带,并有不少珍稀动物,现已开发为自然保护区与旅游胜地。浙江建德县根据《(光绪)严州府志》《(民国)寿昌县志》所提供的线索,发现了湮没 600 多年的灵栖洞,经开发,改名灵泉洞,成为富春江—新安江风景名胜区的一个景点。

3. 地方志保存了历代自然灾害的史料

地方志有关地震及旱涝风雪雹虫害的记载,既可了解历代各类自然灾害及其危害程度,更重要的是通过人们的研究,有助于增强预防与抵御自然灾害的能力。

旱涝虫灾危害极大。据《浙江通志》记载,元代"天顺四年,杭州、嘉兴、宁波、绍兴、金华、处州,四五月阴雨连绵,江河泛滥,麦禾俱伤,秀水、嘉善二县,籽粒无收"。明代"嘉靖二十四年,浙江旱,杭州大饥,通浙连岁荒歉,百物腾踊,贫者有食草者。时疫大行,饿殍满道""崇祯十四年六月,杭州大旱,飞蝗蔽天,食草根几尽,人饥且疫"。

地震是人类一大灾害。但震前出现的异常现象,有助于预测地震。《(光绪)罗溪镇志》记载,清咸丰四年十一月初七日上海发生大地震。震前初四日宝山罗店"水涌,河渠井泉沟恤皆震荡"。《(光绪)嘉定县志》也记载咸丰五年十二月十二日,嘉定地震前数日"城河水涨,群鱼结队西行,三日方尽"。《(民国)隆德县志》有关"地震六端"的记载,对预测地震尤有参考价值。"地震六端"是:"天晴日暖,碧空晴净,忽见黑云如镂,宛如长蛇,横亘空际,久而不散,势必地震""井水本湛无波,倏忽浑如墨汁,泥渣上浮,势必地震""池沼之水,风吹成苻交萦,无端泡沫上腾,若沸煎茶,势必地震""海面遇风,波浪高涌,奔腾湃汹,此常情。若风日晴和,台飓不作,海水忽然绕起,汹涌异常,势必地震""夜半晦黑,天忽开朗,光明照耀,光异日中,势必地震""时值盛夏,酷热蒸腾,挥汗如雨,蓦觉清凉,如受冰雪,冷气袭人,肌为之栗,势必地震"。

为了挖掘与研究历史上的自然灾害,中国科学院地震工作委员会与中央气象局利用数千种地方志,分别主持编制了《中国地震资料年表》(现增补更名为《中国地震史料汇编》)与《五百年来我国旱、水涝资料》,都是很有意义的。

4. 地方志记录了奇妙的天空自然景象

地方志保存的各种天象资料,都是古人亲眼所见、实地观察的真实记录,逼真而生动,所以特别珍贵。

《(同治)竹溪县志》中有极光的记载:"同治元年八月十九日夜,东北有星,大如月,色似炉铁初出,人不能仰视。声则凄凄然,光芒闪烁。顷之,向北一泻数丈,欲坠复止,止辄动摇,直至半空,忽如银瓶乍破,倾出万斛明珠,缤纷满天,五色俱备,离地丈许始没,没后犹觉余霞散彩,屋瓦皆明"。

《(嘉靖)山西通志》中有陨石的记载:"弘治十二年五月二十日。朔州城北马圈头空中有声如雷,白气亘天,火光迸裂,落一石,大如小车轮,入地七尺余,遂有碎石迸出二三十里外,色青黑,气如硫磺,质甚坚腻。"

中国科学院北京天文台曾根据数千种地方志及其他古代文献,编成《中国古代天象记录总表》和《中国天文史料汇编》就显得更为必要了。例如,由于资料缺乏,国外曾有学者认为公元1645—1715年间"太阳活动实际停止了",我国科学家从《中国古代天象记录总表》中,获得这一时期在7个省市自治区的地方志内有关太阳黑子的记录就有12项之多,从而否定了这一错误论断。

五、地方志的收藏与利用

国内收藏地方志最多的是北京图书馆,包括从国内外传抄或复制的,已有6000多种,其中有宋、元、明、清精刻本和稿本、批校本等善本。上海图书馆次之,藏有地方志5400余种,其中也有全国稀见之本。南京图书馆、中国科学院图书馆均藏有地方志4000余种。湖北省图书馆、天津市图书馆、大连市图书馆收藏地方志也各有3000种以上。高校图书馆收藏地方志也有相当可观的数字,如北京大学图书馆、南京大学图书馆、复旦大学图书馆、南开大学图书馆等收藏的地方志中均有珍贵或稀见之本。

国外,以美国、日本收藏中国地方志数量多而质量高。据新华社记者刘心宁报道,仅美国国会图书馆"收藏有中国地方志4000多种,其中我国绝版的有100多种"(《光明日报》1984年4月24日)。日本现存我国地方志4000余种,分别藏于日本国会图书馆等单位,其中不少是我国稀见的地方志,例如《(嘉靖)和州志》,国内天一阁仅藏8至15卷,而日本内阁文库却有17卷的足本。据日本横滨大学鹤见尚弘教授说,日本现存明清时期修纂的地方志有1500种之多,其中明代的有550种左右。据朱士嘉所记,1957年法国巴黎大学吴德明编制的《欧洲各国图书馆藏中国地方志目录》,著录欧洲7个国家、25个单位收藏地方志2590种。著名的收藏单位有英国大英博物院,剑桥、牛津、伦敦各大学图书馆,法国国家图书馆,东方语专和亚洲学会等。此外,加拿大温哥华的哥伦比亚大学、澳大利亚、韩国、新加坡等国主要大学图书馆也各自收藏不少中国地方志。

利用地方志要注意查考地方志联合目录,它可以指明每种现存地方志收藏的具体单位;查考方法考录,它可以评介每种地方志的内容、版本及价值;查考方志资料类编,它可以提供某一专题的方志资料。

查考地方志联合目录,以查 1985 年中国科学院天文台主编的《中国地方志联合目录》为主。它反映了全国 30 个省、市、自治区 190 个图书馆、博物馆、文史馆、档案馆所藏 1949 年以前修纂的地方志 8200 余种,其中台湾省所藏地方志是按《台湾公藏方志联合目录》为依据进行著录的。这部联合目录不仅为全面了解现存地方志的数量、分布和收藏状况,提供了可靠的依据,而且也为了解与研究分藏于多个单位、不同时间多次纂修的同一地区的地方志,提供了查阅的线索,亦可参考地区性的地方志联合目录。

查考方志考录,要注意查 1962 年张国淦编撰的《中国古方志考》,编者用了40 多年的时间,在辑佚的基础上编成,依据历代各种公私书目、正史艺文志,考辨秦汉至元代志 2271 种,涉及 19 个省市自治区的地方志。凡属不传的,加注"佚"字;其中可考者,选录其原志序跋及目录;如其现存,则注明版本,并节录序跋中有关本志的修志故实。此书还记述所录地方志的内容、纂修者的介绍,基本上勾画了元代以前纂修地方志的概貌。

明代地方志具有很重要的文献价值。查考明代地方志要注意查 1982 年骆兆平编著的《天一阁藏明代地方志考录》。天一阁建在宁波,是我国现存历史最久的藏书楼,距今已有 400 多年。编者在这部方志考录中,对原藏 435 种明代地方志进行了考察、鉴别与著录。查实见存者,共 271 种,散出者 164 种。书中对每部地方志的书名、卷数、纂修者、修志沿革、卷目、版本、存佚做了精确的记载,摘录一些地方志的序跋、凡例。对散出的地方志则指明散出年月、完整程度及流传经过。1986 年崔建英编著的《日本见藏稀见中国地方志书录》与 1987 年陈光贻编著的《稀见方志提要》,也是两部有参考价值的方志考录。上述四种地方志考录与《中国地方志联合目录》相互参照,使用地方志是很方便的。这里还要提及的,查考地方志内容、版本,也可注意利用区域性方志考录,如洪焕春的《浙江方志考录》、郝瑶甫的《东北地方志考录》、陈加等编著的《辽宁地方志考录》以及由吉林省地方编纂委员会和吉林省图书馆学会主持编著的《中国地方志详论丛书》,此套丛书扼要介绍了全国各省、市、自治区地方志的内容、特点与价值。

　　查考方志资料类编,除上文已提到几种外,特别要注意利用各地编著的方志资料类编,名称不一,有称之为汇辑、汇编者亦有称之为选录、辑录、述略等。内容广泛,有矿产、物产、土特产、农林牧副渔、气候、灾害、地震、民俗、宗教、少数民族历史、农民革命、经济史料等。据不完全统计,仅省、市、自治区一级编辑出版的方志资料类编有五六十种,有效地为读者打开了地方志宝库,供其选用地方志文献。

　　在具体查阅地方志时,要注意利用辑佚、重印、影印本。例如北京图书馆善本部整理出版的《析津志辑佚》、李裕民辑《山西古方志辑佚》、上海书店影印出版的《天一阁藏明代地方志选刊》、江苏古陵刻印社《(乾隆)江南通志》、扬州古籍书店《(嘉庆)广西通志》、巴蜀书社《(嘉庆)四川通志》、天津古籍出版社《(乾隆)西域图志》、中华书局《台湾府志》三种等。据不完全统计,1900 至 1949 年影印重印出版的地方志有 300 余种。台北成文出版社影印出版的《中国方志丛书》,从 20 世纪 60 年代后期就分期、分批出版,前三期就影印地方志 1464 种,可见规模之大。

　　在采用地方志资料时,要认识到旧地方志是旧时代的产物。由于方志的编纂者的阶级、历史和认识的局限性,因此在旧地方志中歌颂帝王、官僚、豪绅,肆意污蔑劳动人民、农民起义与人民斗争,宣扬封建礼教和伦理道德,解释、记载自然界现象夹杂着愚昧无知和封建迷信色彩,许多史事并未得到如实的反映,甚至加以歪曲,因此我们要通过分析,去伪存真,去糟粕,取精华,这样才能使这份历史文化遗产为社会建设、科学研究服务。

　　值得一提的是,中国编纂地方志的传统,新中国成立以来得到进一步的发扬。全国各地新编地方志,无论从质量或数量,都是历史上任何一个时代所不可比拟的。

(原载《中华文明之光》第三辑 1999 年)

情报学教材建设的新成果
——读《情报学概论》

近读周晓英副教授新著《情报学概论》(1998 年 10 月中国人民大学出版社出版)。该书作者进行了认真的社会调查,参考与引用了大量文献。她根据多年的教学与研究经验,既吸取了现有情报学概论教材的精髓,又注意反映中外情报学研究的新进展,以广阔的学术视野,多元化的视角与方法,系统深入地阐述了情报学的基本理论、基本知识与基本技能。该书是一部优秀的情报学教材,也是人们学习情报学的入门之作。其主要特点表现在以下几方面:

(1)以信息研究为基点,以严密的逻辑思维,构建了情报学概论教材合理的体系。信息普遍来源于自然界和人类社会,是人类社会无所不在的现象。长期以来,人们往往视情报学为科学技术情报的研究,也有称之为科技情报学,后又出现了研究社会科学情报的社科情报学,而且二者均侧重于文献情报的研究。值得注意的是,随着文理学科内容的相互交叉、渗透,各门学科之间的联系日趋密切,各类社会信息究其所属学科也日益复杂起来。再者,信息服务重心已不只停留在文献信息的提供和检索上,信息咨询、信息产业、信息交流、信息经济已成为情报学研究的热点。显然,以信息研究为基点的情报学,不仅要研究科技信息,也要研究经济、政治、法律、文化教育等方面的信息;不仅要研究文献信息,而且也要十分注意研究社会生活中的各类信息。以往那种按科技情报学、社科情报学组建课程不尽合理,已不能完全适应信息服务的社会化、产业化、网络化、国际化的需要。作者结合社会迅速发展、世界信息化的浪潮,从"大情报观"出发,突破原已形成的情报学的观念,融科技情报学与社科情报学于一身。提出"情报科学以人类信息交流活动和社会的信息现象为对象,研究信息的产生、表述、整序、传播和使用过程的原理和普遍规律"。这就丰富了情报学的内涵,拓宽了情报学的外延,从而显示了情报学的整体性、综合性和边缘性的特点。基于这一认识,该书由情报学基础理论(信息及其相关理论、情报学基本理论、情报学方法论)、信息需求与服务(信息用户与信息需求、信息服务)、信息的源与流(信息源、信息交流)、信息的管理与提取(信息组织管理、信息检索、信息技术)四部分十章组成,初步形成结构比较完整、合理的情报学概论教材的体系。

（2）专业术语阐释明晰，学术争论重在分析，发挥了教材的传授专业知识与启发学子思索的作用。情报学作为一门独立学科，起始于20世纪40年代以后。在学科的建设过程中，从信息现象的描述到理论研究，产生了若干专业术语。自从以电子计算机为中心的信息技术的应用，情报学得到了迅速发展，由此又出现相当多的专业术语，其中有些专业术语，人们理解差异较大。作者在教材中做了比较认真而慎重的处理。

常用的专业术语，阐释力求完备、明晰、通俗易懂。例如"信息高速公路"（Information Superhighway），书中写道，所谓"信息高速公路"，指的是高速计算机通信网络。它是由计算机、通讯网、数据库以及各种用电子设备组成的完备网络。正式名称是"全国性信息基础设施"。我国专家更准确地称之为"高速信息网络"。它通过电话、传真、电脑、电视、录像等为一体的信息处理、传输和显示的多媒体，把文字、声音、图形和影像等高密度信息，快速、大量、精确地传送到每一角落，以便为人们提供声音、数据、文字、图像的交互式、多媒体服务。由此可见，"信息高速公路"实质上是以信息的传递和交流为目的的重要基础设施，是信息流通的主渠道、主干线。书中继续写道，"信息高速公路"计划是1993年年初，由美国总统克林顿为振兴美国经济而提出兴建的一项"世纪工程"。同年9月，美国宣布了由戈尔副总统主持的"国家信息基础设施：行动计划（NII 计划）"。这样就更具体说明了"信息高速公路"一词的起源。

为了明确某些专业术语概念的含义，有时作者说明一词的来源及演变。例如"信息用户研究"，书中写道，"信息用户研究"亦称"情报用户研究"，起源于图书馆学中对图书馆读者的研究。"信息用户研究"真正成为情报学的一个研究领域，是随着科学技术的发展和信息交流的广泛开展逐步形成，并日渐成为情报学理论建设的核心问题，也是情报学应用研究的基础和先导。

对于相关或易混的专业术语，作者用比较的方法加以阐释，既说明各自定义，又指出它们之间的联系与区别。例如，文献、资料、情报三词，书中写道：文献是利用文字、图形、视频、声频等技术手段，记录知识、信息的载体；资料是人们为参考需要而搜集、积累和编写的一切公开或内部的材料；而情报则是在传递中的具有一定利用价值的知识、消息、数据与事实。文献、资料是情报的主要来源；而情报亦可为文献、资料提供可资参考的材料。情报是动态的概念；文献、资料是静态的概念。

对尚未取得共识的专业术语，或涉及学术争论的问题，作者列举有代表性的观点，着重进行学术分析，给读者提供广阔的思维空间。例如，什么是信息？书中写道，人们对信息解释的差异，主要是由于作者对信息所做出的定义是从各自不同的角度而引起的,有从哲学、知识交流,甚至从通讯和三论(控制论、系统论、信息论)等角度去阐释信息一词的含义。关于情报学的认识,至今也不一致,作者先列举国内外8种有代表性的观点。然后分析指出,人们对情报学认识上的差异,源于不同的着眼点,有些侧重于情报处理技术,有些侧重于情报交流、传递的规律,有些侧重情报的选择和利用。由于侧重点不同,很自然会对情报学做出不同的定义。对同一专业术语概念或同一问题的不同观点着重分析的写法,也反映了作者治学严谨,使她对启发式教学法得到最好的运用。

(3)注意反映信息事业现状,力求理论联系实际,体现了教材的学术性与实用性的统一。作者讲述问题,总是注意联系实际,尽可能反映国内外在这方面的概况、现状与趋势。例如讲到世界信息产业化计划,作者叙述了美国"信息高速公路"计划出台后,欧洲一些主要国家,加拿大、巴西、阿根廷、巴拉圭以及日本、韩国、新加坡等国所制订的相应计划。书中对我国在"八五""九五"期间"信息高速公路"计划及其所采取的措施,尤其做了比较详尽的说明,并就建设我国信息基础设施应做的工作提出了具体意见与建议。最后告诫人们,由于"信息高速公路"的建立所带来的一些社会问题。

在讲到信息资源时,书中以大量的数据表述我国信息资源的现状,说明合理使用的问题,提出了信息资源开发与利用的对策以及信息资源网络的实施与国际合作的建议。

书中谈到信息服务时,着重回顾了我国信息服务业近十年来所走过的历程。从信息服务的现状与发展中,认定随着社会主义市场经济的发展,信息服务业必然走向繁荣。作者强调信息服务是信息工作的核心,言简意赅。实际调查与理论阐述的结合,大大增加了教材的实用性与可读性。

情报学作为一门学科,无论是国内还是国外,都面临着进一步的充实与完善。作者说,"实践正在呼唤着新的理论",信息业的迅猛发展,赋予情报学工作者新的使命!

(原载《情报资料工作》2000 年第 3 期)

一代宗师　风范长存

——回忆刘国钧先生在北大的日子

1980 年 7 月,我从东北巡回辅导函授学员归来,惊悉刘国钧先生于 6 月 27 日溘然长逝,感到十分悲痛。

先生是 1951 年夏秋之交从兰州调京任北京大学图书馆学系教授的。这一年正是北大图书馆学专修科获准改为图书馆学系本科建制的一年。

这一年 8 月,我考入北大图书馆学系。先生为我们 51 级同学讲授了图书馆学概论、图书编目法、图书分类法等几门专业基础课。毕业前,先生虽已 50 多岁,还亲自带领全班 20 余名同学住宿城里北大旧址红楼,在北京图书馆进行了为期两个月的毕业实习。从与馆方商订实习计划到批阅实习日记、实习报告,事必躬亲。在先生的教导下,我对图书馆从感性到理性有了新的认识,具有了从事图书馆工作的基本知识与基本技能,并为我大学毕业后留系任教,打下了较好的基础。1962 年,先生任系主任后,我也兼任教学秘书。先生毕生勤奋,治学严谨,他在学术和教学领域中孜孜不倦、循循善诱的精神,影响了全系师生。可以毫不夸张地说,先生到系后,从根本上改变了系的面貌,对北大图书馆学系的发展做出了突出的贡献。时光流逝,先生离开我们已经整整 20 年了,但先生的音容笑貌,教学的魅力,经常萦回脑际。

一、来北大最初的几年

先生来系后,首先开设的是图书馆学概论课程。先生根据图书、人员、设备、方法是组成图书馆四要素的观点,提出"广义的图书馆学应当包括上述四方面,狭义的只指上面的第四项,就是关于图书馆方法的研究,这也是本课程的范围。但是与方法有关而为研究方法时所不可不知道的,也将略为涉及"。先生的授课安排分为以下三方面:课程内容基本来源于 1934 年先生所著《图书馆学要旨》,但《讲授提纲》中已经注意提出图书馆学研究,应当以马列主义普遍真理作为基础,此其一;已从《苏联图书馆事业概况》一书内吸收了列宁关于图书馆论述,此其二;已列两章分别概述古今中外图书馆事业与中西图书制度之发展,此其三。如果说,《图书馆学要旨》是先生图书馆学说的初创阶段,那么图书馆学概论课的内容,则是先生图书馆学理论走向改造阶段。到 1957 年,先生发表了《什么是图书馆学》一文,文中提出了有别于四要素的图书、读者、领导和干部、建筑与设备、工作方法五要素。在讨论会上先生又说:"区分为五要素并不等于孤立地对待每一项要素,这是一个研究方法问题,并不是研究内容问题。因此不能据此断定这是将图书馆事业分割开了。"先生确认"图书馆学就是关于图书馆的科学,也就是研究图书馆事业的性质和规律及其各个组成要素的性质和规律的科学"。文中还论证了"图书馆学有独特的研究对象,运用着科学研究的方法,并且像一切科学一样有改造现实的任务,因此它是一门独立的科学"。由此可见,先生的视野已从研究单个图书馆扩展到整个图书馆事业,这与《讲授提纲》所提出的"图书馆学是研究图书馆的组织法、管理法和使用法的科学",已有质的飞跃。至此,标志着先生的图书馆学思想已趋于成熟。

1952 年先生又为 51 级的学生开设了图书编目法与图书分类法两门专业基础课。先生认为:"分类以书之内容为主,编目以书之实质为主。""编目乃图书著录之法,非论图书部居之法。"当时分别开设这两门课程,是很自然的。先生讲课时,理论寓于方法中,举例典型具体。同学们学会了图书编目、分类技能,而且也认识到这些平凡工作的重要意义。随着教学计划的修订,先生参考苏联图书馆学院课程设置方案,将这两门课于 1955 年合并为图书馆目录一课进行教学,并于 1957 年以先生为主,与陈绍业、王凤翥先生合编《图书馆目录》教材,由高等教育出版社出版,行销全国。

《图书馆目录》22 章,以图书馆目录的性质、意义与作用开篇,以图书馆目录制度、图书馆的编目工作结束,系统地讲述了图书著录、图书分类、图书标引以及以反映图书馆藏书的书名、著者、分类、主题等目录的编制原理与方法。由此反映了图书馆目录的内在连贯性与完整性,有着严密的逻辑性。这部教材融合了先生 1953 年所写的《图书怎样分类》的精髓,先生深厚的传统目录学素养,在本书中也得到了极佳运用。

20 世纪 30 年代,有些学者,如姚名达在《目录学》《中国目录学史》二书中,将西方传入的编目理论与方法亦归属目录学。《图书馆目录》的问世,说明这一部分知识似乎应该从目录学中分离出来。正如先生在本书《前言》所记,图书馆目录是图书馆学组成部分之一。这既丰富了图书馆学的内涵,又理清了图书馆学与目录学两门学科之间的区别与关系,其意义远远超出了课程本身的整合。

1955 年秋,我又听了先生新开设的中国书史课程。这是先生在受到苏联专家雷塔娅来系介绍苏联图书馆学院教学计划与图书馆学、目录学、图书史等课教学大纲的启示后开设的一门新课。在此之前,先生已编著《可爱的中国书》《中国书的故事》,开课时又吸取有关中国书史的最新研究成果。通过讲述中国图书内容和形式的发展,具体生动地反映了我国劳动人民对世界文化的巨大贡献。本课的开设,拓展了本专业研究的领域,激发了一些同学钻研书史的兴趣与热情。

先生在中国书史讲稿的基础上,编著《中国书史简编》,1958 年由高等教育出版社出版。先生以崭新的视角,独特的构思,深入细致地讲述了中国图书的起源、形成、制度、作用及其影响。此后,先生又编著《中国的印刷》(上海人民出版社 1960 年版)、《中国古代书籍史话》(中华书局 1962 年版)。中国书史作为一门学科,开始建立起来了。随着《中国书的故事》英译本(外文出版社 1958 年翻译出版、1985 年再版)、《中国书史简编》日译本(松见弘道译,日本理想社 1963 年出版)相继问世,先生的中国书史研究在中外文化交流方面产生了极其广泛的影响。

二、20 世纪 60 年代以后

1960 年春,根据函授教学的需要,先生又承担起为函授生开设的中国图书馆事业史课程。先生指出:"中国图书馆事业史是一门崭新的课程,也是一个崭新的课题。在此之前,只有一点年表式的文章和一些专题的、片断的论文,没有系统的著作。因此,没有现成可用的教材,一切要从头做起。这门课程的学习只能是一面学习,一面开荒。"教学困难是可想而知的。

先生认为:"中国图书馆事业史是研究中国图书馆事业的发生、发展过程及其规律的一门学问。""研究中国图书馆事业史的目的是要通晓、掌握这个过程的情况并发现其规律,从而作为进一步发展图书馆事业的指导。""研究中国图书馆事业史必须首先明确方法论上几个主要的问题:①古今问题。不能有古无今,也不能有今无古,既不应是古非今,也不应否定过去的一切,而必须贯彻古为今用的原则。②现象与规律问题。研究历史不应只通晓、掌握图书馆事业的现象,而应该注意发现其中的规律。应该从现象中分析出规律而不应用现象来阐述或证明某些现成的规律。当然,在中国图书馆事业史研究的目前阶段,还不能做到这一点,但这必须是我们的研究方向。③理论与资料问题。堆砌资料不能代替理论,但只有理论而无资料也只是空论,理论应建筑于资料之上,占有资料、分析资料是研究历史的第一步。④批判与继承问题。既不能割断历史,

有今无古,也不应不加批判,兼收并蓄。对于过去既不应全盘接收,也不应全盘
否定。必须汲其精华,弃其糟粕。其标准就是要有利于社会主义图书馆事业的
建设。"这些阐述,对于学习与研究中国图书馆事业史确是纲领性的意见,有着
极大的指导意义。

基于这样的认识,先生编写了《图书馆事业史大纲》,共3编23章,扼要地
讲述了我国图书馆事业的萌芽,封建社会图书馆事业的发展,近代封建藏书楼
的没落,新式图书馆的兴起与发展以及新中国成立以来图书馆事业的恢复、发
展与繁荣。另选编52篇论文、资料印成《中国图书馆事业史参考资料》,供函授
生阅读。

1962年,先生为本科生讲授中国图书馆事业史时,原拟编写讲义古代、近
代、现代3编。由于系务及校外社会活动繁忙,只编写了第一编古代图书馆事
业,称之为《中国图书馆事业史》(1962年铅印本)。先生联系社会、政治、经济、
文化、学术背景,系统地阐述了中国古代各个时期官家藏书的兴衰与藏书机构
的工作特点,私家藏书发展与私家藏书目录的价值,书院藏书始末及其作用。
书稿最后介绍了清代藏书家孙庆增的《藏书纪要》与曹溶的《流通古书约》。先
生认为这两部著作虽是私家藏书工作经验的记录,但后者已论述藏书的流通,
预示着近代图书馆的诞生与中国图书馆学的产生。

1963年,先生又为高年级同学开设了百年欧美重要图书分类法评介专题讲
座,可视为图书分类理论与方法的补充与深入。根据我的听课笔记,先生首先
简介了苏联著名的图书馆学家 E. И. 沙穆林所著《图书分类法史略》(第二卷),
这是一部以图书分类体系发展的观点,评述从1800年至第二次世界大战结束
法、英、美、比、意、德、俄以及苏联等国家的各种图书分类法的专著。然后再重
点介绍与评述了19世纪70年代以后,在西方资本主义国家产生而又比较流行
的7种综合性图书分类法:杜威《十进制图书分类法》(DC 或 DDC,1876)、克特
《展开制图书分类法》(EC,1891)、《美国国会图书馆图书分类法》(LC,1901)、
《通用十进制图书分类法》或译《国际十进制分类法》(UDC,1905)、布朗《主题
图书分类法》(SC,1906)、布立斯《书目用图书分类法》(BC,1935)以及印度著
名图书馆学家阮冈纳赞所编在西方国家发生较大影响的《冒号制图书分类法》
(CC,1933)。本专题的讲授极大地拓宽了同学们的专业视野,丰富了图书分类
的理论、历史与方法的知识。1964年,先生在专题讲授讲稿的基础上,经过补
充、修订,写成《现代西方主要图书分类法评述》专著,1980年10月由吉林人民
出版社出版。

在《现代西方主要图书分类法评述》中,先生以较大的篇幅,从每一分类法

发展经过、基本原理、类表结构、分类实践等方面,更为具体深刻地介绍与剖析了 DC、EC、LC、UDC、SC、BC、CC 七部图书分类法,并做出中肯的评论。特别值得提出的是,先生在书中关于图书分类法在其发展过程中所受到的社会性质的制约、学术发展变化与图书本身多样化影响的论述,关于哲学知识体系、科学学科划分以及过去时代图书分类法体系的影响是现代图书分类法类目与体系的材料来源的论述,从理论上阐明了图书分类法的内容与本质。在本书结束语中,先生指出七种图书分类法先后出现,既"为总结经验提供了丰富资料,促进图书分类日益深入",同时"图书分类法从一种实用技能逐渐提高到一门有理论、有方法的科学。图书分类的理论,从一种具体分类表的说明逐渐成为分类规律的探讨"。言简意赅,思想深刻。本书虽出版于 20 年前,至今在国内仍是一部少有的学术著作,无论是考察图书分类法,或编制图书分类法,或从事图书分类教学与研究,都具有极大的参考价值。

三、最后的岁月

"文革"中,先生虽遭受到极大的冲击与伤害,但仍然关注着国外图书馆事业和图书馆学的进展,专心致志地开始了图书馆现代化的探索。

1972 年写成《1965 年以来美欧图书馆学论文简介》,重点报道了国外图书馆界合作与协调、科技情报工作动向,图书馆工作自动化的迅速发展以及图书馆教育的新变化等方面的进展与趋势。

1975 年发表《马尔克计划简介——兼论图书馆引进电子计算机问题》。文中就"马尔克"一词的概念、美国国会图书馆实施马尔克计划的历史背景和组织、马尔克系统、马尔克记录款式、款式识字、成套字符的应用、回溯转换计划、马尔克计划的发展和前景等问题,逐一做了详尽的介绍与述说。先生预感"图书馆工作全盘自动化,就现在科学技术说,实现的日子不会太远"。20 多年来的事实证明了先生的预言。同时先生又指出,"决定事物用途的最初和最终的力量是人,而不是电子计算机"。一语点破了问题的实质,给人以启示。

1975 年至 1976 年编译的《马尔克款式说明书资料汇译》(油印本),是先生译介到我国的有关美国国会图书馆编辑出版的一套机读目录编制规则的资料书。据其中的《译者引言》所述,美国国会图书馆已出版马尔克款式有五种。先生只将见到的单本书籍、连续出版物、地图三种,省略重复之处,汇译成册,并就中文图书目录汉文输码,提出自己的看法,以引起我国图书馆界的探讨。

1977 年撰写《用电子计算机编制图书目录的几个问题》，是先生依据当时所见到的国内外有关用电子计算机编制图书目录的资料所产生的个人设想，目的也在于以此推动我国图书馆目录工作的自动化。

三篇著译反映了先生晚年以非凡的毅力，对学术执着的追求，始终不忘引进国外新技术，推动我国图书馆现代化的进步。

四、人生之路

1. 视教学为生命，教书育人

早在 1925 年中华图书馆协会与东南大学合组图书馆学暑期学校，先生即执教于该校，开始了他的图书馆学教学生涯。此后又在金陵大学多次讲授图书馆学。

1951 年来北大后，这是先生从事图书馆教育时间最长、业绩最为辉煌的时期。他一贯重视调研图书馆界对培养图书馆专业人才的要求，定期召开座谈会，倾听师生对教学的意见。不断修订或调整教学计划，研究筹建新课，俄文图书编目法就是在先生的提议和具体帮助下开课的，科技情报工作专题讲授也是由先生提出并聘请袁翰青先生来系讲授的。1964 年先生为系申请招收了中国目录学史、图书分类两名硕士研究生，开创我国图书馆教育设置研究生的先例。20 世纪 60 年代上半期，先生已 60 多岁高龄，但他不因年迈、系务繁忙和社会活动多而脱离或减轻教学任务。他先后为学生开出五门课、一个专题讲授。先生备课认真，讲课深入浅出，紧密联系实际，内容充实，逻辑性强，深受历届学生的尊敬。

先生也十分关注在职图书馆人员的业务提高。1956 年他编写《图书馆员基本业务知识讲话》，连载于《图书馆工作》1956 年第 2—6 期，深受广大馆员欢迎。1957 年他为文化部图书馆处在南京举办的全国省市图书馆工作人员进修班讲课，并编印讲稿《关于图书馆目录的几个问题》。1961 年为北京全国第一中心图书馆委员会图书馆红专大学讲课，也编印了《图书馆编目基本知识讲授提纲》。

先生经常告诫我们，教员首先要教好课，全身心投入教学，不热心教学或不认真教课，不是一个称职的教员。先生的教导以及他忠诚于图书馆教育，视教学为生命的风范，永远影响与激励我在教学岗位上努力工作。

2. 理论联系实际，潜心治学

先生教学成绩卓著，源于他从不脱离图书馆工作实际，以潜心治学为己任。先生研究的课题总是中国图书馆事业领域内迫切需要回答或解决的问题。20世纪20年代初正是现代图书馆初步兴起之时，1921年他发表了《近代图书馆之性质及功用》。20年代中期，先生深感图书馆分类、编目工作亟待改进。1926年他在《四库分类法之研究》一文中，详析四部分类法的源流，指出此法已适应不了新旧书籍之分类。1927年在《中国现在图书分类法之问题》一文中，又论证了"新旧并行制窒碍殊多，而统一制较为便利"。并于1929年博采中外分类法之长，费时三年编制完成《中国图书分类法》，可谓当时国内诸多新编图书分类法之佼佼者，为不少图书馆使用。1928年先生发表《图书目录略说》，他通过评析中西目录学家有关目录的论述，指出"图书馆中之编目，其目的固在于便检查，其范围亦以所藏者为限，其详略则以图书馆之性质为衡"。随后于1930年编订《中国编目条例》，使图书著录有规可循，在图书馆界产生很大的影响。

20世纪50年代初先生兼任北京图书馆顾问，每周去北京图书馆一天，研究与解决实际问题，特别是分编方面的疑难问题。他参加了一系列有关编制新图书分类法的学术研讨会，他提出的一些中肯意见，为多种图书分类法编委会所参考采纳。1956年，他参加了制订《1956—1967哲学社会科学发展十二年远景规划》（以下简称《规划》）图书馆学组工作，强调图书馆学研究首先要考虑如何提高图书馆工作质量。《规划》中要兼顾理论、历史与方法的研究。他又提出编写优秀教材是当务之急，因而列入《规划》中。1957年他在全系师生座谈会上，就培养目标及教学中若干问题提出的意见，促进了各级领导对图书馆教育及北大图书馆学系建设的重视与支持。1964年他参加了全国第一中心图书馆委员会参观学习第一组，赴陕、川、鄂、豫考察图书馆事业。正是由于先生了解图书馆界实际状况，因而他在20世纪50、60年代写的论文，选题准确，如什么是图书馆基本功、分类法与标题法在检索工作的应用等，都能及时回答与解决现实问题。

3. 学贯中外，开拓进取

先生学贯中外，兼知古今，博览群书，谙练文献。他精通中西哲学，文史造诣深，尤其对中国传统文化有着深刻的研究。

先生早年撰写的《西汉时代道教概说》《后汉译经录》《三国佛典录》《老子王弼注校记》《老子神话考略》，这是先生利用宗教文献研究佛教、道教经典及其思想的传播。先生撰写的《曹操与其时代之思想》《建安时代之政治思想》《建安时代之人生观——魏晋思想散记》,则是他在 20 世纪 40 年代对魏晋乃至六朝思想史研究的丰硕成果。

抗战期间,先生筹组西北图书馆。他十分注意西北文献的搜集与整理。他提出建立西北地方文献专藏的理论与业务实践,在当时具有开拓的精神。在今天西部大开发中,也有可资借鉴的意义。

20 世纪 50 年代初,先生努力学习马列主义,学术思想与治学方法得到巨大进步。从此他力求运用辩证唯物主义与历史唯物主义观察社会,研究学术,使他取得更为辉煌的成就。

追思先生的一生与图书馆事业、图书馆教育、图书馆学研究紧密地联系在一起,他的洞见卓识、开拓进取、质朴无华以及他对事业的无私奉献,完满地实现了人生的价值。

参考文献：

[1] 刘国钧. 刘国钧图书馆学论文集. 北京:书目文献出版社(今国家图书馆出版社),1983

[2] 刘国钧. 中国图书编目条例. 中华图书馆协会,1930

[3] 刘国钧. 图书馆学要旨. 北京:中华书局,1934

[4] 刘国钧. 中国图书分类法(修订版). 金陵大学图书馆,1936

[5] 刘国钧. 图书馆学概论讲授提纲. 北大图书馆学系,1951

[6] 刘国钧. 图书怎样分类. 上海:开明书店,1953

[7] 刘国钧. 中国书的故事. 北京:中国青年出版社,1953

[8] 刘国钧等. 图书馆目录. 北京:高等教育出版社,1957

[9] 刘国钧. 中国书史简编. 北京:高等教育出版社,1958

[10] 刘国钧. 图书馆事业史大纲. 北大图书馆学系,1960

[11] 刘国钧. 中国图书馆事业史学习指导书. 北大图书馆学系,1960

[12] 刘国钧. 中国图书馆事业史. 北大图书馆学系,1962

[13] 朱天俊. 关于《什么是图书馆学》一文的讨论. 北京大学学报(人文科学版),1957(3)

[14] 朱天俊. 图书馆教育走向何方——记北京大学图书馆学系师生座谈会. 图书馆工作,1957(7)

[15] 马宗荣. 中国图书馆事业史的研究. 学艺杂志,1930(3),(5),(7)

(原载《中国图书馆学报》2001 年第 1 期)

《国家图书馆藏古籍题跋丛刊》序

　　国家图书馆收藏古籍极为丰富，保存有大量的古籍题跋文献。北京图书馆出版社（今国家图书馆出版社）影印出版《国家图书馆藏古籍题跋丛刊》，为海内外读者利用古籍题跋文献资源提供了方便的条件，因而是一项有意义而值得祝贺的事。

　　题跋是中国古代的一种文体。"题者标其前，跋者系其后也"（段玉裁《说文解字·足部》）。题跋实是题写于碑帖、金石、书画、文章和书籍前后的说明与评论文字。题、读、题识、题辞、识语、书后跋、跋尾都属题跋的异名。

　　题跋一词最早见于宋代文献。北宋欧阳修撰写《集古录》"跋尾"若干篇，是附在他所珍藏的碑文真迹之后，考订和说明每篇碑文情况。他还撰写了《杂题跋》27篇，跋书、跋诗、跋书法，边叙边议。沈括在《梦溪笔谈》一书中记载："唐昭宗幸华州作《菩萨蛮》三章……今此辞墨本犹在陕西一佛寺中。予顷年过陕，曾一见之，后人题跋多盈巨轴矣。"但题跋的出现，却早在唐代，不过那时还没有"题跋"这个名称，只称之为"题""读"。唐人皮日休《读司马法》，以尖锐辛辣的笔触，鞭挞封建统治者，这是早期颇有价值的题跋作品。唐代从事题跋的作者不多，作品数量有限，影响不大。

　　北宋欧阳修奠定了题跋文体的基础。他与苏轼、黄庭坚等所写的题跋，字里行间常常流露浓重的感情色彩，文字明快，时含理趣。北宋末期，已出现题跋集，例如董逌的《广川书跋》《广川画跋》。南宋陆游、杨万里、朱熹、楼钥、魏了翁、刘克庄、周必大等所写的题跋，或记述力主抗金的人物，或记载藏书家藏书所遭的厄运，或评书论画，或说明著述的得失。题跋题材有所扩大，题跋常常成为短小隽永的小品。

　　金元时期，文人学者文集中也多有题跋，质量逊于前代，题材以题画为主，风格趋于平实。"语宜峭拔""明白简严""力图新颖""不落窠臼"，形成元人题跋的一大特色。

　　明代随着刻书、藏书事业的发展，题跋作者不限于读书的文人，藏书家、刻书家及书贾也多撰写题跋。题跋内容从宋元以来记述杂感，发挥评论为主，逐渐转变为侧重对古籍收藏的记述，或对古籍得失的评论。专门汇编古籍题跋的题跋集已出现，如徐渤撰写，由清人郑杰、缪荃孙先后整理、抄录、辑刻的《红雨楼题跋》《重编红雨楼题跋》；毛晋自刻《题跋》，收录他校刻经史子集和唐宋名家诗词时随书所写的题跋152篇，附带说明，1916年近人丁祖荫又将《题跋》刊入《虞山丛刊》，题为《隐湖题跋》；今人潘景郑广事搜集，共得249篇，重为排比，辑为《汲古阁书跋》。

清初文纲峻刻，文字狱触目惊心，多数文人学士为了保全自己，只有脱离现实，研究学问。乾嘉之际，他们更是一头扎进故纸堆，大搞考据之学，对古代文化进行整理与研究。题跋是依附于文献而存在。当文献研究成为学术研究的重点时，题跋也就得到前所未有的兴盛和发展。从清初到晚清，撰写题跋的风气始终不衰。"手自校勘，有得即记""得异本必手自校正，跋而藏之"，已成为清代学者和藏书家的传统，从而涌现了一批有成就的古籍题跋者，如钱谦益、彭元瑞、黄丕烈、钱大昕、顾广圻、吴春阳、丁丙、陆心源、孙诒让、缪荃孙、傅增湘等。他们所撰写的古籍题跋，有为自己藏书所写的题跋，有校订古籍写成的题跋，有读书有所感和心得写成的题跋，有为经见的古籍写的题跋，还有鉴赏他人藏书所写的题跋。题跋内容丰富，学术性、资料性强，风格多样。既有语言精要、立意新颖的题跋，也有考证精细、资料翔实的题跋。清代十分重视从文集、藏书志、古籍书目、札记、笔记中搜集名家的题跋整理编辑成集。这些古籍题跋集，有汇编若干单篇题跋成书的，有抄录附在藏书中的题跋成书的，也有辑录某位学者或藏书家散见于各种著述中的题跋成书的。题跋集既是时人撰写题跋的成果，也是前辈所写的具有很高学术价值题跋的总汇。

明清乃至民国间间，因天灾人祸，社会动荡，大量古籍，特别是古籍善本，经历了多次劫难。虽然社会稍有安定，即进行搜求寻访，但困难极大。而早先写的题跋，常常记下古籍的内容、形制及特点，即使三言两语，也为古籍留下了一些痕迹，这都有助于考订失佚的古籍。从这一点说，古籍题跋具有历史文化的意义。

《国家图书馆藏古籍题跋丛刊》收录侧重学术资料性的古籍题跋集67种。题跋作者多为明清及民国时期著名的学者、藏书家、目录学家、刊刻家，采用大量的刻本以及少数抄本、稿本，影印出版，可算是目前国内收录比较丰富的一部题跋丛刊。

《国家图书馆藏古籍题跋丛刊》的价值，主要是：第一，为了解古籍及其善本、作者生平、内容得失、版本源流，提供了可靠的资料；第二，为查考藏书家概况、古籍授受渊源，提供了重要的依据；第三，为考察古籍流传、古籍善本亡佚、书林轶事，提供了不可多得的史料；第四，为研究中国学术史、古典文献学、目录学、校勘学、版本学、中国书史，提供了可资参考的文献资源。

朱天俊

2002年4月于北大中关园

难忘的往事　深切的怀念

——纪念王重民教授诞辰一百周年

1951 年夏,我考取了北大图书馆学系。入学之初,系主任王重民先生亲自为我们讲授中国目录学概论课程,他是我学习目录学的启蒙老师。毕业后留系任教,我又是先生主讲目录学系列课程的助教。1955 年起,我兼任系教学秘书,协助先生做些教学行政管理工作。追忆往日相处,特别是侍坐请益的情景,历历如昨,萦回脑际,一桩桩往事,永难忘怀。

一、一心建系

1934 年,王重民先生被北平图书馆派赴巴黎,至 20 世纪中后期,他周游法、德、意、英、美等国,进行学术考察。西方图书馆事业的繁荣、图书馆教育的发达,引起先生的注意,促使他考虑到中国图书馆教育。1946 年年初,美国图书馆协会准备在北平开办一个带有职业教育性质的“图书班”,胡适拟派先生出席筹备会。但先生认为,为图书馆培养人才,更为迫切的是在大学设置正规的、独立的图书馆学系科,这才是长久之计。按职业需要举办培训班,只能是临时措施。

1947 年 2 月底,先生从国外归来,回到他青年时期工作多年的北平图书馆,担任参考部主任,同时被北京大学聘为中文系教授。办正规的图书馆学系科,先生早有考虑。他不失时机,在征得时任北平大学校长胡适的同意后,在中文系附设了图书馆科,招收中文、历史、哲学、教育等系毕业或肄业,而有志于在图书馆工作的学生,学习图书馆学课程两年,然后到大型图书馆去工作。当时讲课的教员除先生外,都是兼职的,有赵万里、耿济安、陈鸿舜、袁湧进等。虽然图书馆科只办了两届,人数也不多,但这一实施,却成为先生从事图书馆教育的理念。

新中国成立后,百废待兴。为了扩大招生,1949 年 7 月独立建置,先从高中毕业生中招生,办起两年制图书馆学专修科。学制短,难以实现先生培养合格图书馆人才的设想。经先生多方努力,1951 年经教育部批准,改专科为本科,第一次在北大创建了四年制的图书馆学系,实现了先生的意愿。1952 年全国高等学校进行院系调整,1952、1954、1955年又曾先后办了两年、三年制的专科。1954年,先生受教育部委托,邀请武汉大学图书馆学专修科甘莲笙主任来京共商办学大计。制订了合用的教学计划,研讨了教学中的问题,尽快改专科为本科,以利于图书馆专门人才的培养,双方取得共识。1956年,中央发出向科学进军的号召,为了适应并加强图书馆为科学研究服务的需要,这一年夏,北大图书馆学系恢复了按四年制本科招生,并最终稳定下来。

　　建系初期,系里专职教员只有四五人。为了充实师资,先生从兰州调聘全国著名图书馆学家刘国钧先生来系任教。他的到来,改变了全系的教学面貌。此后又从国内外陆续聘请了藏书建设专家陈鸿舜先生、参考咨询专家邓衍林先生、西文图书编目专家关懿娴先生、西方图书馆事业专家夏国璋先生、苏联图书馆学著作翻译家舒翼翚先生来系担任教学、科研工作。此外,还从国内图书馆调进数名校友回系教学。成立图书馆学、目录学两个教研室,筹建了有专人负责的系资料室,保证了全系教学与科研工作顺利进行。

　　先生根据多年任职图书馆的经验,深感图书馆不仅是收藏图书的机构,也不只是普及文化科学知识的机构,而同时是研究学术和培养人才的机构。他见到当年曾在北平图书馆工作过的谭其骧、向达、贺昌群、谢国桢、王庸、赵万里、孙楷第、张秀民等先生,后来都成为各学科著名的学者、教授。先生认为系里的毕业生到图书馆工作,如果本人不具有广博丰富的学科知识、文化修养,没有研究学术的愿望与能力,怎能为科研服务好! 因此,先生在制订图书馆学系教学计划时,本着大学四年重在打好基础,按"古今结合、文理交叉"的原则设置课程。20世纪50年代初、中期,开设的课程,除政治课、专业课、外语课外,开出的课程有中国通史、世界近代史、中国文学史(或中国新文学史)、西洋文学史、俄罗斯苏联文学史以及科技概论(包括自然科学、工业、农业基础知识)。任课教师都是知名的教授、专家。以科技概论为例,自然科学部分任课老师有戴文赛(天文)、丁石孙(数学)、沈克琦(物理)、张青莲(化学)、林超(地理)、张宗炳(生物)等。工业部分聘请清华大学老师任课,还组织学生到相关学科实验室参观。农业部分聘请北京农业大学、中国农业科学研究所的研究员、教授、专家授课。每科教师还向学生散发讲义或提纲。

　　为了补充正课之不足,及时使学生吸取新鲜知识,先生决定不定期开设专题讲授,请文化部门、图书馆界、科技情报所的领导、专业人员来系讲授。记忆中有于光远、郑振铎、袁翰青、韩承铎、李枫、马同俨等,例如袁翰青教授讲授的是"科技情报工作"。

　　为了吸取苏联图书馆教育的经验,先生与文化部社会文化事业管理局联系,请来了任职文化部的雷塔娅专家。她每周来系一次,向全系教员介绍莫斯科莫洛托夫图书馆学院的教学计划及所开设的各门专业课的教学大纲,启发了全系办学的思路。

为了加强系与图书馆学界的学术交流,提高教员学术水平。1956年春,由先生主持并邀请了全国知名的图书馆学家杜定友、汪长炳、钱亚新、徐家麟、顾家杰、丁志刚、李钟履、韩承铎、李枫等先生及诸多校友,参加了五四科学讨论会。先生指定老、中、青三位教师刘国钧、王凤翥、朱天俊,分别提出了有关中国书史、图书分类、目录学方面的三篇论文,供讨论之用。会上讨论热烈,各抒己见,相互补充,共求提高。这是历史上难忘的佳话,在校内外产生较好的影响。

为了加强全系与图书馆界联系,积极了解与参与图书馆事业建设。1956年夏,先生率领数名教员参加了第一届全国图书馆工作会议。随后又参加了全国高等学校图书馆工作会议,并争取了更多教员列席两会旁听。同时组织教师到外地实地考察图书馆工作,以尽可能做到教学与实际结合,提高教学质量。

1956年,国务院领导制订《1956—1967哲学社会科学十二年远景发展规划》(以下简称《规划》),其中"图书馆学"部分,先生为召集人,主持制订。参加这一工作的有陶孟和、贺昌群、左恭、张全新、张照、顾家杰、刘国钧、赵万里、韩承铎等人以及会议秘书李钟履、李枫、朱天俊。《规划》中扼要叙述了中国图书馆学发展历程及现状,明确了图书馆学科发展的方向,规定了重点研究项目、分工及完成时间,其中包括教科书的编著。这是图书馆界未有的盛事,因而鼓舞了图书馆工作者、图书馆学教学和科研人员,促进了全国图书馆学、目录学的研究,也有力地推动了学科建设与教材的编写与出版。

考虑到广大在职图书馆工作者业务水平的提高,早在1951年夏,先生就开始筹办函授教育。向教育部申请了一笔经费,购买了大量实习用书和教学、科研用书。先生亲自购进的明、清书目成为系资料室的专藏,在教学与科研中发挥了作用。在先生的倡导下,1956年教育部批准了首先在北大图书馆学系开办的函授教育,面向在职的图书馆工作者,这也是新中国图书馆界的一件有意义的创举。首批学员来自北京、天津、上海、南京、武汉、哈尔滨、沈阳七大城市。为了保证函授质量,先生建议在上述各地建立了函授站,聘请所在地的省(市)图书馆馆长,兼任函授站长。先生主持制订的函授教育计划,按专业课与文化课并重的原则安排课程,这是全面提高函授学员水平的需要。先生规定学员学习每门课要完成教师在函授指导书中所规定的作业,任课教师要认真批改作业,每学期期末,要去外地进行面授辅导。由于办学方针正确,教师教学认真,函授站的管理工作严格,函授学员学习也比较努力,函授教育达到预想的效果,得到图书馆界普遍的欢迎和好评。1984 年以后,北大图书馆学系扩大函授地区和招生名额,这只是实现先生函授教育思想的继续。

为了发挥系在图书馆事业中培养人才的作用,扩大系的影响,先生选派刘国钧、陈鸿舜、邓衍林诸位先生以及他自己,参加了文化部 1957 年 5 月在南京举办的全国省市图书馆工作人员进修班的讲学工作,受到文化部和学员的好评。

为了办好系,先生呕心沥血,不遗余力,不辞辛劳,与文化部、教育部、校部联系,提出建议,争取领导支持。在系内,事必躬亲,团结全系老、中、青教师做好工作。先生对北大图书馆学系的建设与发展,做出了不可磨灭的贡献。

二、专心教学

王重民先生系务工作繁忙,社会活动多,科研任务重。但他总是站在教学第一线,勇挑教学重担,每年都有课,影响了一代中青年教师热爱教学,乐于承担教学任务,在一个时期形成一种良好的风气。

先生开设多门课程,并编有讲义,经常边编边讲,十分辛苦。这些课程包括以下几门:

中国目录学概论:以中国目录学史为主干,目录学的理论与方法也有所讲述,可算是一门学习目录学的入门课。

目录与书刊评介:以书目为主体,着重讲解书刊评论与书目工作的关系,书评对于编制书目的意义。书评的写法也有所涉及。这是一门书目与书评结合的专业课。

参考资料与参考工作:这是先生早期所讲"中国工具书使用法"课程的内容扩充,并联系图书馆参考工作讲授。该课除阐明工具书的种类、特征、发展外,重点按字典辞典百科全书系统,书目,索引系统,地理志,地图、图谱系统,日历、年表系统,逐一阐述工具书的应用。本课还包括公文档案、报刊、小册子以及图片的整理。本课紧密联系图书馆参考工作讲授,参考工作及其方法也有专章讲授。

普通目录学:课程名称采用苏联莫洛托夫图书馆学院所用的课名,这是一门理论、历史相结合的专业课。全课共七章二十八节。第一章介绍目录学的对象与任务;第二至七章虽是中国目录学史简述,但重点是中国古代目录学史。值得提出的是,先生已在该课中初步勾画出近代目录学的轮廓,指明它的内容和范围,提供了一些有意义的材料,对研究中存在的问题,也做了有益的探讨。这在目录学教学中具有开创的意义。

目录学引论:分两编,第一编是讲中国古书的编辑和传刻,包括文献的选编与汇编,名著的节本和选粹,类书的起源与发展。意在说明中国古书编纂形式的演变,这是古代士人读书的需要。第二编是讲中国古书的源流,具体剖析经、史、子、集四部分类的源流,各部所包含的学科内容以及每部子目划分的根据,意在说明中国四部分类,这是古代文献分类发展的历史必然。本课教学目的旨在帮助学生了解古书知识,毕业后,既可有效地为读者服务,对自己利用古籍研究学问也提供了方便。

中国目录学史:这是从普通目录学一课中划分出来的专业课,经过充实、提高,全课原拟分六章讲授,第一至四章为中国古代时期目录学;第五、六章为近现代时期目录学。实际讲课和讲义只到宋末元初。先生在讲述中国古代目录学史发展时,十分注意阐明中国古代目录学的理论和方法。先生常说,"批判地继承目录学遗产为的是帮助古代文献的整理和利用",一语点明了学习中国目录学史课程的目的。

为了配合中国目录学史教学,先生还编有中国目录学史参考资料。共七编:第一,绪言部分,收录两个补充文件,一是苏联别尔科夫所写《目录学和科学研究工作》译文,二是先生要我写的《书目工作方法论》;第二,周礼春官宗伯的五史;第三,简牍;第四,古人校书的序、著书的自序和刘向的叙录;第五,《汉书·艺文志》(选录);第六,三国两晋六朝时期的藏书与目录;第七,《七志》与《七录》。《参考资料》未编完,只到宋代,这与《讲义》是一致的。先生凭其个人治学的经验,认为学习中国目录学史,相关知识要宽广些。所选资料主次分明,都是学习中国目录学史必备的文献知识。通过先生对资料所加的按语,注释了其中不易明白的地方,更加显示了这本《参考资料》鲜明的特点,无人可与之相比。对于学习中国目录学史的学生是多么重要而不可或缺。

谈到先生讲课,从不照着讲义讲,而是讲重点、难点、讲近期研究心得。例如,对历代正史艺文志及补志记载图书范围的差别及缘由,古代重要书目中提要编写体例演变及过程等,往往发前人所未发,启示后人之所思。

先生对学生的辅导,百问而不厌,常常课后与学生叙谈很久,诲人不倦。

先生对青年教师重在培养独立工作能力,通过帮助备课,或指定完成研究课题两个途径来进行。记得我初次讲课,先生要我先尽可能阅读些参考资料,进行实地调研,编写所讲章节的讲义,写出讲课提纲,然后在教研室试讲通过后,才准予对学生授课。先生把课堂看作是神圣的殿堂。要求我讲课内容要充实,观点要正确,所引材料要准确,甚至连讲课人的仪表也提出要庄重而平实。讲完课,及时听取学生意见,最后进行小结。这一套程序,对我日后教学工作帮助很大。

有时先生提出课题,要我研究,写出论文。例如,《对于列宁的〈马克思主义参考书目〉的初步研究》《书目工作方法论》等。完成后,或吸收到讲义中,或推荐杂志发表,发挥作用。至今思之,先生对我的关爱、指导是无微不至的。

为了培养目录学高层次的人才,1964 年夏,先生招收一名研究生。开始先令研究生搜集、阅读大量文献。先生常说,文献掌握不多,研究难以深入,课程也难以讲好。可惜不到两年,"文化大革命"风暴席卷全国,先生指导研究生,未能善始善终,匆匆停止了。带研究生也许是先生心目中培养图书馆专门人才最理想的途径之一。

三、潜心研究

王重民先生是一位著名的学者,一生著作宏富。根据师母刘脩业先生所撰《王重民教授著述目录》统计,有专著 15 种,编纂 19 种,连同《著述目录》中未收,论文近 200 篇。有些论文、著作发表于生前,例如《老子考》(著录有关《老子》著作近 500 种,每种说明存佚,存者还一一注明版本)、《图书与图书馆论丛》(收录记巴黎国家图书馆、普鲁士国立图书馆、英国剑桥大学图书馆所藏之太平天国文献及《美国的电影图书馆》等 11 篇论文)、《太平天国官书》《敦煌曲子词集》《敦煌古籍叙录》《敦煌遗书总目索引》(这是一部整理和研究敦煌遗书的重要工具书,为中外学者所称道)、《千顷堂书目考》《中国的地方志》《徐光启集》(上、下两册)等。有些力作则出版于生后,例如《中国目录学史论丛》《中国善本书提要》及《补编》(汇编先生为美国国会图书馆、北京图书馆、北京大学图书馆收藏的古籍善本书所撰写的提要 5180 篇)、《敦煌遗书论文集》(先生有关敦煌遗书著述,除专著单行本,均备于此)、《校雠通义通解》《徐光启传》(1984 年被中国史学会评为优秀"爱国主义通俗历史读物")以及《冷庐文薮》(收录《中国目录学史论丛》和《敦煌遗书论文集》未收的论文、传记、随笔、杂考、序跋、题记与书评,分五辑、上下两册)等。论著涉及多种学科,其中对中国目录学的研究,对中国古典文献的研究、编辑与整理,充分显示了目录学与多种学科结合所产生的丰硕成果,在国内外学术界享有盛誉。

先生了解目录学,始于在北京高等师范学校(即今北京师范大学)读书时,听了袁同礼馆长讲授的目录学。随后先生通过课余到图书馆工作,编著《老子考》,从而引起他终生研究目录学的兴趣。

就目录学领域而言,先生既有通论性的中国目录学史专著,也有注释古代目录学家著作的通解著作。

《中国目录学史论丛》(中华书局 1984 年出版)是先生的遗作,也是一部有代表性的通论中国目录学史的专著。本书以《中国目录学史》讲义为基础写成。由于讲义只写到宋末元初,整理者又选编六篇先生写的论文收录书中,以弥补未竟部分。先生根据个人多年业务实践和科学研究,提出"目录学就是阐述编制和使用目录工具的理论和方法的科学"。这样目录学就得到全面准确的解释,澄清了那种认为目录学只讲编制,而不讲使用的误解,对于目录工具,也拓宽了其范围,因而使目录学真正成为读书治学必须具备的致用之学。

先生联系社会经济、政治、文化、典籍方面的情况,从宏观上总结了中国古代目录学的理论、历史、方法的关系,论从史出,论史结合,史是事实的根据,而法则是古代目录学家实践经验的概括。先生尤其善于从重要书目的总序、部类、序文的字里行间发掘目录学的论述,旁通曲证,探索隐微,思考深邃,发挥创见,给人以启示。

先生又从微观上解释中国目录学发展中所出现的种种现象。例如关于《隋书·经籍志》编著人,"今本题长孙无忌等撰",先生发现与事实不符,他旁征博引,论据充分,明确指出《隋书·经籍志》应是魏征,而不是长孙无忌。又如,对古代典籍分类从六分法逐渐发展到四分法的缘由及情况所做的分析与说明,令人信服。本书系统地反映了先生的目录学见解。

《校雠通义通解》(上海古籍出版社 1987 年出版)是先生对章学诚所撰《校雠通义》一书的通俗解说,用现在的语言解说章学诚在《校雠通义》中所讨论的目录学思想和方法。《校雠通义》原稿四卷,1781 年遇盗失去原稿。前三卷因章氏友人抄有副本,得以保存,第四卷遗失。但《章氏遗书》刻本,除现存《内篇》三卷外,增加了《外篇》一卷,包括论文 21 篇。据先生估计,这"大概是王宗炎校定《章氏遗书》时所编辑的"。1956 年古籍出版社依据此本标点印行。先生通解《校雠通义》,虽也根据此本,但删去《外篇》一卷,他认为 21 篇论文与《内篇》关系不大。另选章学诚有关目录学方法论五篇:《和州志艺文书序例》《和州志艺文书辑略》《论修史籍考要略》《史考释例》《史籍考总目》,编成《章学诚目录论文选》,作为附录一,与原三卷相配,仍成四卷。先生又编《章学诚大事年表》作为附录二,亦收入《校雠通义通解》一书中。

先生联系章氏《文史通义》等著作,通过按语,逐章逐条随文释义,注重于学术源流的考释,系统评述《校雠通义》所包含的章学诚的目录学方法理论,间亦指出章氏立说的得失和是非。先生先释《校雠通义》"原道第一",指出章氏"用社会发展的观点,从社会的起源,文化的发展,图书文字的发明说起,从而阐述目录学的起源和发展"。又说,章学诚"把目录学的任务规定为'辨章学术,考镜源流'……已经是章学诚在目录学上的一大贡献"。先生剖析,所谓"辨章"、所谓"考镜","都是要使目录的内容,能够结合实际,结合当时的政治,评论学术思想的得失""目录学要与学术思想史结合"。按语中,先生肯定章学诚关于互著、别裁认识的深刻性和实践中运用的谨严正确。但同时指出,章氏认为刘歆在《七略》中已经开创了互著、别裁的使用,失之偏颇,不符合实际,因而是不正确的。先生认为章氏在"藏书第九"中提出"补中秘所不逮"的论点,由此可以看成是近代开办公共图书馆的先声,反映了先生观察问题的敏锐。本书确实给读者"提供了一部通解式的读本",也为他人编写此类著作,提供了可资参考的范本。

先生特别重视文献的研究,主张目录学研究不能脱离文献的研究。文献是目录学赖以发展的灵魂。正因为先生对古代文献下过很深的功夫:他博通古代典籍,如数家珍。广征博引,得心应手,左右逢源,促使先生目录学研究不断深入,成就十分突出。

先生提出,从事目录学研究,要通晓学术史、思想史、文化史,力求不断充实各学科知识。正是由于先生学贯中西,又有宽广的学术研究领域,在版本学、方志学、敦煌遗书、太平天国文献、欧学东渐史乃至中国科技史都有着深入的研究,并取得非凡的成就,因此,他写的目录学著作具有很深的学术深度。

先生主张从事目录学研究,不可忽视文献的编纂、书目索引的编制工作,这是目录学的基本功。正因为先生一生编著了大量学术性的书目索引以及题跋、题记、提要、述评,因此先生所著目录学著作有着坚实的文献基础。

先生心目中的中国目录学,实是中国传统文化的一个学科,这也正是中国目录学异于他国目录学之所在。领会先生对于中国目录学的认识,也就把握住先生目录学的精髓,就懂得发展中国目录学用力于何方,就能推动中国目录学沿着正确的方向发展。

王重民先生一生工作、教学、研究,勤苦不息。早期,在他被派往国外考察时,西方的繁华生活从来没有影响他把全部精力和心血倾注在被外国人劫去的敦煌遗书和流落在异国的古籍及其善本的搜集和整理上,并取得工作、研究方面的重大成就,表现了他深挚的爱国感情。20世纪40年代末至50年代中后期,先生到处奔波,几经波折,从无到有,在北大创办成有一定规模的图书馆学系,难度之大,是难以想象的。1957年下半年以后,尽管人生道路异常坎坷,先生仍然手不释卷,笔耕不止,坚韧不拔,锲而不舍,同样表现了他对祖国的热爱,对中国优秀传统文化的执着追求,终生不渝。

先生潜心治学、刻苦严谨。他自号书斋为"冷庐","这冷,不是对社会、对人生、对他人的冷漠,而是对名利的冷淡,对困难的冷静,是耐得在冷门学问的长途中寂寞清冷的前进"(见子微《王重民先生与他的〈中国善本书提要〉》)。他研究任何问题总是经过深思博考,从未匆忙命笔,表现了他严谨的学风和科学的治学方法。早年,先生比较注意利用历史考据方法研究学术,有他独到之处,取得成绩。新中国成立后,他努力学习马克思列宁主义,注意联系社会政治、经济、文化背景,特别是把目录学的发展置于整个社会文化史中去考察,也就比较好地说明目录学史中诸多现象产生的原因与影响。

王重民先生为人正直,不阿谀媚上,不苟合求同,对人、对事一秉大公。对祖国图书馆教育事业无限忠诚,对待教学的敬业精神感人。虽然他在学术上做出突出贡献,但先生始终谦志自抑,从不夸扬。他对待同事和蔼可亲,对青年教员、学生,循循善诱,平易近人。在系内外和校友中间,享有很高的威望。多少年来,每逢先生的音容笑貌浮现在我的眼前时,总会给我以温暖和力量。一个人的生命总是有尽的,但先生的生命长存于他的著作与事业之中!

(原载《王重民先生百年诞辰纪念文集》2003年)

难忘的往事
——关于建设文献检索课的回忆

一

20世纪80年代初,科技文献检索课已在若干所高校开设,而社会科学文献尚未建课。虽然少数院校中文、历史、图书馆学系讲授中文工具书应用课程,但授课面窄,内容偏重文史,远不能适应高等教育发展的需要,不能满足人文社会科学各系学生查阅文献的要求。此种状况亟待改进。

1984年3月初,天气仍有些寒意。应教育部全国高校图工委的约请,我匆忙从北京赶赴苏州大学,与南京师范大学赵国璋先生、苏州大学潘树广先生共商筹办全国高校首届社会科学文献检索师资培训班的教学事宜。举办师资培训班,这是落实教育部《关于在高等学校开设〈文献检索与利用〉课的意见的通知》的一项重要举措,意义非凡。

培训班于1984年3月底开课。学员的政治、业务条件较好。我们教学组,包括王长恭、华人德二先生,经过充分讨论,明确了举办这次培训班的目的,就是要较快地培训学员回校开课。通过培养学生的情报意识,使他们善于从文献中获取文献信息与知识,更好地配合各自专业的学习与研究。因此,我们必须具体地结合社会科学基础知识,讲授社会科学文献检索的内容、途径与方法。为了将教学与实际结合,我们以搜集高校图书馆读者咨询问题为主,编成系统的实习题,组织学员实习,熟悉各类工具书。学习期间,一天分为三个阶段,上午文献检索课,下午聘请专家讲授与文献检索课相关的知识,如时间与历法、历代官制等;编纂工具书的知识,如百科全书的编纂、年鉴的编辑等;文献整理知识,如古今图书分类法、古籍版本的源流等,晚上辅导学员实习,根据实习题,熟悉工具书。往往夜深了,有些学员还在实习室整理听课笔记,如饥似渴地翻阅工具书。学员学习积极,教师教学认真负责,师生共同努力,教学相长,感情融洽。学习是紧张的,精神却很愉快。圆满地实现了举办师资培训班的初衷。

为了拓宽学员的视野,5月上旬培训班结束前,组织学员赴宁波,参观了我国现存最古老的、建于明代的天一阁藏书楼,深深教育了每个同志,并引起学员探索这个历史宝库的兴趣。在返回苏州的途中,大家还参观了绍兴鲁迅故居,游览了风景如画的杭州西湖。学员们高兴而来,丰收而归。如今他们已成为各高等院校讲授文献检索课具有丰富教学经验的中年教师了,有些同志还自编了新的教材。20 年前这段短暂的教学生涯,给我留下深刻的印象与美好的回忆。

二

首届社会科学文献检索师资培训班结束后,各地陆续举办了社科文献或科技文献检索培训班。教学力量得到充实,师资问题得到缓解。而教材,特别是结合各专业的文献检索课的教材问题,就显得特别突出了。为此,1984 年秋,经教育部批准,在北京成立了由 9 人组成的文献检索与利用系列教材编审委员会。9 人中除肖自力外,其他 8 人均是从事文献检索课教学多年的高校各专业教师,他们是江乃武、吴观国、来新夏、朱天俊、谢天吉、陈光祚、潘树广、葛冠雄。教材编审会的中心任务是迅速组织、编写、审定、出版文献检索课系列教材,并负责对全国各高校文献检索课的教学咨询、研究和指导。

编审会每半年召开一次例会,每位委员报告各自承担的教材组稿和审稿的进展,并相互交流各地区、各类高校开设文献检索课的情况,研究问题,提出建议。或由教材编审会委员及组织相关人员,分别写出调研报告,如《我国高等学校情报用户教育现状及其展望调研综合报告》《全国医药院校文献检索课现状的调查报告》《全国高校机电专业文献检索课教学情况的调查报告》《全国农林院校开设文献检索课情况报告》《全国文科文献检索课建设的调查报告》《师范院校情报用户教育调查报告》,以及北京、上海、天津、黑龙江、江苏、江西、四川等地区各高校开设文献检索课的调查报告。这些报告记述了文献检索课的发展、师资建设、教学设施及教学效果。叙述详尽,统计细致,列表清晰,所提问题也切实中肯,为教材编审会研究工作提供了可靠的依据。

经过教材编审会的工作,数年内共组织出版文、理、工、农、医教材 24 种。这套教材学科覆盖面宽,专业针对性强,注意了专业基础知识与文献检索能力培养的结合。加之各地高校自编的教材,基本上满足了教学的迫切需要。

教材编审会还参与组织多次教学研讨会。我通过参加青岛、哈尔滨两次研讨会感受到,高校图书馆同志勇于承担教学任务,不辞辛劳,工作教学双肩挑,并不断钻研业务,写出有质量的论文,使我看到文献检索课的前景与希望。21世纪的今天,文献检索课已遍地开花结果,我感到十分欣慰。

三

随着教材编审工作告一段落,国家教委高教司又组建了文献检索课教学指导小组,成员基本上是原教材编审会的同志。我参加的第一项工作,就是讨论与起草《文献检索课教学基本要求》文件。随后高教司颁发《关于印发〈文献检索课教学基本要求〉的通知》(以下简称《通知》),标志着文献检索课的教学进入新的阶段。《通知》中指出:"文献检索课是培养学生的情报意识,掌握用手工方式和计算机方式从文献中获取知识和情报的一门科学方法课。"《通知》还规定了本课程的教学内容和基本要求,更为明确地规定本课要讲授"数据库(包括书目数据库、事实数据库、数值数据库、全文数据库)、计算机检索(包括联机检索、光盘检索)的基本知识"。运用计算机教学提到应有的高度,为文献检索课教学指明了方向。如今这些内容已在不少高校文献检索课教学中成为现实。1992年11月,高校图工委还在苏州举办了一次全国高校贯彻《文献检索课教学基本要求》的研讨会。

本文最后,我不能不提到吴观国、潘树广先生,在这一两年内先后被病魔夺去了宝贵的生命,离我们而去了。二位先生为文献检索课的建设、教学与教材编著,做出突出贡献。他们一生忠诚于党的教育事业的精神,令人崇敬。我深深怀念他们。

(原载《大学图书馆学报》2004年第4期)

图书馆学函授教育的回顾

北京大学举办图书馆学函授教育,这是已故首任系主任王重民先生对图书馆学教育的理念。由他提出,再由校部呈报教育部批准的。王先生认为北大图书馆学系不但要办好全日制图书馆学系本科,适当的时候招收研究生,也要为培养全国在职图书馆工作者,做出应有的举措与贡献,因此早在 1952 年夏,他就着手筹办这件事了。他向教育部申请了一笔开办函授教育的专款,购置了一批教学与科研需用的图书,其中他亲自去考古旧书店选购的晚清以来刻印的书目资料,已成为系资料室的专藏,至今在教学与科研工作中仍然发挥着作用。

一

1956 年,党中央向全国发出向科学进军的伟大号召,这一年也成了中国图书馆界的春天。文化部召开了第一届全国公共图书馆工作会议;国务院主持制订了 1956 至 1967 年科学发展计划,在《1956—1967 哲学社会科学发展远景规划》中,也包括了图书馆学科,这对图书馆界是极大的鼓舞,广大图书馆工作者和教学、科研人员为之振奋。在这样的形势下,全国迫切需要大批图书馆专业人员,因而图书馆教育相应得到较快的发展。1956 年夏,北大图书馆学系不失时机,面向全国图书馆界招收函授学员,至今已整整 50 年了。

首届函授招生地方是北京、天津、上海、南京、沈阳、济南、武汉七大城市。采取馆方推荐与考试相结合的方式,录取了 200 多名函授学员。这种做法适应了当时各大图书馆按计划培养业务骨干的需要。原定学制两年,实际延长到两年半。学习课程按原教学计划规定为政治课、文化课与专业课,实际上只开设了政治课(马列主义基础)与专业课。为了加强教学管理,校部成立了函授教育科,由教学行政科长张力民同志兼任科长。系建立了函授教育办公室,有专职人员进行学籍管理与日常行政工作。在系主任领导下,由系教学秘书制订教学计划兼管教学安排。校、系还委托省(市)图书馆建立函授辅导站,由馆方指定专人负责该地区函授学员的教学管理。

在开办函授教育之初,校、系就对学员学习做了明确规定,学员必须阅读教材,按《学习方法指导书》进行自学,认真完成每门课程的实习作业,每学期还要集中接受教员的面授。期末课程考试,校、系派人监考。记得1957年冬天,学员进行第一学期期末考试时,天气十分寒冷,张力民同志赴各地巡视,他到了南京,突发高烧,但仍带病走完全程,学员深受感动与教育。

"文革"前几年,政治运动比较频繁,学员经常下放基层劳动,工作总是处于变动之中。考虑到此种情况,缩短学制,只开设专业课,这在当时是不得已而为之,即使如此,每届学员淘汰率还是比较高的。

从1966年至1976年,由于"文革"的冲击,函授教育停顿下来。"文革"结束后,经过三年的准备,1980年又开始恢复招生。

1985年,学制改为五年两段制(前三年为专科,后两年为本科,读本科者只是学员中的一部分人。由本人申请,为专科阶段学习较好者)。1986年,经国家教委成人教育司批准,北大图书馆学系又进行了函授本科试点。1987年开始,函授教育的学制走上稳定道路,实施专科、本科并行,学制各为三年。自此以后,北大图书馆学系函授教育得到前所未有的发展,函授招生地区不断扩大,学员逐年增加。20世纪80年代末90年代初,北大图书馆学系轮流在全国25个城市招考函授生,在读学员人数多达1900多人。函授教育迅速发展,这是改革开放后社会主义经济、文化、科学技术发展的需要,也是由于国家对包括成人教育在内教育事业的重视,而社会安定又为广大图书馆工作者在职学习提供了良好的环境与条件。

创办图书馆学函授教育以来,由于种种原因,受到一些干扰,也走了一些弯路。但总的说来,北大图书馆学系围绕保持教学质量这个中心,做了一些努力与探索。为国家培养了大批合格的、急需的图书专业人才,赢得了图书馆界、文献情报界的信赖。函授毕业生有相当多的同志成为图书馆、文献情报界的骨干力量,其中不少同志先后走上各馆、各文献中心的领导岗位,在实现图书馆现代化、图书馆管理科学化方面,有着不可低估的作用。

二

北大图书馆学系图书馆学函授教育所给予的启示是多方面的,但集中到一点就是,办学必须树立教学质量第一的思想,不断丰富教学内容,改进教学方法,培养学员能适应图书馆事业发展的需要,这是函授教育工作中一个根本性的问题。为此,校、系在坚持入学标准,重视入学前的文化考核,结合实际需要合理设置课程,突出函授特点、改进教学方法,健全规章制度、完善管理体制等方面,做了大量工作,取得显著的成效。

正规的函授教育,要求参加学习的学员必须具有一定的文化基础水平。恢复函授教育招生以来,报考函授本科、专科者,都必须参加全国成人教育高考,成绩合格者方可入学,这对保证函授教育质量起了较好的作用。

从办学之初,北大图书馆学系总是根据图书馆事业发展的需要,制订教学计划,确定开设哪些课程。考虑图书馆工作的开展,手段与方法的变化,教学计划每隔一两年修订一次,根据当时实际情况,增设新课,调整、合并或删去一些课程。

科学管理和使用文献及其信息的基本知识和基本技能,这是开展图书馆工作的业务基础,北大图书馆学系始终把这类课程作为重点。不论函授专科或本科,均以开设专业课为主,同时辅以必要的、与专业课学习有密切关系的外语课、计算机课。专科生毕业前必须写作专题报告,本科生必须写作毕业论文,指派与选题相关的教师指导。这对学员综合应用专业知识,联系实际检验与提高他们的业务水平,是不可或缺的。从某种程度上说,这也是一项科学能力的初步训练。专科抓基础,本科抓提高,这也是北大图书馆学系函授教育的基本思想。

函授教育基本上是业余教育,以自学为主。函授课程内容必须贯彻少而精的原则,教学方法必然应与全日制的教学有所不同。为此,需始终抓紧函授教材和各种教学资料的编写工作。至今,每门课都有合用的教材、教学参考资料和学习方法指导书。教材是学员自学的课本;教学参考资料是教材的补充;学习方法指导书则是学员学习一门课程的根据,也是教员对学员学习的提示。有了这些教学材料,学员就明确了每门课程的学习要求和内容重点以及自学的方法。而实习、作业的布置,则是帮助学员检验自学的效果,巩固学习收获,提高分析问题的能力。

为了保证教学质量,在系内选派那些教学经验丰富的教员承担函授集中或巡回面授任务。同时还在函授招生地区聘请兼职教员,负责对学员进行平时和阶段性的面授辅导,指导学员实习、批改作业。在函授招生地区选聘兼职教员的做法,实际上是使函授教育单纯由校系办走向了依靠社会力量办的道路。关键是依靠函授辅导站,通过调查,选聘称职的兼职教员。

三

函授教育也是一种远距离教育。由于学员遍布全国 20 多个城市,虽然轮流招生,也是非常分散。因此,函授教育必须建立严密的管理体制、合理的管理制度,才能保证良好的教学秩序,确保函授教育质量。经过长期实践,已经建立并逐步完善了校、系、站三级管理体制。在学校,有副教务处领导下的继续教务部,这是管理函授教育的校级机构。在系里,有函授办公室,具体负责函授教学的行政管理工作。在招生地区,校、系委托当地(省、市、自治区)图书馆或高校图书馆设立函授辅导站,成为函授教育的基层管理组织。在校、系、站三级管理体制中,对于函授辅导站的作用,尤其不可忽视,它处于函授教育的第一线,和学员接触最多、最直接。几十年来,各地函授辅导站的同志任劳任怨、认真负责。他们配合校、系,保证了函授教育的质量。它已不是单纯上传下达、进行行政事务管理的机构,而是成为办好函授教育的一级教学组织。因此,系里经常召集函授站的负责人开会,交流经验,及时研究与解决各种办学中出现的问题。发挥函授辅导站的作用,至关重要。

函授教育管理的另一个重要问题,就是要健全各项规章制度。既要执行学校制定的各项规定,也要不断完善系在办学中制定的各项规章制度。这样,在学员管理、教学环境等各个方面,均有章可循。由此建立的较好的教学秩序,保证了函授教育顺利进行。

图书馆学系是北大最早开办函授教育的系,也是全国首先面向社会招考图书馆学专业函授学员的教学单位。回顾几十年来所走过的路程,取得了显著的成效,受到图书馆界的肯定和欢迎。为了不辜负学校、图书馆界、文献情报界的期望,我祝愿北大图书馆学系函授教育,以改革、开拓的精神,愈办愈好,为培养在职图书馆工作者,做出应有的贡献。

(原载《北京大学信息管理系继续教育 50 周年纪念文集》2006 年)

朱天俊先生著述要目

一、教材

1. 王重民,朱天俊. 普通目录学. 北京大学图书馆学系印行,1957
2. 王重民,朱天俊. 目录学引论课程学习方法指导书. 北京大学教务处印行,1958
3. 朱天俊,陈宏天. 中文工具书简介. 北京大学印行,1978
4. 朱天俊,陈宏天. 文科工具书简介. 吉林人民出版社,1980
5. 朱天俊,陈宏天. 文科工具书简介(第2版). 吉林人民出版社,1981
6. 朱天俊. 中文工具书参考资料. 北京大学图书馆学系印行,1981
7. 朱天俊,陈宏天. 文史工具书手册. 中国青年出版社,1982
8. 朱天俊,陈宏天. 文史工具书手册. 台北明文书局,1985
9. 朱天俊,倪晓建. 中文工具书参考资料. 北京师范大学出版社,1986
10. 赵国璋,朱天俊,潘树广. 社会科学文献检索. 北京大学出版社,1987
11. 朱天俊,李国新,王长恭. 社会科学文献检索教学参考图录. 北京大学出版社,1987
12. 朱天俊,李国新. 中文工具书. 书目文献出版社(今国家图书馆出版社),1987
13. 朱天俊,李国新. 中文工具书教学参考资料. 书目文献出版社(今国家图书馆出版社),1987
14. 朱天俊,李国新. 中文工具书学习指导书. 书目文献出版社(今国家图书馆出版社),1987
15. 朱天俊,李国新. 中文工具书教程. 北京大学出版社,1991
16. 朱天俊. 应用目录学简明教程. 光明日报出版社,1993
17. 朱天俊,李国新. 中文工具书基础. 北京图书馆出版社(今国家图书馆出版社),1998

二、论文

1. 我们要推广农村图书室. 人民日报,1952 – 06 – 02
2. 对于列宁的《马克思主义参考书目》的初步研究. 图书馆学通讯,1957(1)
3. 北京大学图书馆学系 1957 年科学讨论会上关于《什么是图书馆学》一文的讨论情况. 北京大学学报,1957(3)
4. 目录学对象浅探. 图书馆,1961(2)
5. 目录学与读书治学. 光明日报,1961 – 09 – 02
6. 郑樵目录学思想初探. 社会科学战线,1978(3)
7. 悼念刘国钧先生. 图书情报知识,1980(2)
8. 重视祖国目录学遗产的整理和研究. 古籍整理出版情况简报,1980(5)
9. 发展图书馆学教育　办好大学图书馆学系. 山东图书馆季刊,1981(2)
10. 中国目录学本是致用之学. 图书情报工作,1983(6)
11.《中国目录学史论丛》前言. 载:中国目录学史论丛. 中华书局,1984
12. 开设"社科文献检索与利用"课程的设想. 大学图书馆通讯,1984(6)
13. 怎样掌握与使用工具书. 文史知识,1985(1)
14. 图书馆学函授教育三十年. 图书情报研究,1986(1)
15. 大学图书馆学系必须办好本科教育. 图书情报研究,1986(1)
16. 名录简论. 图书情报工作,1986(2)
17. 查找经典著作的途径与方法. 情报资料工作,1986(3)
18. 图书馆学函授教育三十年. 图书馆学通讯,1986(4)
19.《咨询学原理》序. 载:科学技术文献出版社,1990
20. 独辟蹊径　开示法门——鲁迅与目录学. 大学图书馆学报,1990(4)
21. 重视大学生能力的培养,加强文献课的教学. 大学图书馆学报,1991(Z1)
22. 回顾与展望(《目录学概论》出版十周年). 图书馆,1992(1)
23. 有幸览硕果　无暇待切磋——1987—1990 年社会科学情报成果评奖工作小结. 情报资料工作,1992(1)
24. 目录学研究中若干问题的思考. 中国图书馆学报,1992(4)
25.《中华社会科学工具书辞典》序. 图书与情报,1992(4)
26.《文献检索教程》序. 载:文献检索教程. 南京大学出版社,1993

27. 中国古代的提要. 晋图学刊,1993(4)

28. 开发学术文献资源　促进学术信息交流——评介《中国社会科学学术会议通览(1979—1990)》. 情报资料工作,1994(1)

29. 一部有特色的辞书——评《中国古今书名释义辞典》. 山东图书馆季刊,1994(2)

30. 以禁书始,以禁书终. 文汇读书周报,1994－10－15

31. 年鉴与方志不可偏废. 中国地方志,1995(1)

32. 评王彬的《禁书·文字狱》. 中国图书评论,1995(2)

33. 评《社会科学文献信息检索概论》. 情报资料工作,1995(3)

34. 弘扬传统文化　献身图书馆教育事业——纪念王重民教授逝世20周年. 图书情报工作,1995(4)

35. 《社会科学文献检索教程》序言. 载:社会科学文献检索教程. 成都科技大学出版社,1996

36. 《社会科学文献检索基础教程》序. 载:社会科学文献检索基础教程. 南京师范大学出版社,1996

37. 中国地方志. 载:袁行霈. 中华文明之光(第三辑). 北京大学出版社,1999

38. 情报学教材建设的新成果——读《情报学概论》. 情报资料工作,2000(3)

39. 一代宗师　风范长存——回忆刘国钧先生在北大的日子. 中国图书馆学报,2001(1)

40. 《国家图书馆藏古籍题跋丛刊》序. 载:国家图书馆出版社古籍影印图书序跋精选. 北京图书馆出版社(今国家图书馆出版社),2002

41. 难忘的往事　深切的怀念——纪念王重民教授诞辰一百周年. 载:王重民先生百年诞辰纪念文集. 北京图书馆出版社(今国家图书馆出版社),2003

42. 难忘的往事——关于建设文献检索课的回忆. 大学图书馆学报,2004(4)

43. 图书馆学函授教育的回顾. 载:北京大学信息管理系继续教育50周年纪念文集. 北京图书馆出版社(今国家图书馆出版社),2006